La Philosophie

Antiquité, Moyen Âge et Renaissance

pour les nuls

Christian Godin

La Philosophie
Antiquité, Moyen Âge et Renaissance
pour les nuls

F1RST
ÉDITIONS

La Philosophie pour les Nuls, volume 1, nouvelle édition

Publié en accord avec John Wiley & Sons, Inc.

« Pour les Nuls » est une marque déposée de John Wiley & Sons, Inc.
« For Dummies » est une marque déposée de John Wiley & Sons, Inc.

ISBN : 978-2-412-06425-2
Dépôt légal : janvier 2021

Correction : Bérengère Cournut
Mise en page : Marie Housseau et KN Conception
Illustrations : Marc Chalvin
Couverture : Fabrice Del Rio Ruiz
Index: Céline Dutt

Imprimé en Italie chez Rotolito S.p.A.

Éditions First, un département d'Édi8
92, avenue de France
75013 Paris – France
Tél. : 01 44 16 09 00
Fax : 01 44 16 09 01
E-mail : firstinfo@efirst.com
Site Internet : www.pourlesnuls.fr

À propos de l'auteur

Christian Godin, philosophe, est professeur émérite à l'université Clermont Auvergne. Auteur d'une cinquantaine d'ouvrages, il a notamment publié *La Totalité* (sept volumes, Champ Vallon, 1997-2003), *Dictionnaire de la philosophie* (Fayard/Éditions du temps, 2004), *Le Triomphe de la volonté* (Champ Vallon, 2007), *Le Pain et les miettes* (Klincksieck, 2010), *La Haine de la nature* (Champ Vallon, 2012), *Le soupir de la créature accablée. La religion aujourd'hui* (Éditions Mimésis, 2015), *Le grand bestiaire de la philosophie* (Les Éditions du Cerf, 2016), *Ce que sont devenus les péchés capitaux* (Les Éditions du Cerf, 2018), *Qu'est-il arrivé à la beauté ?* (Kimé, 2019). Aux éditions First, il est également l'auteur du *Comptoir philosophique* (2007), et, avec Gilles-Olivier Silvagni, de *La Psychanalyse pour les Nuls* (2012).

Dédicace

Trouvant le genre de la dédicace faux et artificiel, je ne m'y suis jamais adonné. Pour cette fois, je fais une exception.

Cet ouvrage est dédié à Marie-Christine, ma sœur bien-aimée, morte scandaleusement jeune, d'un cancer. Elle qui aimait la pensée critique et enjouée aurait eu sur ce travail un regard qui me manque.

Remerciements

Mes remerciements à Benjamin Arranger, des Éditions First, qui a su me convaincre de mener à bien ce projet, en abattant une par une, avec une discrète insistance, les barrières dont j'avais cru me protéger.

Mes remerciements à tous les « nuls », présents, passés et futurs, connus et inconnus, parce que c'est à eux que j'ai pensé en rédigeant cette histoire de la philosophie – un pari dans lequel je ne me serais sans eux jamais lancé.

Sommaire

Introduction

Partie 1 : La période antique : VIe siècle av. J.-C.-IVe siècle

Partie 3 : La philosophie non occidentale

Partie 4 : Partie des Dix

Partie 5 : Annexes

Introduction

Imaginons un homme assis à la table d'un restaurant. On lui présente la carte. Il commence par remarquer à la ligne « bavette » qu'il y a une faute d'orthographe, « échalote » écrite avec deux *t*, puis observe attentivement l'écriture et l'encre, plonge sa cervelle, qu'il croit innocente comme celle d'un agneau, dans la magie des termes qui, ainsi qu'en amour, fait venir l'eau à la bouche, rêve sur le beau mot équivoque de « Menu » gravé sur la couverture en similicuir. Lorsque le serveur vient prendre la commande, notre penseur reste muet, parce que le langage lui a tenu lieu de réalité et que, en spéculant sur la matérialité et le symbole du texte, il en a oublié de manger.

N'allons pas croire que cet étrange client est un cas unique de son espèce. Il ressemble à nombre de nos professeurs en philosophie qui n'aiment rien tant que d'oublier et de faire oublier la chose au profit de ses conditions. C'est peu de dire que ceux-là restent sur leur faim et nous laissent sur la nôtre (certains croient s'en tirer en nous soûlant...). Le grand public des curieux a une faim de philosophie que les exégètes du même nom n'ont pas rassasiée.

Platon pensait que l'esprit de n'importe qui, fût-il esclave, contenait déjà tout le savoir possible, le travail du dialogue consistant dès lors à le mettre au jour. Descartes écrivit son *Discours de la méthode* en français, et non en latin, la langue savante de l'époque, de manière à être compris même des femmes. Leibniz, qui fut avec Newton le cerveau le plus productif de son temps, se faisait fort d'expliquer les grandes lignes de sa pensée (pourtant complexe) à n'importe quel honnête homme de son temps en un quart d'heure.

Le siècle écoulé aura eu tendance à oublier cette leçon : une pensée n'existe vraiment que si elle est comprise. Dépouillée petit à petit par la science des secteurs du savoir qui faisait d'elle depuis les Grecs la connaissance par excellence, la philosophie a souvent eu pour réaction de se réfugier dans les ténèbres de ses abstractions. Elle cultiva avec un soin tout particulier la manie du négatif ; l'impossible sous toutes ses formes (l'incompréhensible, l'incommunicable, l'intraduisible...) devint son maître mot, le fin fond de sa pensée.

Contre ce préjugé de l'impossible, qui agit comme la plus impitoyable des censures – car dans le totalitarisme aussi, la pensée franche est impossible –, il faut dire et répéter que la philosophie est, comme la musique et comme l'amour avec lesquels elle a tant de points communs, l'affaire de tous. La connaissance, le plaisir, le sens de la vie, la communauté politique, la beauté des êtres, l'inattendu des événements, la faute, la mort, l'espoir : il n'est pas absolument indispensable d'avoir fait dix ans d'études, ni de connaître le grec et l'allemand, pour avoir une idée de ce qu'ont pu en dire les plus grands philosophes de l'histoire.

L'univers de la philosophie, dont le big-bang eut lieu presque en même temps en Grèce, en Inde et en Chine, il y a vingt-cinq siècles, est loin de constituer une unité homogène. S'il partage avec l'univers physique cette caractéristique d'être en expansion, il se disperse rapidement en lieux qui n'ont pratiquement pas de relations d'échange entre eux. Les hommes, les doctrines font bien davantage que différer : ils se contredisent. Qui dira jamais la vérité sur l'art, le sentiment, le gouvernement des hommes ou la croyance religieuse ? Des questions que l'homme ne peut pas s'empêcher de poser tout en étant dans l'incapacité de les résoudre de manière définitive, voilà l'espace symbolique dans lequel se déploie le monde de la philosophie.

À propos de ce livre

C'est à cette formidable aventure, qui pour une bonne part a constitué l'histoire, que le lecteur est convié. Ce livre n'a pas la prétention de présenter une vision personnelle ou originale de la philosophie et de son développement. Bien des ouvrages, rédigés par des spécialistes reconnus, remplissent avec plus ou moins de bonheur cette fonction.

La Philosophie pour les Nuls a pour ambition d'offrir dans une langue accessible à tous une approche de la philosophie à travers son histoire. Elle possède, du moins je l'espère, les qualités du panorama (la vision large et le plaisir de l'instant), mais aussi ses limites : la généralité des grandes lignes qui estompent les détails.

Nous allons ainsi parcourir plus de vingt siècles d'histoire de la pensée philosophique. Non pas à la façon des collectifs de chercheurs spécialistes, chacun attaché à un auteur et assez indifférent à ceux qui le précèdent et qui le suivent. Non pas à la manière de ceux qui ne se déplacent plus qu'à la vitesse de la lumière et prétendent faire le tour de toutes les questions avec seulement quelques flashs d'informations. Nous allons plutôt tâcher de caractériser, le plus simplement mais aussi le plus fidèlement possible, les grandes philosophies dans leur originalité propre.

Dans cette *Philosophie pour les Nuls*, une place importante sera réservée aux images et aux comparaisons : c'est grâce à elles que les idées prennent des couleurs. Ainsi ne sera-t-on pas étonné d'y entendre l'âne de Buridan braire, ni d'y voir Platon en inventeur de la lanterne magique. Et comme les philosophes ne sont pas des esprits sans corps ni des noms séparés d'une vie d'homme et qu'il est souvent instructif ou amusant de rappeler tel détail de leur existence ou de leur caractère, nous avons également fait la part belle aux portraits.

Comment ce livre est organisé

Quatorze chapitres constituent ce livre. Ils sont regroupés en quatre parties suivies d'annexes. Les trois premières parties se succèdent selon un ordre chronologique depuis l'homme de Neandertal, qui pense mais n'a pas pensé à écrire ce qu'il a pensé, jusqu'à Giordano Bruno, martyr de la philosophie brûlé sur le bûcher en 1600.

Première partie : La période antique (VIe siècle av. J.-C.-IVe siècle)

Dix siècles d'un coup ! Pour sûr, les morceaux d'histoire ne seront pas toujours aussi gros. Mais les philosophes ne vivent pas dans le même temps que les autres : un ordinateur d'il y a dix ans est très vieux, une pensée 250 fois plus ancienne peut être très actuelle ! Ou encore : ce qui est très ancien n'est pas forcément vieux pour la pensée.

Les premiers philosophes, ceux qui ont d'ailleurs inventé le mot de philosophie, sont les présocratiques – on les appelle ainsi parce qu'ils ont vécu avant Socrate. Socrate constitue donc un tournant dans la manière de considérer les choses : c'est lui, en effet, qui concentra la réflexion sur les problèmes pratiques du bien et de la justice, se détournant des spéculations cosmologiques auxquelles ses prédécesseurs s'étaient tous adonnés. Après Socrate et à partir de lui, la philosophie se déploie en grands systèmes : Platon et Aristote, le stoïcisme et l'épicurisme.

Deuxième partie : La période médiévale (Ve-XIVe siècles) et la Renaissance (XVe-XVIe siècles)

Les historiens datent la fin de l'Antiquité et le début du Moyen Âge de la chute de la Rome antique. Ils fixent la fin du Moyen Âge à la chute de Byzance, en 1453. Les dix siècles du Moyen Âge ont pour bornes l'effondrement de deux capitales d'empire.

La périodisation des philosophes garde ces désignations (Antiquité, Moyen Âge) mais prend d'autres événements repères. Pour les philosophes, ce ne sont pas les barbares qui mettent fin à l'Antiquité mais... les chrétiens ! La pensée, en effet, prend une tout autre tournure avec le Dieu créateur, la foi, l'espérance, la charité, le péché, la rédemption, termes dont il serait difficile de trouver des équivalents chez Platon et Aristote.

La philosophie du Moyen Âge, c'est aussi un ensemble de pensées qui n'ont pas un lien direct avec les bondieuseries : les grands philosophes chrétiens, juifs et musulmans sont des gens qui s'intéressent à tout et qui savent à peu près tout ce que l'on pouvait savoir à leur époque. Pour cette raison d'ailleurs, ils ont presque tous eu des ennuis avec les autorités religieuses. Bref, n'allons pas imaginer que ces dix siècles qui séparent la fin de l'Antiquité du début de la Renaissance ne sont qu'un long tunnel – c'est le siècle des Lumières qui a créé le mythe du Moyen Âge obscur.

Nous avons choisi d'associer au Moyen Âge les deux siècles de la Renaissance (xve et xvie siècles). C'est un parti pris contestable, car il atténue l'effet de rupture opérée par la Renaissance – mais la philosophie, qui est toujours en retard par rapport au reste (c'est Hegel qui en a fait la remarque) effectue sa révolution au début du xviie siècle. Aussi originaux soient-il, les philosophes de la Renaissance prolongent le Moyen Âge plutôt qu'ils ne rompent avec lui.

Troisième partie : La philosophie non occidentale

La philosophie n'est pas seulement affaire grecque ni même européenne : des philosophes ont également médité sur les bords du Gange et du Yangzi Jiang ou sur les rives du lac de Tibériade. Il ne faut pas à tout prix trouver à ces Orientaux des airs de parenté avec les Grecs : souvent, c'est, à l'inverse, leurs différences qui les éclairent. Mais il existe aussi suffisamment de points de rencontre pour qu'on parle d'eux comme de véritables philosophes : Bouddha, par exemple, a été philosophe, comme Confucius. Et il n'y a pas de raisons autres qu'obscures (ignorance, préjugés et même racisme) pour refuser la qualité de philosophes aux rédacteurs de la Bible.

Au Moyen Âge, il existe un certain parallélisme entre les philosophes chrétiens et les philosophes des deux autres monothéismes, juif et musulman. Les influences ont d'ailleurs été beaucoup plus importantes qu'on ne l'a dit. Thomas d'Aquin en Occident, Maïmonide chez les Juifs, Averroès chez les Arabes ont plus d'un point commun, ne serait-ce que par leur projet d'élever les dogmes religieux à la dignité de la pensée rationnelle.

Quatrième partie : Partie des Dix

Les lecteurs, utilisateurs, habitués et maniaques de cette collection connaissent bien cette « partie des Dix » qui est son signe distinctif, sa marque de fabrique. Plutôt que comme une récapitulation, une révision en vue d'un examen, nous l'avons conçue comme une espèce de session de repêchage : seront évoqués des noms et des idées qui n'ont pas trouvé place dans les chapitres précédents. Ainsi, savez-vous ce qu'est le sophisme crocodilien ou le paradoxe de l'infini ? Non ? Eh bien, vous avez tort, mais pas pour longtemps, car ce livre vous donnera bientôt la réponse !

Cinquième partie : Annexes

Une bibliographie sélective vous fournira les indications les plus précieuses pour aborder les grands philosophes, car les montagnes les plus rudes ont toujours une voie d'accès relativement facile. Découvrez enfin les quelques grands sites philosophiques proposés sur Internet : la philosophie honnête et au net grâce au Net !

Les icônes utilisées dans ce livre

Anecdote

La philosophie n'est pas un film burlesque, on s'y lance des arguments plutôt que des tartes à la crème. Elle n'est pas pour autant ce plateau aride et désolé que certains nous présentent de leur écriture desséchée. Thalès tombé dans un puits, Tchouang Tseu ne sachant plus très bien s'il ne fait pas partie d'un rêve de papillon, Aristote chevauché par une prostituée, tels sont quelques-uns des tableautins dont l'histoire de la philosophie nous réserve la surprise.

Animal symbolique

Une tortue, un âne, une hirondelle – si l'on excepte le raton laveur de Prévert, la philosophie pourrait constituer une ménagerie à peu près complète. N'allons pas croire que les philosophes ne manipulent que des idées abstraites : ils ont volontiers recours aux symboles pour rendre plus accessibles leurs idées. Profitons-en, servons-nous d'eux !

Citation à retenir

On a comparé les citations aux diamants d'une couronne. Qui n'a jamais éprouvé la le bonheur de citer ? C'est un plaisir comparable à celui de dérober, accompagné d'un sentiment de fierté. Parmi les citations, on a choisi les plus belles et les plus représentatives ; elles ne sont pas forcément les plus connues, même si parmi elles figurent un certain nombre de phrases célèbres. Elles sont à prendre, donc éventuellement à apprendre. Notre civilisation a beau n'être plus celle du livre, des citations bien placées dans un texte écrit ou dans une conversation ne manquent pas de produire encore leur effet. Soyez donc sans pudeur : pillez ce livre !

Le saviez-vous ?

Pourquoi y a-t-il un bœuf et un âne dans la crèche du petit Jésus ? Saviez-vous que c'est Aristote qui nous a donné ce proverbe qu'une hirondelle ne fait pas le printemps, que c'est à cause d'un jeu de mots en latin que la pomme est devenue le fruit du péché ? La philosophie est volontiers là où on ne l'attend pas !

Livre décisif

Le Banquet de Platon, *Les Confessions* de saint Augustin, La *Somme théologique* de Thomas d'Aquin – on n'entre pas dans un livre de philosophie comme on entre dans un moulin. Les grands classiques de la philosophie sont souvent épais et difficiles. Grâce à *La Philosophie pour les Nuls*, le jour remplace la nuit. Vous allez éprouver ce plaisir délicat et durable qu'est celui de comprendre !

Portrait

Voulez-vous savoir à quoi ressemblait Socrate ? Quel drôle d'homme était ce Pyrrhon, fondateur du scepticisme ? Pourquoi Buridan a-t-il été jeté dans la Seine ? Est-ce que les philosophes sont aussi fous qu'on l'a dit ? Par ici l'entrée !

Un peu de technique

Patience et longueur de temps font plus que force ni que rage, disait un fabuliste dont la sagesse coulait de source (La Fontaine). La philosophie a cet avantage considérable sur les mathématiques ainsi que sur les romans et les films qu'on peut sauter un chapitre sans pour autant perdre le fil de l'histoire. Primo parce qu'il n'y a pas d'histoire linéaire et contraignante, secundo parce qu'il y a beaucoup de fils (on est sûr d'en tenir toujours au moins un dans la main). « Un peu de technique » signifie : plus que nul, moins que nul, passe ton chemin ! Ne t'acharne pas sur la différence entre les jugements déterminants et les jugements réfléchissants. Tu ne perdras rien pour attendre ! Ce passage est délicat, mouillé, verglacé. *La Philosophie pour les Nuls* n'est pas une table de Monopoly : il n'y a pas de case prison et, à la différence du jeu de l'oie, le retour en arrière n'est pas une pénalité.

Et maintenant, par où commencer ?

L'ordre chronologique nous a paru être la présentation la plus claire : il permet de suivre le fil des idées ainsi que de parcourir la galerie des penseurs. Mais ce fil n'est ni assez rigide ni assez continu pour devoir être nécessairement tenu d'un bout à l'autre : liberté est laissée au lecteur de voyager plutôt que de marcher et même de vagabonder plutôt que de voyager.

Pour reprendre l'image du repas utilisée au début de cette introduction : tous les plats sont présentés comme dans un buffet, libre à chacun de se resservir du poisson ou de sauter l'entrée. L'histoire de la philosophie ressemble à une partie d'échecs : on peut comprendre le jeu en prenant la partie en cours, il suffit de regarder l'échiquier et de connaître les règles.

Partie 1
La période antique : VIe siècle av. J.-C.- IVe siècle

Dans cette partie...

Vous allez assister en direct à la naissance de la philosophie et la suivre dans sa jeunesse, déjà remarquable de maturité. La réalité produit un choc sur la cervelle des hommes, une étincelle surgit : la pensée. Et à partir du moment où, grâce à l'écriture notamment, qui a donné aux idées à la fois la vie et l'immortalité, cette pensée constitue un ensemble cohérent, on peut parler de philosophie. Nous remarquerons que la sagesse est le maître mot de toute la philosophie antique, qui s'étend sur dix siècles. Bien des voies y mènent, bien des voix s'y mêlent. Et cela dure jusqu'à ce que l'idée d'un Dieu unique, donc absolu, conduise la réflexion sur d'autres chemins...

DANS CE CHAPITRE

L'acte de naissance de la philosophie

•

La pensée en marche

•

L'importance de la mort et du rêve

Chapitre 1
Aux origines de la philosophie

L'homme de Neandertal avait-il une philosophie ? De cette question dépendra la définition que l'on donne de la philosophie.

Si « faire de la philosophie » consiste à enseigner un programme de philosophie dans les lycées ou à l'université, à écrire des articles ou des livres comme *La Philosophie pour les Nuls*, ou encore à passer le plus clair (et même le plus sombre) de son existence à commenter les grands anciens (Platon, Descartes, Kant), alors, clairement, l'homme de Neandertal ne faisait pas de philosophie.

Si, en revanche, « faire de la philosophie » consiste à penser sur les grands problèmes de l'existence, la vie et l'au-delà, l'animal et l'homme, la naissance et la douleur, alors il n'y a pas de raisons de refuser à un être qui enterrait ses morts et se révélait être un habile ouvrier l'aptitude à « avoir une philosophie ».

Professeur sévère et professeur bonasse

Toute définition de la philosophie balance entre un pôle sévère (la rigueur jusqu'au risque de la rigidité) et un pôle ouvert (la tolérance au risque de la mollesse). La plupart des spécialistes de la philosophie aujourd'hui sont portés plutôt vers le pôle sévère : pour eux, la philosophie de café est une philosophie de trottoir. Alors, pensez : une philosophie du temps de la préhistoire ! À une époque où il n'y avait même pas de café !

Si pendant longtemps, on a fait des Grecs les inventeurs de la philosophie vers les VIIe et VIe siècles av. J.-C., c'est parce qu'on leur attribuait aussi l'invention de la rationalité. À l'opposé du mythe, qui se déploie dans l'espace du merveilleux et de l'invérifiable, et n'implique que la croyance, la raison analyse et critique, cherche à convaincre et pas seulement à persuader. Selon une conception progressiste de l'histoire, l'être humain commence par les mythes et termine par la connaissance rationnelle. N'est-ce pas d'ailleurs ainsi que chemine l'individu depuis l'enfance jusqu'à l'âge adulte ? Il commence par des contes à dormir debout et termine par le calcul différentiel et intégral qu'il pratique allongé dans son lit.

Le saviez-vous ?

Dans cette optique du cheminement vers plus de raison, les figures de l'enfant et de l'homme préhistorique ont formé avec celle du primitif une véritable chaîne analogique : jusqu'à une date récente, on voyait chez les sauvages de la Nouvelle-Guinée ou d'Amazonie à la fois des enfants et des représentants très attardés de la préhistoire de l'humanité. La philosophie est chose trop sérieuse et compliquée pour être cultivée par ceux que l'on disait justement sans culture. Cet argument, que les hommes de la préhistoire n'avaient pas de philosophie parce qu'ils n'avaient pas accédé au stade de la pensée rationnelle, n'est plus recevable de nos jours. Il ne nous apparaît plus que comme un préjugé.

Qui a « raison » ?

D'abord, il convient de reconnaître dans le mythe une véritable pensée et dans les mythologies, de véritables systèmes. Le mythe est bien ce chaos prolifique dont parlait Ernst Cassirer, à partir duquel le langage, la magie, l'art, la science, la médecine, les mœurs, la morale et les religions se différencient petit à petit – une espèce de soupe primitive symbolique comme il y a une soupe primitive physique d'où l'univers avec ses structures est issu.

Ne faut-il pas en effet user de la raison pour organiser des chasses collectives, vivre avec un minimum d'entente, se faire comprendre et deviner ce que l'autre a dans l'esprit ? Imagine-t-on ce que représente d'intelligence le choix des végétaux comestibles parmi des centaines d'autres toxiques ? L'invention de l'aiguille à chas, il y a une vingtaine de milliers d'années, fut à la fois l'une des plus importantes et l'une des plus extraordinaires de l'histoire de l'humanité. Rien, dans l'expérience quotidienne ne la prépare. Ce génie, typiquement humain, est le travail de la pensée.

Depuis un siècle, l'anthropologie nous montre que partout, même dans les endroits les plus reculés et les mieux cachés de la planète, les hommes ont classé et hiérarchisé les choses et les êtres selon de grandes divisions logiques (dieu/homme, homme/femme, nature/culture, ciel/terre, etc.) et que partout ils ont cherché à rendre compte à travers leurs mythes et leurs rituels de la totalité de ce qui existe. Il n'est pas excessif de parler à leur sujet d'esprit de système puisque ce sont ces deux traits repérables qui le caractérisent : la catégorisation (unifier la diversité infinie des êtres et des choses sous des noms de classes) et la volonté de totalité.

Certes, les primitifs ne sont pas les préhistoriques mais certains traits repérables chez les premiers ont dû exister chez les seconds.

La tête et les jambes

Selon une hypothèse aujourd'hui communément acceptée par les spécialistes, le langage articulé et la pensée sont nés d'un développement spécifique du cerveau, lequel est lui-même en grande partie un effet indirect de la station debout adoptée par *Homo erectus*, l'un de nos lointains ancêtres. La station droite que l'homme est le seul de tous les mammifères à avoir adoptée est donc peut-être la particularité physique qui, par toute une série d'événements et de bouleversements dérivés, a fini par faire d'un certain primate un être parlant, intelligent, et donc un philosophe.

Le saviez-vous ?

Le mammifère ne vit pas seulement près du sol ; il est comme plaqué sur lui. L'homme est le seul à faire face au monde, à le considérer comme un objet à comprendre et un défi à relever. Le langage articulé – c'est-à-dire la capacité à émettre des sons qui combinent des voyelles et des consonnes de manière à former les mots d'une phrase et les phrases d'un discours, capacité dont l'homme est le seul détenteur – ne serait sans doute jamais apparu si le cerveau n'avait réservé certaines zones spécialisées pour elle. Or, cette spécialisation est le résultat d'une suite de mécanismes physiologiques dont l'être humain a été le bénéficiaire mais non bien sûr l'auteur.

Jeu de mains, jeu de malins

La station verticale n'a pas libéré seulement la tête, elle a aussi libéré la main. Anaxagore, le philosophe présocratique, disait que l'homme est le plus intelligent des animaux parce qu'il a une main. À quoi Aristote, toujours désireux d'expliquer les phénomènes par leur fin, objectera que c'est parce qu'il est le plus intelligent des animaux que l'homme a une main. Les chercheurs actuels donneraient plutôt raison à Anaxagore qu'à Aristote. L'intelligence est un terme général et abstrait que l'on ne peut fixer à une activité spécifique.

La main, en revanche, est un organe qui symbolise le travail et la technique parce qu'elle en est l'instrument immédiat. La main avec le pouce opposable (les singes ont des mains, mais pas de pouce opposable) est un outil polyvalent qui peut frapper et caresser, percer et polir, tirer et enfoncer, etc. Les outils matériels sont d'abord conçus comme des prolongements ou des prothèses, plus forts, plus efficaces, plus précis. La pensée entretient avec le travail du corps des relations que l'on peut dire *dialectiques*, c'est-à-dire bilatérales : il n'y a pas de travail sans pensée préalable, mais corollairement, par voie de conséquence, la pensée est stimulée dans et par le travail.

La philosophie, fille de l'étonnement

Socrate, puis son élève Platon, puis l'élève de celui-ci, Aristote, répéteront que la philosophie est fille de l'étonnement. Il est caractéristique que les livres et les films qui s'efforcent, sans doute de manière schématique et appuyée, de représenter la vie de nos ancêtres de la préhistoire font de l'étonnement – parce qu'il a un caractère spectaculaire, pathétique (dans la langue classique, le terme avait le sens fort de bouleversement radical) – leur expérience mentale principale. Étonnement devant le feu qui brûle, étonnement devant le jour et la nuit, étonnement devant la naissance et la mort (le cadavre qui ne bouge pas), etc. L'étonnement enclenche le travail de la réflexion. Pourquoi ça ? Comment ça ? Ici ? Maintenant ?

La conscience de la mort

L'un des principaux marqueurs d'humanité, et l'un des plus anciens, est le comportement face au mort. « La mort » est une expression bien générale et bien abstraite et il n'est pas du tout sûr que *Homo sapiens sapiens*, le dernier rejeton de la famille *Homo*, ait eu tout de suite une idée de « la mort ». En revanche, ce dont nous sommes certains, grâce aux sépultures dont nous avons pu découvrir les vestiges, c'est que *Homo sapiens sapiens*, il y a une centaine de milliers d'années, a été le premier à prendre un soin particulier des corps des morts.

Le saviez-vous ?

Ce souci, cette sollicitude n'ont pas d'équivalent chez les animaux. Les « cimetières » d'éléphants appartiennent à la légende et même s'il est vrai que des animaux peuvent dans une certaine mesure avoir le pressentiment de leur mort, nous n'en avons jamais vu s'occuper de manière réglée du corps inerte de leurs congénères. L'attitude de crainte et de respect vis-à-vis des cadavres (comment comprendre autrement les rites funéraires ?) est sans doute liée à des croyances métaphysiques dont nous ne pouvons rien savoir de précis, faute de textes. Il n'en reste pas moins vrai que l'hypothèse selon laquelle il y a une centaine de milliers d'années, l'homme croyait à un monde invisible est plausible.

Un philosophe allemand, Heidegger, dira ainsi que l'homme est l'être des lointains : lointains dans l'espace (nos ancêtres se déplaçaient sur des distances considérables, des milliers, voire des dizaines de milliers de kilomètres), lointains dans le temps (la pensée du passé, grâce à la mémoire, et la pensée du futur, grâce à l'imagination). À la différence de l'animal, en effet, l'homme est l'être qui ne se contente pas de vivre dans le lieu et l'instant présents.

Le pays du rêve

Ici encore, nous sommes réduits aux conjectures. Mais représentons-nous l'étonnement de nos ancêtres face au phénomène du rêve, que nous savons universel. Un dédoublement de réalité, qui fait du monde de la nuit, lorsque le dormeur y est plongé, un monde aussi véritable que celui qu'il a quitté. Les paradoxes des poètes et les arguments des philosophes (puisque nous vivons le rêve comme une réalité, il se pourrait bien que notre réalité ne fût qu'un rêve) étaient sans doute déjà présents dans l'esprit de nos ancêtres chasseurs de bisons. La question du réel, celle de la nature vraie des choses, est la première question de la philosophie. Il est douteux que les *Homo sapiens* qui prenaient tant de soin de leur mort et dessinaient avec tant d'art ne se la soient pas posée.

Un peu de technique

Hasardons encore deux hypothèses raisonnables. Il est possible que l'expérience du rêve ait conduit l'homme vers l'idée après tout étonnante que ce monde n'est pas le seul, et peut-être pas le plus « réel ». Il est possible aussi qu'elle ait été le véhicule de l'idée d'âme – laquelle correspond à la fois à un principe de vie et à un double indivisible. Rêver d'un disparu, c'est voir comme véritable, dans une présence physique bien qu'immatérielle, quelque chose d'autre que son corps dont on sait qu'il est sous terre lorsqu'il n'a pas été dévoré par quelque fauve. La philosophie est peut-être tout autant fille du rêve que fille de l'étonnement.

La magie de l'art

La notion de l'art est moderne. Elle était absente de la préhistoire. Les Anciens eux-mêmes l'ignoraient, qui n'avaient pas de mots spécifiques pour le dire.

En dehors des vestiges matériels (squelettes et fragments d'os surtout), les gravures, peintures et sculptures sont les seuls témoignages que les hommes de la préhistoire nous aient laissés. De nombreuses hypothèses ont été émises par les spécialistes concernant le sens qu'il convient d'attribuer à ces objets et à ces œuvres. Il n'est pas évident d'ailleurs que l'on ait à choisir parmi ces hypothèses, des théories différentes pouvant être admises conjointement au lieu de s'exclure.

Très tôt, dès le début du XXe siècle, soit une cinquantaine d'années après leurs découvertes, ces plus anciens témoignages du génie esthétique de l'humanité étaient interprétés en fonction des croyances et pratiques magiques supposées. C'est ainsi que les chevaux, bisons et mammouths dessinés et peints étaient compris dans le cadre de rites d'envoûtement : de même qu'un sorcier est censé provoquer à distance la mort de son ennemi en transperçant d'aiguilles une figurine qui le représente, les chasseurs du paléolithique croyaient pouvoir immobiliser leurs proies en les fixant sur les parois des cavernes. Ainsi expliquait-on que nombre de ces figures sont hérissées de traits.

Une autre théorie explique à l'inverse ces images non comme l'expression propitiatoire (destinée à favoriser une entreprise) d'un rituel de chasse à venir mais comme l'expression apotropaïque (destinée à écarter la vengeance) d'un rituel de chasse déjà accomplie. Tuer un bison ou un cheval n'était certainement pas pour le chasseur une entreprise anodine, non seulement à cause de sa difficulté propre mais surtout à cause du pouvoir mystérieux et sacré qui était attribué à la bête. Dans ce contexte, le dessin, la gravure et la peinture auraient constitué des moyens de se prémunir magiquement contre la vengeance toujours possible de l'animal mort – c'est-à-dire de son fantôme.

Une troisième théorie garde le sens magique et religieux de ces figures, mais les interprète dans le cadre d'un rituel initiatique. La paroi de la caverne devait être considérée par ces hommes comme l'écran séparant les deux mondes (appelons-les le monde visible et le monde invisible), en même temps que comme la membrane permettant le passage d'un monde à l'autre. Les parties ornées des grottes ne correspondaient en effet jamais à des lieux d'habitation, elles étaient toujours situées le plus loin de l'entrée. D'où l'idée que ces lieux étaient des sanctuaires où ne pouvaient pénétrer que des chamans, des « prêtres » initiés et aptes à effectuer le voyage dans l'autre monde.

Un peu de technique

Apparence ou présence ?

Quoi qu'il en soit de ces différentes thèses, toutes s'accordent à voir dans ces images non pas des représentations – ce que sont pour nous, spontanément, des images « réalistes » – mais des *présences*. Le propre de l'art sacré que devait être l'art de la préhistoire, c'était qu'il était un art de l'apparition et non un art de l'apparence. Une statue de dieu a cette même fonction et ce même pouvoir en Inde : elle ne représente pas le dieu, elle est ce dieu sous cette forme-là.

Une très longue histoire

La plus grande révolution de l'histoire humaine est celle que nul ne penserait appeler ainsi. Car plus encore que la révolution industrielle préparée par les sciences et les techniques modernes au moment de la Renaissance, plus encore que la révolution démocratique dont on peut trouver des signes précurseurs dans l'Antiquité, la révolution du néolithique a introduit dans l'histoire d'*Homo sapiens sapiens* une rupture dont toute l'histoire ultérieure a été l'effet.

Certes, le premier outil, l'invention du feu, le premier mot articulé, le premier cadavre enterré, le premier animal dessiné ont représenté des changements qui, à chaque fois, ont éloigné l'homme de la bestialité et de la nature. Mais c'est la révolution du néolithique qui a jeté les bases de ce que nous entendons par culture ou civilisation.

Il y a un peu plus de 10 000 ans, la fin de la dernière glaciation permet à l'homme de se lancer dans l'aventure de l'élevage et de la culture des terres. Les conséquences en ont été autant de bouleversements : de nomade, l'homme est passé à l'état sédentaire, bientôt des villes ont surgi de terre. L'agriculture, c'est aussi l'invention de la poterie et de la métallurgie, donc la formation d'un capital et, Rousseau l'avait très justement deviné, les premières guerres. La philosophie n'est pas seulement fille de l'étonnement et du rêve, elle est fille de ce travail et fille aussi de la violence qui s'ensuit.

DANS CE CHAPITRE

La Grèce, berceau de la philosophie

•

Des hommes universels

•

Thalès, Pythagore, Héraclite et les autres

•

Les sophistes réhabilités

Chapitre 2
Naissance de la philosophie grecque : les présocratiques

Une bien belle aurore

Si la préhistoire, malgré ses découvertes et son courage, reste dans une espèce de nuit, les deux siècles qui s'écoulent de Thalès à Socrate apparaissent comme une aurore. Il y eut en ce temps une pléiade de penseurs singuliers, à la fois philosophes et poètes, savants et chefs de secte. Ce sont eux qui ont écrit, en Europe, les premiers livres de réflexion personnelle, ce sont eux qui, les premiers, ont essayé de répondre à cette question à la fois très naïve et très profonde : qu'est-ce que la nature des choses ?

Tous les hommes pensent, tous les hommes ont des représentations de la vie et de la mort, de la liberté et du bonheur, du vrai et de l'erreur, etc. Mais pour que cette conception du monde (les Allemands disent *Weltanschauung*) prenne la forme d'une philosophie, il faut que soient réunies des conditions particulières. De même que l'art est la mise en forme de certaines sensations, la philosophie est la mise en forme de certaines pensées. Les conditions nécessaires de cette mise en forme sont l'écriture et la division sociale du travail.

Pourquoi une pensée philosophique ?

L'écriture

On ne fait pas de philosophie, pas plus qu'on ne fait de mathématiques (ou n'importe quelle autre science), avec de simples paroles. Et même si la philosophie est née du dialogue, elle ne commence réellement qu'avec le texte écrit.

Certes, on pourrait objecter à cette thèse le fait que Socrate, considéré dès l'Antiquité comme le véritable père de la philosophie, n'a pas écrit une ligne. Mais on pourrait objecter à cette objection le fait que Socrate n'a pour nous d'existence philosophique qu'à travers les dialogues *écrits* de son disciple Platon. Pareillement, ce sont les bons mots et les anecdotes sur sa vie de clochard tels qu'ils nous ont été rapportés par Diogène Laërce qui font à nos yeux le caractère de philosophe de Diogène le cynique.

Pourquoi la philosophie a-t-elle besoin de l'écriture ? Parce que la pensée est captive de la parole, de ses hasards, de ses détours et de ses incertitudes. Prisonnière aussi de la dimension affective de l'échange : dans le feu d'une conversation, la rigueur n'est pas de rigueur. On veut faire plaisir à l'interlocuteur ou bien, à l'inverse, le démolir. L'écriture donne à la pensée une forme objective (donc communicable au-delà de l'ici et du maintenant) et définitive. La parole, même maîtrisée, est toujours un peu irresponsable. De plus, seule l'écriture peut donner à la pensée cette structure *systématique* sans laquelle il ne saurait y avoir proprement de philosophie. Car s'il y eut des philosophies contre le système (le scepticisme, l'empirisme), il n'y en eut pas en dehors du système.

Qu'est-ce qu'un système ?

Un peu de technique

Un système est un ensemble d'idées ou de faits qui sont entre eux en relation d'interdépendance. Le système philosophique obéit à trois exigences fondamentales : la non-contradiction des idées, l'unité de la pensée et le désir d'embrasser par l'intelligence la totalité du réel.

La division du travail

La division sociale du travail, qui assigne à certaines classes de la société le soin de pourvoir aux travaux matériels (les esclaves en Grèce) et à d'autres les tâches nobles de la réflexion et du commandement, doit être considérée comme l'autre condition fondamentale de la philosophie. En ce sens, on peut dire de la philosophie qu'elle est en même temps fille de l'esclavage et fille de la liberté, car il a fallu que certains individus soient libérés de leurs immédiats soucis pratiques pour se livrer à la spéculation sur la nature des choses. En effet, la philosophie est une affaire individuelle, personnelle, qui ne tire pas ses idées de la tradition sociale et religieuse. Les sociétés traditionnelles ont une loi et une cohésion si puissantes qu'elles interdisent l'émergence d'une libre-pensée.

La philosophie : une activité qui n'était pas sans risque !

Le saviez-vous ?

On devine quel courage dut être celui manifesté par Anaxagore lorsqu'il ne vit dans le Soleil que du feu (et non, comme les Grecs le croyaient, un dieu). Le philosophe dut s'exiler pour échapper à une condamnation certaine. On sait que Socrate paya de sa vie l'audace provocante dont il fit preuve en mettant ses concitoyens face à leur ignorance et ses juges face à leurs contradictions.

Même les plus grands penseurs de l'islam (Averroès, Avicenne, Ibn Arabi) ou de l'Inde (Shankara, Madhva) ne seront pas aussi indépendants de leur contexte social et religieux.

Alors que les hommes généralement se contentent de croire, les philosophes veulent savoir; mais, pour savoir, il faut juger, critiquer, mesurer, exclure, imaginer, bref effectuer un travail de l'esprit dont les religions et les idéologies permettent l'économie.

L'originalité et la diversité de la philosophie

Dès l'origine, la philosophie aura des caractères qu'elle conservera jusqu'à nos jours.

La diversité de la philosophie n'est pas sans faire songer au monde de l'art. Un trait, assez tôt, sépare la philosophie et la science. Alors que la science tend vers une solution unique pour chaque problème donné (car il ne saurait y avoir qu'une seule vérité sur une question déterminée), la philosophie éclate en une multitude d'écoles et de courants divers, voire contradictoires. Chaque philosophie est un point de vue. Alors qu'une statue n'a qu'une seule masse, il y a mille manières de la regarder: tandis que la science la mesure, la philosophie la regarde. La mesure dépend de l'instrument, le regard dépend du point de vue.

Le savoir pour lui-même

La philosophie est une pratique et un amour du savoir et de la théorie pour eux-mêmes. À la différence des penseurs des époques précédentes et des autres cultures, les premiers philosophes ont pratiqué une recherche désintéressée qui n'était soumise ni à l'impératif technique ou économique, ni au pouvoir religieux.

La simplicité

Il y a dans la philosophie une volonté de réduire l'infini bariolage des choses et des êtres à la simplicité de l'idée. Il est peu de philosophes qui n'aient été hantés par le rêve d'unité et de totalité. Les premiers philosophes grecs étendent leurs investigations à l'ensemble du réel (qu'ils appellent « nature »).

Alors que le technicien est l'homme d'une pratique unique (le forgeron ne s'occupe pas d'habits, le tisserand ne travaille pas le fer...), le philosophe, lui, dispose d'une théorie universelle. Ainsi les plus anciens philosophes cherchèrent-ils l'élément primordial de toutes choses, celui qui semble disparaître derrière les apparences mais qui en réalité s'exprime à travers elles et qui a été leur origine (l'eau chez Thalès, l'air chez Anaximène, le feu chez Héraclite, l'infini chez Anaximandre, l'esprit chez Anaxagore, l'atome chez Démocrite, l'élément chez Empédocle, l'être chez Parménide).

Une activité de la raison

La philosophie est une activité de la raison (*logos* en grec). Elle soumet à sa critique – et donc met en crise – la plupart des énoncés tenus pour vrais par l'opinion de l'époque. C'est des présocratiques que date la rupture entre le mythe et la vérité, entre l'opinion et le savoir. La philosophie vise la cohérence de la représentation (par la démonstration) en cherchant un principe d'ordre des phénomènes. La raison des Grecs est en effet moins une faculté personnelle qu'un principe d'ordre objectif repérable dans les phénomènes, planètes ou êtres vivants.

De grandes alternatives

Les questions philosophiques peuvent être mises sous la forme de grandes alternatives : la réalité est-elle matérielle ou idéelle ? Le mouvement est-il réalité ou apparence ? Le non-être existe-t-il ou pas ?

Les écoles philosophiques vont par couples de contraires, il n'y a en effet pas de pensée sans dialectique, sans le jeu d'opposition entre des concepts, des paroles, des thèses contraires.

Les hommes de l'art

Qui sont les présocratiques ?

On appelle ainsi les philosophes grecs qui ont vécu avant Socrate. Leur période s'étend sur deux siècles (VIe et Ve siècles av. J.-C.) et leurs centres sont disséminés autour du bassin oriental de la Méditerranée et dans le sud de l'Italie.

Il ne nous reste malheureusement presque rien de leurs textes, seulement quelques fragments épars. D'Anaximandre, par exemple, nous ne disposons que d'*un* paragraphe de trois ou quatre lignes, connu sous le nom de « Parole d'Anaximandre ». Les livres des présocratiques ont disparu dans les incendies successifs de la bibliothèque d'Alexandrie qui centralisait la quasi-totalité du savoir antique. Imaginons que tous les livres de Montaigne aient brûlé et que de Montaigne, outre le nom et les rumeurs colportées autour de sa vie, il ne nous reste que les citations faites par Pascal, Voltaire, Balzac... Ce serait les fragments de Montaigne. C'est sous cette forme que nous sont connus les fragments des présocratiques : comme des citations effectuées par leurs successeurs.

L'inconnu est propice aux légendes. Ces hommes qui ont vécu dans les franges du monde grec, Thalès en Ionie (Asie Mineure, l'actuelle Turquie), Pythagore dans l'île de Samos, Empédocle en Sicile, Parménide dans le sud de l'Italie sont rapidement apparus aux yeux des Grecs eux-mêmes comme des êtres surnaturels, aux paroles divines et aux pouvoirs magiques. Aristote dira d'eux qu'ils parlent comme des hommes ivres. Héraclite était surnommé l'Obscur, parce que ce qu'il écrivait était réputé incompréhensible.

Des hommes universels

Ces hommes étaient inséparablement des philosophes, des poètes, des savants et des esprits religieux. On n'imagine pas aujourd'hui un même individu écrire en alexandrins rimés une théorie de la communication, fonder une secte et découvrir un important théorème, car notre culture aime et cultive l'analyse. Elle sépare tout, en particulier la pensée de la poésie, la réflexion de la religion et la philosophie de la science. Chez les présocratiques, tout cela est mélangé, d'où la stupeur qui nous prend lorsque nous considérons ces figures de légende.

Des poètes

La poésie est écriture magique, car par elle la présence des choses nous est donnée et sa beauté semble venue d'ailleurs. La pensée philosophique tendra plus tard à remplacer cette présence par son reflet en idée – ce que l'on appelle justement *représentation*, littéralement seconde présentation. Certes, l'usage de la poésie avait aussi à cette époque un sens esthétique et une fonction pratique (il est plus facile d'apprendre par cœur un texte en vers qu'un texte en prose). Mais la dimension magique et religieuse ne doit pas être sous-estimée, que ce soit en Inde ou en Europe, car lorsque les dieux sont censés dire la vérité et la justice aux hommes, c'est en vers qu'ils le font. Les présocratiques sont des inspirés, et même des illuminés.

Citation à retenir

Ce dont la génération procède pour les choses qui sont est aussi ce vers quoi elles retournent sous l'effet de la corruption selon la nécessité; car elles se rendent mutuellement justice et réparent leurs injustices selon l'ordre du temps.

Anaximandre

Des éclairés ? Des illuminés ? Des allumés ?

Portrait

Philosophe, mathématicien et guru, voilà Pythagore, le plus célèbre mais aussi le plus mystérieux de tous les présocratiques. Il a fondé une école qui était en même temps une secte (à moins que ce ne fût l'inverse...). Il imposait aux nouveaux arrivants un silence de plusieurs mois et ne leur parlait qu'à travers un rideau. Comme il se faisait passer pour un dieu, on le considérait comme tel. On croyait notamment qu'il avait une cuisse en or. Imaginons qu'un professeur à la Sorbonne ou à Oxford dise à ses étudiants que sous son pantalon, il y a une cuisse en or. Personne ne le croirait – des nerfs d'acier, un moral de fer, un caractère de bronze, oui, à la rigueur, mais certainement pas une cuisse en or !

Une histoire, limite supercherie, concerne Empédocle. Lui aussi avait fondé une communauté, plus politique dirions-nous que celle de Pythagore. La tradition raconte qu'il s'est jeté dans le cratère de l'Etna et que le volcan a recraché l'une de ses sandales. On serait bien léger d'interpréter ce geste comme un suicide de désespoir.

D'abord parce que le suicide de désespoir n'existe pratiquement pas dans l'Antiquité (un désespéré est un sentimental, c'est-à-dire quelqu'un qui vit par rapport à ses affects personnels et les Grecs ne sont pas des sentimentaux). Ensuite parce qu'un sacrifice n'est pas la même chose qu'un suicide. Il est possible qu'en se jetant dans la fournaise de l'Etna, Empédocle ait voulu prouver à ses disciples et aux membres de sa communauté son caractère divin.

Un mort sans cadavre impressionne toujours plus qu'un cadavre. Un dieu ne meurt pas dans son lit. Une tradition interprète le détail de la sandale recrachée par le feu comme le signe du caractère humain d'Empédocle. Selon une variante, cela voudrait dire que le dieu a refusé de l'admettre dans son monde. Le poète Hölderlin, qui fera de la mort d'Empédocle une tragédie, voit dans cette mort le désir du poète philosophe de retrouver l'unité intime de la vie et de la nature – toute séparation étant vécue comme une souffrance et un échec.

Thalès, l'homme du théorème

Le tout premier philosophe connu

Les Ioniens (Thalès, Anaximandre, Anaximène) sont les premiers à avoir orienté la réflexion vers l'ontologie (discours sur l'être). Ils se sont posé la question de savoir quel est l'être derrière l'apparence, ils ont cherché une matière première originelle et originaire, ce qui présuppose un ordre et des limites.

Certes, les philosophes, à commencer par Platon, ne se priveront pas de raconter des mythes et de donner aux dieux une large place, mais là où la philosophie se constitue comme discipline autonome, c'est dans sa volonté de chercher des réponses rationnelles alors que la tradition ne faisait qu'apporter des « vérités » révélées. En d'autres termes, quand Thalès, à la question de savoir en quoi consiste la nature des choses, répond « l'eau », c'est une formidable remise en question d'une image du monde gouvernée par le religieux. La philosophie naît de cette rupture. Plus tard, lorsque Anaxagore, un autre présocratique, dira que le Soleil est une boule de feu, le sens de son énoncé est à comprendre comme : ce n'est pas un dieu (Hélios, soleil en grec, est le nom du dieu Soleil).

L'intuition de Thalès était juste. Sans eau, il n'y a pas de vie et sans vie il n'y a pas de pensée. Aujourd'hui, lorsque des sondes prennent des clichés et des mesures sur les objets célestes, satellites ou planètes extérieures à la Terre, c'est d'abord pour détecter une possible présence de l'eau.

Thalès est l'auteur de cette formule : « Tout est plein d'âmes » – qui est à entendre comme : la nature est vivante.

Le saviez-vous ?

Pour les Grecs, l'âme n'est pas d'abord ce principe d'immortalité personnelle qu'en ont fait les chrétiens, elle est principe de vie et, à ce titre, elle est présente dans n'importe quel mouvement (si les Grecs croyaient que les astres étaient des dieux, c'est parce qu'ils bougent dans le ciel).

Mais l'intuition de Thalès que l'eau est l'élément primordial de la nature était juste à un autre niveau : c'est dans et avec l'eau que la vie est apparue sur la terre, et peut-être ailleurs. Certes, Thalès ne peut pas être considéré comme un précurseur de la théorie de l'évolution. Il n'en reste pas moins vrai qu'existe chez lui, comme chez les autres présocratiques, cette pensée de l'origine de toutes choses.

La puissance de la pensée

Thalès est connu des enfants pour être un inventeur de problèmes, beaucoup plus que comme un inventeur de solutions. Le théorème de Thalès porte sur les triangles semblables (leurs côtés sont différents mais leurs angles sont identiques). On raconte que, au cours d'un voyage en Égypte, Thalès épata ses hôtes en évaluant la hauteur de la grande pyramide sans la mesurer, uniquement par calcul. Pour ce faire, le savant philosophe planta dans le sable un bâton de telle manière que l'extrémité supérieure de celui-ci atteignît le triangle d'ombre tracé par le soleil à partir du monument.

Figure 2-1

La mesure de la hauteur de la grande pyramide.

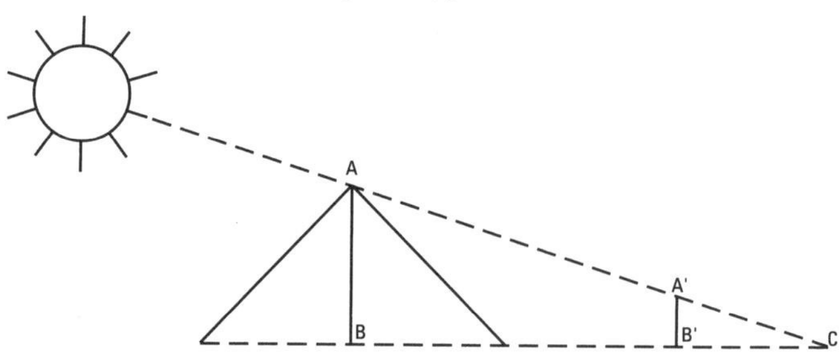

Le petit triangle A'B'C (le côté A'B' correspondant au bâton) est semblable au grand triangle ABC, AB représentant la hauteur de la pyramide. Le rapport entre la hauteur du bâton et celle de la pyramide est le même que celui qui existe entre la base B'C et la base BC. Comme ces deux dernières mesures sont connues et que la hauteur du bâton est connue, Thalès en déduira la hauteur de la pyramide.

Cette anecdote a longtemps servi à illustrer deux conceptions opposées des mathématiques. Les Égyptiens étaient de formidables arpenteurs : après les inondations provoquées par le Nil, il fallait remesurer les parcelles de terre cultivée, et les constructions cyclopéennes dont la pyramide est la plus connue exigeaient des calculs nombreux et parfois sophistiqués. Les Égyptiens disposaient de tables de nombres qui les aidaient dans leurs travaux.

Ils avaient une conception utilitaire des mathématiques. Ils ne se souciaient guère d'exactitude (ils se contentaient, par exemple, pour π, rapport de la circonférence d'un cercle à son diamètre, de la valeur approchée de 3) ; du moment que cela marchait, ils étaient satisfaits.

Ce que les Grecs ont apporté de nouveau, c'est l'idée d'un énoncé vrai en tout temps, en tout lieu et quelles que soient les applications : l'idée de l'énoncé universellement vrai parce que démontré. Ainsi dépasse-t-on le plan de la recette empirique. Pour les Égyptiens, mesurer la hauteur de la pyramide, c'est grimper sur elle en y appliquant une toise – une entreprise inimaginable. Pour un mathématicien comme Thalès, c'est appliquer par la pensée une relation déjà connue. Point n'est besoin de monter au sommet d'un peuplier pour connaître sa hauteur, il suffit de son ombre et d'un bâton.

Anecdote

Une anecdote rapportée par Platon raconte qu'un jour Thalès, absorbé par la contemplation du ciel, ne vit pas un puits qu'il avait sous les pieds et y tomba. Une servante de Thrace, qui était à proximité, éclata de rire : « Voilà bien ces philosophes qui prétendent connaître les étoiles et qui ne savent même pas où poser les pieds ! » L'air est bien connu. Il a été chanté sur tous les tons depuis vingt-six siècles. Le mécanisme est inévitable : lorsque l'on est très absorbé par une tâche, l'esprit entier y est concentré, il n'y a plus d'attention pour le reste.

Pas d'attention sans distraction !

La distraction du penseur est l'envers, et non le contraire, de son attention. L'envers, comme on dit de l'ombre qu'elle est l'envers, et non le contraire, de la lumière (il n'y a pas d'ombre sans lumière). Hegel, assez énervé contre l'anecdote de Thalès tombé dans le puits, dira que la servante a beau rire du philosophe, en fait, ce dont elle ne se rend pas compte, c'est qu'elle, comme tous les ignorants de son acabit, est déjà dans le puits. Nous tombons, c'est le cas de le dire, sur cette symbolique : tandis que l'âme s'élève, le corps chute. Enfin, car nous n'en avons jamais vraiment fini avec les images symboliques, c'est la vérité elle-même sous sa forme allégorique que la tradition placera au fond du puits : y tomber devrait donc dire la trouver.

La première spéculation connue

« À quoi sert la philosophie, la science, la pensée ? – À rien ! »

Qui n'a pas déjà entendu cela ? Ainsi croient raisonner ceux qui s'arrêtent en chemin. Demandons-leur : à quoi sert l'utilité ? À quoi sert ce qui sert ? Qu'est-ce que servir ?

Il est amusant, et significatif aussi, de constater que les penseurs de l'Antiquité ont été en butte à ce reproche d'inutilité. Les sophistes sont même allés jusqu'à se moquer des enfantillages de Socrate qui « s'amuse » à coincer ses interlocuteurs avec ses petits mots et ses petites questions. Thalès a entendu cette rengaine, et l'on imagine que les baignades improvisées dans le fonds des puits n'étaient pas précisément de nature à désarmer les critiques. Aussi, pour montrer que la science pouvait avoir des effets pratiques, il se livra à ce qui est volontiers considéré comme le premier exemple de spéculation économique de l'histoire.

Ayant deviné, à la suite d'observations, l'arrivée prochaine d'une abondante récolte d'olives, il acheta et loua tous les pressoirs de la région. Le pronostic du philosophe fut confirmé ; il y eut abondance d'olives. Les récoltants durent passer par les pressoirs de Thalès qui avait acquis un monopole. Ainsi notre philosophe mathématicien gagna-t-il beaucoup d'argent – qu'il s'empressa de rendre, dit-on, parce que son objectif n'était que de gagner les esprits.

Le saviez-vous ?

Le verbe « spéculer » et le substantif « spéculation » viennent d'un mot latin, *speculum*, qui signifie « miroir ». Spéculer, c'est regarder comme dans un miroir l'image de la réalité. Il y a encore implicitement cette image dans « réflexion ». « Réfléchir » en français a ces deux sens : dans *La Belle et la Bête*, le film de féerie de Jean Cocteau, le miroir enchanté dit à la Belle : « Réfléchis pour moi, je réfléchirai pour toi. » La pensée réfléchit le monde dont elle est le miroir. Spéculer obéit à cette même idée.

La force de la pensée

Certes, l'histoire de la spéculation de Thalès contient une bonne part de fiction. Thalès ne disposait évidemment d'aucun moyen sérieux pour prévoir une sécheresse plusieurs mois à l'avance. Il a donc bénéficié d'un heureux concours de circonstances. Toujours est-il que, comme dans l'histoire du calcul de la hauteur de la grande pyramide, cette anecdote illustre le pouvoir que la pensée peut avoir sur le réel. De quoi contredire ceux qui ne jurent que par l'utilité et qui imaginent que la seule façon d'agir sur les choses, c'est de les manipuler.

Pythagore, le mathématicien à la cuisse en or

L'invention du mot « philosophie »

Pythagore a dans l'histoire de la philosophie une importance particulière, même si la vie et le personnage sont noyés dans la légende. Selon la tradition, c'est lui qui aurait inventé le mot « philosophie » en disant que seuls les dieux ont droit au beau nom de sage (*sophos* en grec), l'homme, quant à lui, ne peut qu'aimer la sagesse (*philo*, en grec, signifie « aimer » et *sophia*, « sagesse »), tendre vers elle, s'efforcer de l'atteindre.

Derrière cette humilité de l'amour de la sagesse, il y a tout de même un grand orgueil. Car la sagesse en Grèce n'avait pas encore son sens affaibli. Elle englobait à la fois la dimension théorique (la pensée, le savoir) et la dimension pratique (l'action, le comportement) de l'existence et, de plus, toutes les modalités du théorique (le philosophe grec s'intéresse à tout) et du pratique (le philosophe grec ne sépare pas la pensée de l'éthique, ni l'éthique du politique). La sagesse unit le savoir total et l'action accomplie. Pythagore était à la fois mathématicien (tout le monde connaît le théorème du carré de l'hypoténuse du triangle rectangle), physicien, musicologue (on doit à Pythagore une gamme qui porte son nom), mais aussi chef d'école et maître de secte. En disant que tout est nombre, il libérait l'être (ou la Nature ou le Tout) de sa matérialité et lançait une thèse aux implications infinies.

Les nombres gouvernent le monde

Si aujourd'hui des phénomènes aussi complexes qu'un son ou une image peuvent être numérisés (traduits électroniquement par une suite de 1 et de 0), on peut dire que c'est grâce à toute une série de développements techniques et scientifiques dont les premiers germes ont été diffusés par l'école pythagoricienne. Il se trouve qu'en grec le même mot, *logos*, signifie « nombre » et « raison », si bien que, en disant : « Les nombres gouvernent le monde », les Pythagoriciens disaient très exactement que les nombres sont les raisons des choses.

En outre, il faut être prudent lorsque l'on parle de raison à propos des Pythagoriciens en particulier et des philosophes grecs en général. On attribuait à Pythagore des miracles comme à un prophète ou à un dieu. Sa philosophie des nombres n'appartient pas seulement aux mathématiques, elle est davantage une arithmosophie (on dirait aujourd'hui numérologie) qu'une arithmétique. Pythagore croyait au sens symbolique, et donc au pouvoir magique, de certains nombres et en particulier des quatre premiers (entiers positifs) dont la somme, égale à 10 (1 + 2 + 3 + 4), était appelée *tétraktys*.

Les limites de la raison des nombres

La crise intellectuelle que provoqua la découverte de l'irrationalité de racine de 2 (comment une quantité finie – la diagonale d'un carré de côté 1 – peut-elle n'avoir pas d'expression finie – elle n'est ni un entier ni une fraction – ?) est caractéristique de la limite de la raison alors entendue. Pour une philosophie du fini comme l'était celle de Pythagore, cet infini logé au creux du réel comme une vipère sous une pierre était un scandale incompréhensible.

Anecdote

La légende rapporte qu'un philosophe pythagoricien s'est jeté dans la mer après avoir découvert ce qui, dans sa représentation, était proprement innommable : l'existence des nombres irrationnels. Une autre tradition dit qu'il a été jeté dans la mer pour avoir révélé le secret de l'insupportable découverte… Suicide ou exécution, en tout cas la découverte des nombres irrationnels a fait aussi un beau ramdam.

L'harmonie du tout

La notion d'harmonie est l'une des plus riches qui soient : elle renvoie à l'idée mathématique calculable aussi bien qu'à l'expérience immédiate de la beauté. Pythagore n'a pas seulement inventé le terme « philosophie ». C'est lui qui le premier eut l'idée d'appliquer au monde le terme de *kosmos* qui, en grec, renvoyait à l'idée d'ordre et de beauté et désignait le bon ordre des soldats en rang de bataille. Pour les siècles futurs, le cosmos sera l'ordre harmonieux du monde gouverné selon les lois mathématiques.

Le saviez-vous ?

Le monde est beau, la beauté est cosmique. C'est à partir du sens de « beauté » contenu dans le terme grec *kosmos* que nous avons tiré en français le mot « cosmétique ».

Anecdote

On raconte qu'un jour Pythagore fut frappé par les sons que rendaient des enclumes de tailles différentes sous le marteau d'un forgeron. Rentré chez lui, il eut l'idée de répéter l'expérience sur des cordes tendues de longueurs différentes, les plus grandes, comme les plus grosses enclumes, rendant les sons les plus graves. Pythagore remarqua que les hauteurs des notes obéissaient à une loi de proportionnalité mathématique. Ainsi est née la gamme dite, justement, pythagoricienne.

Le monde résonne juste

L'idée de la musique des sphères naîtra de la transposition dans l'espace du ciel des rapports harmoniques entre les notes de la gamme, comme si les planètes étaient, dans les sphères qui les font tourner, les notes d'une partition cosmique. La gamme est un univers sonore, l'univers, une musique céleste.

Le caractère à la fois magique et poétique de cette intuition aura une influence profonde. On en trouve trace jusque dans l'ouvrage de J. Kepler, *L'Harmonie du monde*, écrit au tournant de la Renaissance et des temps modernes.

L'unité du monde vivant

Pythagore ne croyait pas seulement à l'harmonie du monde. Il était tellement convaincu de l'unité du monde de la vie qu'il croyait à la métempsycose et avait adopté un régime végétarien. La métempsycose est une circulation d'âme de corps à corps, une suite de réincarnations. Cette absence de barrière entre l'homme et l'animal ou entre les espèces peut conduire, ainsi qu'on le constate aussi en Inde, à l'interdit de consommer de la viande : qui, en effet, prendrait le risque en mangeant du bœuf d'avaler l'âme de sa grand-mère ?

Anecdote

Rencontrant des pêcheurs au bord de la mer qui venaient de ramener un filet bien chargé, Pythagore donna le nombre exact de poissons, à l'unité près, les acheta tous et les fit rejeter à l'eau.

Héraclite, le philosophe du nez qui coule

Évidemment, la formule n'a pas été imaginée par un disciple ni par un adepte... C'est parce qu'Héraclite fut par excellence le philosophe du devenir et de la contradiction que Hegel verra en lui le père de la dialectique.

Citation à retenir

L'oracle ne révèle ni ne cache mais signifie.
La Nature aime à se cacher.

Héraclite

Le devenir universel

« On ne se baigne jamais deux fois dans le même fleuve », disait Héraclite, car à chaque instant une autre eau vient remplacer la précédente. La phrase pose le problème de l'identité : pour exister, faut-il qu'une chose reste éternellement ce qu'elle est ? Si oui, comment se représenter le mouvement et le devenir ?

Héraclite pensait qu'à aucun moment une chose ne restait identique à elle-même : son identité, par conséquent, consiste à être toujours différente. De même, disait celui que l'on surnommait l'Obscur et qui passait pour un illuminé, c'est un nouveau soleil qui se lève chaque matin. Phrase qu'il convient d'entendre dans toute sa radicalité : le soleil d'aujourd'hui est autre que le soleil d'hier. La science moderne confirme cette intuition : à chaque instant, notre étoile dissipe en lumière et en chaleur une masse colossale de matière.

Citation à retenir

Le temps est un enfant qui joue au trictrac : royauté d'un enfant !

Héraclite

Le jeu des contraires

Si les choses restaient en l'état – ce fleuve, ce soleil – alors tout serait immobile. Si tout est en mouvement, et pas seulement en déplacement mais en changement (pour les Grecs, en effet, ce n'est pas tant le déplacement qui fait le mouvement que le changement), c'est que tout est pris dans un jeu perpétuel de contraires. Héraclite introduit dans la pensée la relation des contraires, ce que Hegel appellera l'affirmation de la négation.

« La guerre est la mère de toutes choses », écrivait encore Héraclite. Aux antipodes de la vision harmonieuse de Pythagore, dont il raillait la « polymathie », c'est-à-dire la prétention encyclopédique, Héraclite, qui était pour ses contemporains une figure farouche et aura plus tard la réputation d'être un terrible, avait une conception polémique et même, comme Nietzsche sera le premier à le souligner, *tragique* des choses. Vie et mort ne sont pas seulement contraires, elles sont sœurs – d'où ces expressions oxymoriques qu'Héraclite se plaît à forger dans sa langue : on meurt-la-vie comme on vit-la-mort. Les choses ne cessent de s'inverser, dans un jeu perpétuel de bascule. C'est le même chemin qui monte et qui descend.

Un peu de technique

L'éternel retour : tout passe mais tout repasse

Lorsque l'on dit que tout coule, est-ce que l'on veut dire que c'est le tout qui coule avec tout ? Car s'il est vrai que les eaux du fleuve ne cessent de s'enfuir, l'immobilité des rives nous fournit tout de même une certaine stabilité. Si réellement tout disparaissait dans un flux incessant, nous ne pourrions même plus, à la limite, fixer de rendez-vous. Bergson fera remarquer que, pour que quelque chose change, il faut que quelque chose ne change pas. Si tout change, il y a alors substitution, mais pas changement. Si notre ami, après vingt ans d'absence, a énormément changé, il faut qu'il soit resté le même (et qu'il ne soit pas, par exemple, l'enveloppe d'un extraterrestre). Si un homme et une femme se rencontrent dans un bar de TGV, ils peuvent se retrouver une heure plus tard *au même endroit* bien qu'ils roulent à plus de 200 km à l'heure.

On peut concevoir l'univers d'Héraclite comme une espèce de cadre fixe à l'intérieur duquel les mouvements sont incessants. Par ailleurs, cet univers connaît un certain ordre : sous l'action du feu, qui est aux yeux d'Héraclite son élément primordial et constitutif, la vie de l'univers est rythmée par des conflagrations qui permettent sa renaissance ultérieure.

Les stoïciens s'inspireront plus tard de cette idée d'éternel retour gouverné par le feu universel.

Citation à retenir

De même que l'araignée immobile au milieu de la toile sent, dès qu'une mouche rompt un fil, comme si elle éprouvait une douleur, de même l'âme de l'homme se précipite lorsqu'une partie du corps est blessée.

Héraclite

Un peu de technique

Un-tout et tout-un, c'est tout un !

Parmi les expressions forgées par Héraclite, il y a celles qui associent l'un et le tout. L'un-tout, plus tard symbolisé par le serpent égyptien ouroboros, sera l'un des signes centraux de l'alchimie : il représente la profonde unité de toutes choses. Cette unité du tout, bien que traversée par les contraires ou parce que traversée par les contraires, a plusieurs noms chez Héraclite : nature, feu, *logos*, Zeus, justice. Chacun de ces mots vaut pour tous les autres. Ils ont tous un sens cosmique, universel. Même la justice qui est l'expression d'un ordre qui ne dépend pas des hommes : si par exemple, et Héraclite prévoit le coup, il prenait fantaisie au Soleil d'aller se balader hors de sa trajectoire habituelle, la justice irait bien vite remettre le galopin dans le droit chemin.

Ce qui donne à tous ces mots leur sens d'englobement et d'ordonnancement, c'est que, à la différence des phénomènes visibles de notre vie quotidienne, ils n'ont pas de contraire.

Parménide, la vérité au bel arrondi

À l'opposé d'Héraclite qui voyait dans la coexistence ou la succession des contraires la texture même de la nature, Parménide d'élée, fondateur de l'école dite éléate, pose l'existence de l'Être unique, immobile, absolu, et la non-existence du non-être.

L'être est, le non-être n'est pas

Apparemment, cette formulation n'est qu'une double tautologie, c'est-à-dire une inutile répétition. Aller donc dire dans une réunion d'équipe, sur un chantier, « l'être est, le non-être n'est pas », et vous allez voir le succès que vous allez remporter ! La chose pourtant est plus sérieuse et profonde qu'il y paraît. Elle signifie rien de moins que la relativisation du mouvement comme apparence et le primat de la stabilité sur le devenir, donc de l'éternité sur le temps.

Souvenons-nous : pour qu'il y ait changement, il faut une tension entre des contraires. Par exemple, l'être humain change jour après jour – cela signifie qu'il est ce qu'il n'était pas et qu'il n'est plus ce qu'il était. Son identité s'est maintenue à travers la suppression de son identité. C'est ce que disait Héraclite : la mort est dans la vie, la vie est dans la mort. À une pensée de l'exclusion, il faut substituer une pensée de l'inclusion. Parménide s'oppose radicalement à ce point de vue. Le négatif, c'est-à-dire le contraire, la mort, le temps qui effrite toutes choses n'ont plus de place au sein d'un Être parfait, immobile et pur comme une sphère de cristal.

Citation à retenir

> *Vois pourtant comme les choses absentes du fait de l'intellect imposent leur présence.*
>
> Parménide

L'être est rond et le penseur ivre

La sphère est le symbole conjoint de la totalité et du fini. Parménide utilise le mot « sphère » pour dire l'être ou la nature. Pour lui, comme pour presque tous les Grecs, la perfection est finie, pas infinie. Anaximandre, un philosophe de l'école ionienne, avait fait de l'infini ou de l'indéterminé la matière même de l'univers. Pour Parménide, à l'inverse, l'être est déterminé, d'où l'image (qui est plus qu'une image) de la sphère.

Dans cette réalité sans déchirure, sans tragédie, les oppositions n'existent plus, ou bien elles n'existent pas encore. « C'est la même chose que d'être et que de penser », dit Parménide en l'un de ses énigmatiques fragments. Certains, plus tard, y reconnaîtront l'expression parfaite car très simple de leur idéalisme – comme si Parménide, par la pensée, entendait la pensée de quelqu'un qui pense comme la pensée de Descartes lorsqu'il dit « je pense ». C'est oublier que, pour les présocratiques, la subjectivité personnelle du pauvre et orgueilleux *moi* – qui est la nôtre depuis quelques siècles tout de même – n'était guère plus connue que le principe d'inertie ou la mécanique céleste. La pensée pour les Grecs n'était pas intérieure à l'esprit humain mais extérieure à lui, et c'est pourquoi, faisons cette habile parenthèse, ils la prenaient tellement au sérieux.

Zénon d'Élée, le paradoxe sans complexe

Disciple de Parménide, Zénon d'Élée est connu pour avoir imaginé une série d'arguments paradoxaux destinés à conforter la thèse centrale de son maître, à savoir que le mouvement n'est pas la nature profonde de l'être.

Achille et la tortue : dépassement impossible

Le plus célèbre de ces arguments est celui d'Achille et la tortue. Achille, le héros de *L'Iliade* est dit par Homère « aux pieds légers ». De tous les guerriers grecs, il était celui qui courait le plus rapidement. Quant à la tortue, inutile de la présenter sous sa carapace.

Zénon imagine la situation suivante : la tortue piétine devant Achille et celui-ci court pour la rattraper. Si l'on se représente les intervalles que le héros devra parcourir, force est de conclure que jamais il ne rattrapera l'animal. Comment une telle folie est-elle possible ?

Zénon raisonne ainsi : pour qu'Achille rejoigne la tortue, il devra d'abord atteindre le point d'où celle-ci est partie, mais pendant ce temps, l'animal aura parcouru une certaine distance. Pour qu'Achille rejoigne ce nouveau point, il lui faudra un nouveau laps de temps durant lequel la tortue aura avancé de quelques mesures. Et ainsi de suite à l'infini. Certes, la distance séparant le champion de vitesse et la championne de lenteur ne cessera de s'amenuiser, mais jamais elle ne coïncidera avec zéro. Et tel est le point décisif de l'argumentation de Zénon : il y aura éternellement un écart entre Achille et la tortue, qui empêchera le premier de rejoindre la seconde.

La flèche suspendue à jamais

Le deuxième argument appelé la flèche repose sur un raisonnement analogue au précédent : pour qu'une flèche atteigne une cible, elle doit d'abord parcourir la moitié de la distance qui la sépare d'elle, puis la moitié de la moitié de cette distance, puis la moitié de la moitié de la moitié de cette distance, et ainsi de suite à l'infini. Comme il lui est impossible de parcourir une infinité d'intervalles en un laps de temps fini, la conséquence que l'on peut déduire de cela est qu'elle ne vole pas !

Faut-il prendre au sérieux les paradoxes de Zénon ?

En entendant cela, un citoyen d'aujourd'hui, bon père de famille, époux attentionné, honnête contribuable de surcroît, se demandera si l'on ne se moque pas de lui. La réaction n'est d'ailleurs pas si nouvelle.

Le saviez-vous ?

On raconte que passablement énervé par les arguments de Zénon contre le mouvement, Diogène le cynique se mit à marcher pour prouver par l'exemple l'inanité de la pensée du philosophe et, au-delà, la vacuité de toute philosophie. Il nous est resté de cette anecdote une expression : prouver le mouvement en marchant.

Cela dit, il ne faudrait pas se méprendre sur les intentions du disciple de Parménide. Zénon savait très bien que la flèche finit par atteindre sa cible et qu'Achille finit par dépasser la tortue (avant de se moquer des philosophes, il convient de leur présupposer un minimum de bon sens). Seulement, il voulait dire que la chose (le dépassement) était proprement *impensable*. Le mouvement existe apparemment mais il n'est pas intégrable par la pensée.

Les paradoxes de Zénon révèlent également un trait d'esprit typiquement grec. Nous sommes habitués, depuis les petites classes, à l'idée qu'une série infinie d'éléments puisse donner au bout du compte une quantité finie. Ainsi, si l'on additionne un quart à la moitié puis un huitième puis un seizième puis un trente-deuxième, et ainsi de suite en doublant à chaque fois le dénominateur, on obtient une quantité finie égale à 1. Pour les Grecs qui ignoraient l'idée de série convergente, aucune suite infinie d'éléments ne saurait donner au bout du compte une somme finie. Les paradoxes de Zénon tiennent à cette impossibilité.

Xénophane de Colophon, les dieux ne meuglent pas

Parménide avait un autre disciple nommé Xénophane de Colophon. Nous savons très peu de choses de ce dernier, presque rien, mais il nous est resté tout de même une phrase pittoresque qui, comme tant d'autres fragments des présocratiques, a bouleversé durablement les esprits : si les bœufs et les chevaux, disait-il, avaient des dieux, ils se les représenteraient sous la forme de bœufs et de chevaux. Manière amusante de dire que les hommes s'imaginent les dieux tels qu'ils sont eux et non pas tels que des dieux.

C'est la première fois qu'on faisait d'une manière aussi percutante la critique de l'anthropomorphisme, cette tendance universelle qui pousse les hommes à se figurer le non-humain (divin ou animal) sous des formes et des traits de caractère humain – par exemple un dieu avec une barbe ou un dieu très en pétard.

Xénophane est également connu pour avoir pensé l'unicité de la divinité (tirée de l'être de Parménide) et donc, contre le polythéisme de la société grecque, pour avoir été le premier à professer le monothéisme.

Empédocle, l'inventeur des quatre éléments

Ce philosophe d'Agrigente, au tempérament volcanique, a marqué durablement la philosophie occidentale en établissant dans son poème la liste des quatre éléments qui se partagent la nature : la terre, l'eau, l'air et le feu. À la différence de ses prédécesseurs, Empédocle refuse de réduire l'infinie variété de la nature à une matière unique. À la différence des atomistes, il refuse d'émietter à l'infini les éléments dont les choses sont faites. Sa théorie des quatre éléments apparaît comme un moyen terme entre les pensées de l'un (les Ioniens, Héraclite) et les pensées du multiple (les atomistes).

Citation à retenir

> *Je fus autrefois jeune homme et jeune fille, et aussi arbuste, et oiseau, et muet poisson de la mer.*
>
> Empédocle

Une théorie qui a duré plus de vingt siècles

La théorie des quatre éléments a eu une fortune considérable. Elle a marqué pour plus de vingt siècles – en fait, jusqu'à ce que la chimie moderne, au XVIIIe siècle, y mettre fin – non seulement la spéculation théorique sur les choses mais aussi l'imagination occultiste et poétique. Pratiquement tous les philosophes après Empédocle ont repris cette quadripartition. Les éléments seront regroupés deux à deux en éléments secs (l'air et le feu) et en éléments humides (la terre et l'eau). Aristote les a hiérarchisés en pesanteur décroissante : tout en bas la terre, puis au-dessus l'eau (la mer est sur la terre), puis l'air, enfin, tout en haut, le feu. Cet étagement correspond à la structure physique de l'univers.

L'alchimie s'est fondée en grande partie sur cette quadripartition. Nombre d'auteurs ont établi à partir de ce quaternaire des séries analogiques interminables : quatre étant le chiffre de l'espace, de la terre (à cause des quatre directions) et de l'homme (à cause des quatre lettres de l'alphabet hébreu servant à écrire « Adam », qui signifie « homme » en cette langue), cette théorie des quatre éléments sera le cœur, le noyau des encyclopédies organisées.

La chimie n'a pas supprimé les quatre éléments

Le saviez-vous ?

Dans les années 1930-1950, Gaston Bachelard fait l'analyse philosophique de l'imaginaire poétique à partir des images de l'eau (*L'Eau et les Rêves*), de l'air (*L'Air et les Songes*), de la terre (*La Terre et les Rêveries de la volonté*, *La Terre et les Rêveries du repos*) et du feu (*La Psychanalyse du feu*). Les passerelles et passages entre les rêves des individus et les mythes collectifs étant nombreux, il ne sera pas trop difficile de retrouver dans les autres cultures, même les plus éloignées, la présence de ce qui sera volontiers présenté comme une structure universelle (ou un schème) de la pensée.

L'Amitié et la Haine, forces cosmiques

Les éléments s'associent ou se séparent, les corps se forment ou se disloquent. Empédocle appelle amitié et haine ces deux forces contraires qui se partagent la nature. Pour les différencier des noms de sentiments, on leur met généralement une majuscule : l'Amitié, la Haine.

Les Grecs, rappelons-le, ne sont pas des sentimentaux. Certes, ils éprouvaient des sentiments, mais ils ne les rapportaient pas, comme nous le faisons, à l'intimité d'un moi, pour la raison qu'ils ignoraient cette intimité. Chez eux, mais la remarque vaut pour toutes les cultures anciennes et traditionnelles, tout est extériorisé, tout prend l'apparence d'une forme ou d'une force objective.

Soit le secret : certes, il existe des secrets politiques, militaires ou commerciaux, surtout commerciaux aujourd'hui, mais lorsque nous parlons de « secret », c'est d'abord à la dimension cachée de notre moi que nous nous référons. Il n'en allait pas de même jadis et ailleurs. Les secrets – que l'on songe aux mystères religieux qu'il était interdit de dévoiler sous peine de mort – n'étaient pas détenus par un *moi* particulier mais représentaient un savoir sacré, divin, supérieur aux hommes.

Revenons à Empédocle. Certes, le sentiment d'amitié et celui de haine n'étaient pas inconnus (il n'est que de lire la littérature tragique), mais ils étaient rapportés à des forces objectives, naturelles. On pourrait presque dire que ces sentiments étaient conçus comme la manifestation particulière de ces forces – alors que nous autres modernes, à l'inverse, nous voyons dans cette idée de force cosmique de l'Amitié (l'union) et de la Haine (la séparation) une projection (inconsciente) du sentiment vécu.

L'Amitié et la Haine doivent donc être comprises comme les symboles des deux tendances contraires qui se partagent la nature : association et dissociation, ordre et chaos, organisation et dislocation.

Postérité de l'Amour et de la Haine

Dans la seconde moitié du XVIIIe siècle, au moment où la chimie scientifique commence son histoire, les savants retrouveront cette dualité des forces d'attraction et de répulsion que le phénomène du magnétisme connu dès l'Antiquité permettait de visualiser immédiatement. Certains corps s'attirent, d'autres se repoussent. La littérature a pris la métaphore au mot : les corps et les esprits des hommes s'attirent et se repoussent. C'est ainsi que Goethe pour son roman *Les Affinités électives* reprend l'image de la chimie et la transpose au domaine humain.

Empédocle inspirateur de Freud !

À la fin de sa vie, Freud, lorsqu'il s'est finalement arrêté sur la désignation des deux pulsions fondamentales qui se partagent selon lui l'espace de la psyché humaine, la pulsion sexuelle (la libido) et la pulsion de mort, s'est souvenu du vieil Empédocle et il les a nommément rapportées à l'Amitié et à la Haine. Car, même si les pulsions de la psychanalyse ne sont pas des forces cosmiques (mais Wilhelm Reich n'hésitera pas, quant à lui, à revenir à cette espèce de mythologie), il n'en reste pas moins vrai qu'elles sont, aux yeux de Freud, des réalités objectives et non de simples représentations personnelles.

Anaxagore, la noirceur secrète de la neige

Aristote rapporte qu'on demanda un jour à Anaxagore de Clazomène pour quelles raisons on devrait choisir de naître plutôt que de ne pas naître : « Pour connaître le ciel et l'ordre de l'univers entier », répondit le philosophe.

Quelqu'un d'autre lui demanda : « Ta patrie ne t'intéresse-t-elle pas ? » Le philosophe répondit, montrant le ciel : « Tu ne saurais mieux dire car justement je ne fais que m'occuper de ma patrie ! »

Ce fut Anaxagore qui, le premier, sépara l'esprit de la matière au point qu'on dit de lui qu'il fut le premier philosophe dualiste. L'Esprit, qu'Anaxagore place au centre d'organisation de la nature, fut la première impulsion philosophique de Socrate. Cette Intelligence n'est pas le dieu de Xénophane ni l'Être de Parménide car elle agit, elle ne se contente pas d'être.

Tout est dans tout, disait Anaxagore, et réciproquement, ajoutera malicieusement Pierre Dac. Le philosophe de Clazomène ne pouvait admettre l'idée qu'une substance première comme l'eau pût se transformer en terre ou en feu – telle était, on le sait, l'implication nécessaire de ceux qui, comme Thalès, faisaient de l'eau l'élément primordial. Aussi admit-il comme nécessaire le principe que tout est dans tout. Quatre éléments (Empédocle) ne suffisent pas à expliquer la variété des choses et des êtres ; il faut donc supposer l'existence d'un nombre infini de germes différents quant à la forme, à la couleur et au goût. Aristote les appellera homéoméries, c'est-à-dire parties semblables. De grandeur infiniment petite, ils étaient, selon Anaxagore, à l'origine tous mélangés. C'est l'Esprit qui a mis de l'ordre dans ce chaos. Mais toutes choses doivent contenir toutes les autres, bien que de manière imperceptible. C'est pourquoi il doit y avoir de la nuit dans la neige et de l'or dans la boue. Chaque chose est dénommée d'après la qualité qui prédomine en elle ; mais l'infinité des autres qualités y est présente, bien qu'indistincte.

Démocrite, la joie des atomes

Si les livres d'Aristote avaient été perdus et si ceux de Démocrite avaient été conservés, Aristote ne serait aujourd'hui pas davantage connu que Démocrite et Démocrite serait aussi connu qu'Aristote. Si les imbéciles qui ont mis le feu à la bibliothèque d'Alexandrie avaient su qu'ils orientaient ainsi l'histoire de la philosophie !

Enfin un philosophe rigolard !

Pendant l'âge classique, les peintres représentaient volontiers, suivant l'antique tradition, deux figures de philosophes en contraste : l'un hilare, l'autre en pleurs. L'hilare est Démocrite, l'éploré est Héraclite.

Il convient de considérer avec sérieux ce contraste. Comment la philosophie peut-elle faire rire ? Comment peut-elle faire pleurer ? Faut-il voir là deux effets divergents d'une même attitude ou bien deux manières opposées de concevoir ou de pratiquer la philosophie ? Spinoza renverra Héraclite et Démocrite dos à dos en disant qu'il ne faut ni pleurer ni rire mais comprendre...

Si Héraclite pleure, c'est parce qu'il est un philosophe tragique, c'est-à-dire, on s'en souvient, un philosophe du devenir et de la guerre. Peut-être son feu cosmique lui brûle-t-il les yeux, peut-être la fumée qui empêche de voir le vrai contour des choses les lui pique-t-elle (aux deux sens du verbe : picoter et, sur un registre plus enlevé, voler). Tout cela n'est pas impossible.

Difficile en revanche de faire de l'inventeur des atomes un philosophe comique. Comment dès lors expliquer cette contraction zygomatique ? Un spécialiste suggère que le rire de Démocrite serait l'effet compensateur d'une angoisse philosophique : l'atome dissout le sens du monde. Et nous pouvons même dire, nous qui sommes les contemporains du nucléaire, que mis en bombe, c'est le monde lui-même que l'atome peut dissoudre. En somme, le rire de Démocrite aurait été de type nerveux.

La jubilation de celui qui sait tout

Nous croyons à une autre explication : Démocrite était un savant encyclopédiste, il savait tout ce qu'il était possible de savoir à son époque. Dans l'histoire de la philosophie, ceux qui ont réellement détenu un savoir encyclopédique ne sont pas si nombreux : Aristote, Leibniz, Hegel. On dit que Démocrite consulta Hippocrate en personne, le père de la médecine. Diagnostic : Démocrite souffrait d'un excès de science ! On l'appelait d'ailleurs Démocrite-la-Science avec un brin d'ironie. Un jour, il déclara crânement qu'il préférait découvrir une cause nouvelle plutôt que de ceindre la couronne du roi des Perses ! Démocrite n'aurait pas cru aux paroles de l'Ecclésiaste (qu'il ne connaissait évidemment pas) : qui accroît sa science accroît sa douleur. C'est son savoir qui le mettait en joie. Heureuse époque que celle où le savoir pouvait encore faire rire ! Une légende rapporte que Démocrite se laissa mourir de faim à l'âge de 109 ans. Sans doute cela signifiait-il qu'il se sentait rassasié !

Les atomes avec un trou autour

Avec Démocrite, la Nature ou l'Un tombe en poussière. L'atome – en grec « ce qui ne peut être divisé » – est le grain solide auquel on parvient lorsque l'on casse de manière compulsive un morceau de matière jusqu'à ce que l'on ne puisse plus. Il est si petit qu'on ne peut ni le voir ni le toucher. D'où ce paradoxe pour la pensée : comment les choses visibles et tangibles peuvent-elles être faites d'éléments eux-mêmes insensibles ? Les touts ont donc des qualités que leurs parties n'ont pas.

Par ailleurs, il faut supposer entre les atomes du vide. Révolution considérable dans l'histoire des idées – et qui a fait de la théorie atomique une théorie explosive : la Nature est trouée, mitée, moins littérairement nous dirions que sa structure est discontinue. Parménide pensait que le non-être n'est pas, qu'il n'y a que de l'Être. Avec Démocrite, le non-être existe : c'est le vide qui sépare les atomes. Le vide, ce n'est pas rien (si vous avez sous la main un spécialiste de physique quantique, il vous le confirmera, le vide possède une énergie terrible).

Les atomes en nombre infini s'agrègent les uns aux autres pour former des corps. La Nature est un ensemble d'agrégats et une succession d'agrégations et de désagrégations. Évidemment, les dieux et l'Esprit passent à la trappe. Pour un matérialiste, c'est toujours ça de gagné.

Avec un tel tableau, on est loin de la sphère unique qui pour Parménide figurait l'Être total. Pour Démocrite, les atomes en nombre infini forment des mondes eux-mêmes en nombre infini.

L'invention du microcosme

Le saviez-vous ?

C'est à Démocrite que l'on doit le terme de microcosme, promis à belle fortune, à partir de l'expression grecque, « petit monde », que le philosophe a utilisée pour désigner l'être humain, par opposition au grand monde (« macrocosme ») dont parlait Leucippe, l'autre philosophe matérialiste de ce temps, mais beaucoup moins connu que lui. La qualification de microcosme pour l'homme signifie d'abord que celui-ci est intégré dans le monde et non pas séparé de lui. Mais, plus profondément, elle renvoie au fait que l'être humain est constitué des mêmes éléments que la nature tout entière (si vous avez un chimiste et un biologiste sous la main, demandez-le leur, ils vous le confirmeront).

Mais ce n'est pas en cela que la pensée de Démocrite est la plus novatrice : somme toute, les autres présocratiques avaient déjà reconnu en l'homme la présence des mêmes éléments que dans la nature (le feu, c'est la chaleur du sang, l'air, la respiration, la terre, les os et la chair, l'eau, les liquides). Ce qui est nouveau chez Démocrite, c'est la position de l'homme face à l'univers objectivé, connu (et pas seulement pensé), débarrassé de ses dieux – et l'émergence de la préoccupation éthique. C'est cela qui séduira tant le jeune Marx qui rédigera son travail de thèse sur Démocrite : l'objectivation du réel et la préoccupation éthique. Il est capital que cette préoccupation suive l'effacement du divin.

On comprendra aussi que Démocrite ait été le premier philosophe à s'être intéressé au problème de l'éducation : le microcosme n'est pas seulement fait, il doit se faire. Dès l'origine, comme on le voit, il y a une dimension prométhéenne du matérialisme que l'on repérera bien plus tard chez les matérialistes français du XVIIIe siècle et, bien sûr, chez Marx.

Citation à retenir

> *La terre tout entière s'ouvre à l'homme sage, car l'univers entier est la partie de l'âme de valeur.*
>
> Démocrite

Les sophistes, mieux qu'on ne pense

Il n'est pas d'usage dans les histoires de la philosophie de ranger les sophistes dans le groupe des présocratiques. D'une part parce que la plupart de ceux que l'on appelle ainsi sont les contemporains de Socrate, et non ses prédécesseurs. D'autre part parce que, avec les sophistes, nous entrons dans un univers de pensée qui, par rapport à celui des présocratiques, change radicalement de couleur et de musique. Si nous englobons les sophistes dans l'ensemble présocratique, c'est parce que la rupture de pensée effectuée par Socrate fut avec eux aussi radicale que celle qu'il effectua par rapport aux présocratiques.

La manipulation de Platon contre les sophistes

Le nom de sophiste a été de la part de Platon l'objet d'une manipulation qui a particulièrement bien réussi puisqu'elle continue de fonctionner de nos jours. En grec, « sophiste » est un terme qui, dérivé de celui de sage (*sophos*, le radical qui figure dans *philosophos*) signifie à peu près la même chose que lui. Un terme valorisant, par conséquent. Aujourd'hui, un sophiste est quelqu'un qui, par ses paroles et ses écrits, cherche à tromper les autres pour obtenir un avantage moral ou matériel. Un sophisme est un paralogisme (un faux raisonnement) volontaire, délibéré, donc conscient (le sophisme est au paralogisme ce que le mensonge est à l'erreur). On se reportera au chapitre 13 du présent ouvrage pour prendre connaissance des dix sophismes les plus connus.

Comment est-on passé du sage au tricheur ? La faute en revient à Platon qui poursuivait les sophistes d'une véritable haine. Ces hommes ont été dans l'histoire de l'Antiquité les premiers professeurs d'art oratoire et de philosophie. Certains d'entre eux ont acquis une renommée et une fortune considérables. Aujourd'hui cette place est prise par les chanteurs et les sportifs. On venait de très loin pour suivre les leçons des sophistes.

Les préjugés de Platon

Platon est un aristocrate qui a une vision inspirée, quasi mystique de la philosophie. Pour lui, faire de la philosophie un objet d'enseignement – payé, qui plus est – est un avilissement, un véritable crime contre l'esprit. Le débat, on le sait, est loin d'être clos entre ceux qui font de la philosophie un exercice gratuit de l'esprit et ceux qui y voient un métier. Il y a ceux par exemple qui font une conférence sur le bonheur payée 3 000 euros devant 200 personnes et ceux qui font une communication gratuite devant leurs collègues sur l'idéalisme transcendantal.

Pour les sophistes, la parole et la pensée sont des pratiques qu'une technique appropriée peut entraîner, au sens également sportif du terme. De plus, ces hommes – Protagoras, Gorgias, Hippias, Prodicos – que Platon met en scène dans ses dialogues en prenant soin de forcer le trait jusqu'à la caricature, avaient des prétentions d'habileté et de connaissance exorbitantes. Ainsi Hippias se vantait-il de pouvoir tout faire et de tout savoir.

Mais Platon avait un autre grief contre les sophistes, et peut-être était-ce le plus important : politiquement, les sophistes appartenaient au camp des démocrates. Ils croyaient sincèrement que n'importe quel citoyen pouvait accéder aux plus hautes charges de la cité comme accéder au savoir le plus noble. Platon avait une conception que l'on dirait élitiste et hiérarchique de la connaissance et du pouvoir ; pour lui, un démocrate est forcément un démagogue et seul un philosophe mérite réellement de gouverner la cité.

Enfin Platon, qui dans ses dialogues fait de Socrate non seulement le personnage central mais son porte-parole, a besoin pour l'économie de sa propre pensée de séparer radicalement son maître Socrate du groupe des sophistes auxquels les contemporains l'assimilaient sans difficulté. Il y a d'ailleurs plus d'un trait commun entre le Socrate, même idéalisé, que Platon met en scène dans ses dialogues et les sophistes présentés comme des repoussoirs, des modèles d'anti- et de non-philosophie.

Les sophistes réhabilités

Des travaux récents ont rendu justice à ces hommes qui, pour les modernes, présentent cette originalité d'avoir été les premiers à considérer la pensée comme un fait de langage et non comme une force métaphysique qu'il s'agirait de capturer dans un moment d'illumination. Le relativisme et le scepticisme des sophistes, que Platon combattait avec la dernière énergie, en font à nos yeux des contemporains.

Deux idées les rendent particulièrement actuels : celle de la séparation de la loi humaine et de la nature et celle du caractère conventionnel de la loi. Y a-t-on suffisamment songé ? Avec les sophistes, les mythes ne servent plus qu'à illustrer les idées, ils ne les disent plus.

Protagoras, l'homme est la mesure de toutes choses

Le saviez-vous ?

C'est Platon qui nous a fait connaître cette citation, qui sera répercutée de siècle en siècle et qui n'a pas toujours été prise à sa juste mesure. Platon y voyait l'expression condensée du relativisme qui dissout toute valeur : la vérité, le bien, la justice... Avec Protagoras, qui tire d'Héraclite l'idée que le monde est évanescent, il n'y aurait plus de science, mais seulement des opinions, plus de bien, mais seulement des manières de faire.

Enfin, la phrase cache deux pièges redoutables. Qui est l'homme? Que sont les choses? L'homme, est-ce un homme (moi, toi, lui) ou bien l'homme en général? Pour Platon, cette distinction n'avait aucune importance car, dans le cadre d'une philosophie (la sienne) qui fait de la vérité un absolu, c'est détruire pareillement cet absolu que de dire que les choses sont relatives à un individu et de dire qu'elles le sont à la particularité humaine. Aux yeux de Platon, la vérité existe en soi ou pas du tout.

Un peu de technique

Pour nous, à l'inverse, ce n'est pas la même chose de dire que tout est relatif à chacun de nous et de dire que tout est relatif à l'être humain en général. Prenons l'exemple de ce que les sciences expérimentales appellent « l'observateur ». Cet observateur est un homme quelconque – ce peut même être, du moins au départ, un objet comme l'œil électronique d'un appareil. Énoncer, comme dans la théorie de la relativité, que la mesure du temps est relative à « l'observateur » n'est pas prétendre que chacun a sa mesure du temps à la manière dont chacun a son rythme de sommeil. L'objectivité n'existe que par rapport à un sujet, qui ne peut, et cela à nos yeux est évident depuis Kant, qu'être humain et qui est n'importe qui. Protagoras n'était pas subjectiviste ; pour lui, c'est l'homme en général qui est la mesure de toutes choses.

Mais « toutes choses », qu'est-ce à dire? Platon les interprète comme la totalité du réel. Or, le mot grec utilisé par Protagoras renvoie plutôt aux actions et aux œuvres humaines, donc au domaine pratique. Selon cette lecture, le soleil, par exemple, ne fait pas partie des « choses » mais la décision d'engager une guerre, oui. Nous retrouvons ici l'une des idées fondatrices des sophistes : le domaine pratique est humain, rien qu'humain, il n'est ni naturel ni divin et l'homme est le seul juge de ce qu'il fait.

Le mythe de Prométhée

Dans le dialogue qui porte son nom, Platon fait raconter par Protagoras le fameux mythe de Prométhée.

Les dieux avaient chargé deux frères, deux titans, Épiméthée et Prométhée, d'attribuer aux êtres vivants nouvellement sortis de terre les qualités spécifiques qui leur permettraient de vivre. épiméthée donne aux oiseaux la faculté de voler, aux lions les griffes, aux chevaux la rapidité à la course, etc. Arrive l'homme, tout nu et démuni, mais tous les dons ont déjà été distribués, il ne reste rien pour le dernier arrivé. Constatant la bourde de son frère, Prométhée décide alors de donner en compensation à l'homme un bien qui lui permettrait de survivre (faible et nu comme il est, l'homme n'aurait pas fait de vieux os et les dieux auraient été mécontents du travail). Mais de quel bien pourrait-on gratifier l'homme puisque les animaux ont tout pris ?

C'est alors que Prométhée a l'idée d'aller voler le feu au ciel, la demeure des dieux. Grâce au feu, en effet, l'homme pourra non seulement se protéger du froid et des fauves mais fabriquer toute une série d'outils et d'objets qui lui feront surpasser infiniment le plan de la vie animale (on ne peut qu'admirer la façon dont les Grecs, qui n'avaient évidemment aucune connaissance positive de la préhistoire, ont deviné le rôle civilisateur du feu – que l'on songe à la cuisine, à la poterie, à la construction, à la métallurgie...).

Ainsi Prométhée est-il plus tard devenu le héros de la culture humaine, celui qui symbolise la volonté des hommes de rivaliser avec la puissance des dieux – d'où les termes « prométhéisme » et « prométhéen ». Il est caractéristique que Platon place ce mythe dans la bouche de Protagoras. Si l'on ne redoutait pas les anachronismes, on pourrait dire que, avec les sophistes, l'humanisme fait son entrée dans l'histoire de la philosophie. Un antihumaniste (autre anachronisme) comme Platon ne pouvait donc que s'insurger contre cette manière de sentir.

Anecdote

Il est arrivé que le maître en belles paroles et raisonnements subtils ait été mis en difficulté. Protagoras donnait des cours qu'il faisait payer cher. Une fois, il accepta que l'un de ses élèves, trop pauvre pour lui payer tout de suite ses leçons, le réglât à la fin lorsqu'il aurait gagné son premier procès. Protagoras, en effet, était si certain de l'excellence de son magistère qu'il ne doutait pas que ses disciples, formés à la persuasion du beau langage, ne l'emportassent dans tous les procès qu'ils auraient à plaider. Seulement, cette fois-là, le disciple fut plus retors que le maître : il n'avait pas du tout l'intention de payer. Alors, Protagoras décida de l'assigner en justice : « De toute manière, tu devras me payer ! lui déclara-t-il. Car, ou bien tu gagneras ce procès, et alors tu devras me payer en vertu de notre convention passée, qui stipulait que tu me paierais après ton premier procès gagné, ou bien tu perdras ce procès, et alors tu devras me payer en vertu de la décision du juge qui me donnera gain de cause ! – Pas du tout ! répliqua l'élève. Dans aucun cas, je n'aurai à te payer ! Car, ou bien je gagne ce procès, et alors le juge me dispensera de payer, ou bien je le perds, mais en ce cas, en vertu de notre accord antérieur, je ne te paierai rien car nous avions convenu que je n'aurais à te payer qu'après ma première plaidoirie gagnée ! »

Il arrive, en effet, que la parole du sophiste se trouve prise dans ses propres filets.

Gorgias, un autre épouvantail

Portrait

Dans le dialogue qui porte son nom, Gorgias apparaît comme un personnage passablement ridicule auquel Platon fait dire des bêtises et des banalités. Difficile d'y reconnaître cet homme célébrissime qui avait sa statue de son vivant et dont la légende rapporte qu'il se laissa mourir de faim à 109 ans (comme Démocrite) en demandant au sommeil le soin de le confier à la garde de son frère (chez les Grecs, Hypnos, le Sommeil, était le frère de Thanatos, la Mort).

Un peu de technique

Dans un ouvrage consacré au non-être, Gorgias prend l'exact contre-pied de la thèse éléate (l'être est, le non-être n'est pas). Quand bien même l'être serait, argumente Gorgias, il serait inconnaissable ; quand bien même il serait connaissable, il serait incommunicable. La singularité absolue de l'Être étant ôtée, la multitude indéfinie des étants peut proliférer. Ainsi s'explique, probablement, l'articulation entre la thèse que le non-être est et l'encyclopédisme que Gorgias cultivait, comme tous les sophistes.

Hippias, l'homme-orchestre

Longtemps, Hippias n'a été connu que par le portrait ridicule qu'en brosse Platon, son pire ennemi, qui l'a mis en scène deux fois dans des dialogues qui portent son nom. La conversation roulant sur le beau, Hippias lance cette apparente énormité : le beau, c'est une belle fille ! À quoi Socrate a beau jeu de répondre, justement, que le beau peut être aussi une belle marmite ! Platon voulait montrer que la sotte érudition du sophiste le rendait inapte à saisir la nature d'une généralité (ici, la beauté en soi).

Portrait

Pour mieux ruiner les compétences universelles des sophistes, auxquelles il ne croyait pas une seconde, Platon exhibe un Hippias grotesque se vantant à Olympie de n'avoir rien sur lui qui ne fût l'œuvre de ses mains : il a tissé sa tunique, fabriqué ses chaussures, forgé son anneau. Viennent ensuite les productions de l'esprit : les poèmes et les discours en prose. Et Platon ne dit pas tout : Hippias fut peut-être aussi peintre et sculpteur. Une semblable polytechnicité ne peut que mettre en péril cette division du travail que Platon justifie dans *La République*. Non seulement, Hippias est démocrate mais il prétend qu'un seul homme peut être à lui seul une société entière. Pour un aristocrate comme Platon, soucieux d'ordre et de hiérarchie, c'est plus qu'il n'est supportable.

Portrait

Dotée d'une fabuleuse mémoire qu'il ne cessait de travailler (il se vantait de pouvoir retenir cinquante noms après les avoir entendus une seule fois), Hippias n'était pas l'imbécile érudit caricaturé par Platon. Il était un réel savant qui, même en mathématiques, fit progresser les connaissances. Internet a été bien inspiré d'appeler de son nom l'un des principaux moteurs de recherche en philosophie.

L'animosité de Platon n'était pas seulement due à une question de définition. Hippias professait en morale une sorte de retour à la nature, il opposait au sentiment jugé étroit de la citoyenneté la parenté naturelle de tous les hommes et à l'orgueil de caste, l'égalité sociale. Il recommandait aux hommes de s'affranchir des désirs de luxe et de se suffire à eux-mêmes, ce qui était préfigurer à la fois le cosmopolitisme et l'idéal autarcique du stoïcisme.

Également éloigné du relativisme de Protagoras et du scepticisme de Gorgias, Hippias, qui avait rassemblé ses idées et connaissances dans un livre simplement intitulé *Somme*, estimait non seulement possible mais nécessaire, non seulement nécessaire mais réalisée la connaissance de la nature du tout.

DANS CE CHAPITRE

Le père de la philosophie

•

Ses provocations et ses ennemis

•

Son entrée dans la légende

Chapitre 3

Socrate, l'exemple devenu modèle

Le père de la philosophie

Socrate est un cas singulier dans l'histoire de la philosophie : il est le seul philosophe parmi les plus connus à n'avoir rien écrit, parent en cela de Bouddha et de Jésus, qui ne furent pas des philosophes. Platon a été son évangéliste. C'est lui, en effet, qui a fait de Socrate son maître et le père de la philosophie grecque. Pourquoi cette position originaire ? Parce que Socrate fut le premier à centrer sa réflexion sur l'humain, et seulement sur l'humain : rien de ce qui est humain ne lui fut étranger. En ce sens, c'est bien Socrate, et non les présocratiques, qui fixe la philosophie dans le cadre de la pensée occidentale : la philosophie répond moins à la question de la nature des choses (la science se chargera de cette « physique ») qu'à celle du bien-vivre. Si la reproduction de l'épinoche en milieu confiné ou la variation saisonnière du pelage de la taupe en Haute-Provence ne sont pas des problèmes philosophiques, c'est parce que ces phénomènes ne dépendent en rien de l'homme pour exister.

Comme plus tard les cyniques (d'ailleurs impensables sans lui), Socrate dépréciait la culture générale au nom même de la philosophie. Il pensait que les spéculations sur la nature étaient vaines car, selon lui, l'âme n'est pas faite pour comprendre ce genre de choses. Avec Socrate, le champ de la philosophie subit donc un radical rétrécissement, il se réduit à un ensemble de questions pratiques (éthique et politique, les deux ordres n'étant pas distingués). Socrate est le premier penseur sans cosmologie.

Citation à retenir

Mon caractère est ainsi fait que je ne me rends jamais qu'à la raison.

Socrate

Un homme sage-femme

Un peu de technique

Socrate prétendait ne rien savoir, il parcourait les rues d'Athènes, sa ville, à la recherche de la vérité, interrogeant les différents spécialistes sur leur spécialité : un général sur la guerre et le courage, un poète sur la poésie, un homme politique sur le bien public, etc. Cette façon d'interroger, de répliquer, d'objecter, de contredire, bref de tarauder avec des mots s'appelle maïeutique. En grec, ce mot signifie « art d'accoucher ». Socrate aimait à rappeler que sa mère était sage-femme, qu'elle accouchait des corps, tandis que lui accouche des esprits.

L'ironie socratique

Cet art de l'interrogation s'appelle *ironie*, parce qu'aussi la feinte n'en est pas absente.

« La seule chose que je sais, c'est que je ne sais rien ! Mais eux, les "spécialistes" qui prétendent savoir, ils en savent moins que moi, parce qu'ils ne savent même pas qu'ils ne savent rien ! », disait Socrate. En d'autres termes, celui qui dit savoir ignore tandis que celui qui dit ignorer sait, car le premier ne sait même pas qu'il ignore tandis que celui qui dit ignorer sait au moins cela. Ce n'est là que l'un des paradoxes qui émaillent les ouvrages de Platon qui, presque tous, font de Socrate le personnage principal.

Citation à retenir

Il y a des hommes qui peuvent plus facilement compter leurs moutons que savoir qui sont leurs amis.

Socrate

Les paradoxes socratiques

Pour apprendre, il faut déjà savoir

Comment, en effet, celui qui ne saurait rien pourrait-il chercher ce qu'il ignore ? On peut confirmer cette thèse par l'expérience du dictionnaire : pour prendre connaissance d'une définition d'un mot dont on ignore le sens, il faut connaître le sens des mots de la définition (si j'ignore le chinois, par exemple, je ne peux saisir la moindre définition en cette langue).

Il est meilleur de subir l'injustice que de la commettre

Les sophistes qui sont les interlocuteurs de Socrate pensent que celui-ci se paie leur tête en affirmant cela. Tout dépend évidemment du sens que l'on donnera à l'adjectif « meilleur ». Veut-on dire par là le plus avantageux personnellement ou le plus conforme à l'idéal moral du bien ? Socrate prend « meilleur » en ce second sens.

Le tyran est le moins libre de tous les hommes

Pour les interlocuteurs de Socrate, comme pour l'opinion commune, la liberté consiste à faire ce que l'on veut, faire ce qui plaît. Dès lors, le tyran qui peut d'un signe envoyer n'importe qui à la mort ou en exil est le plus libre des hommes. Socrate objecte à cette opinion que le tyran est l'esclave de ses passions : il n'est, littéralement parlant, même pas maître chez lui. Il est donc le moins libre des hommes.

Animal symbolique

Ménon, dans le dialogue platonicien qui porte ce nom, compare Socrate à une torpille. Socrate lui-même au cours de son procès se compare à un taon. Les deux animaux ont des effets inverses. La torpille engourdit et immobilise, le taon stimule et fait avancer. Tels sont les deux effets conjugués de l'ironie socratique : en faisant prendre conscience de l'ignorance, elle conduit à chercher la véritable connaissance. Placé devant l'évidente ineptie de sa réponse première, l'interlocuteur de Socrate est d'abord tétanisé comme s'il avait été anesthésié par une torpille avant d'être incité à proposer une seconde réponse, à aller de l'avant, comme s'il était agacé par un taon.

Le philosophe marche à l'essence

En toutes choses, Socrate cherche l'essence, c'est-à-dire la nature profonde des choses, au-delà des apparences et des évidences : qu'est-ce que la beauté ? Qu'est-ce que la justice ? Derrière le cas particulier, l'exemple contingent, il faut trouver le concept : si un corps et un vase peuvent être dits beaux, c'est bien qu'ils possèdent un élément commun, la qualité d'être beau, qu'il faudra déterminer. Socrate fut le premier à lier de façon aussi explicite et systématique le vrai à l'universel : si une idée est vraie, elle doit l'être dans toutes les applications de même type.

Un peu de technique

Lorsqu'il demande à Hippias le sophiste ce qu'est le beau, Hippias répond : « Le beau, c'est une belle femme. » Au lieu de déterminer le sens universel du beau, Hippias ne fait que citer un exemple. Mais cet exemple lui-même est incompréhensible si l'on ne sait pas ce qu'est le beau : ce n'est pas le fait qui qualifie l'idée mais, à l'inverse, l'idée qui qualifie le fait. Il faut bien savoir au préalable ce qu'est le beau (quelle est son essence, son idée) pour reconnaître en cette femme une belle femme. Les membres du jury de Miss Univers, dressés à cet effet, doivent bien disposer de critères pour juger en leur âme et conscience. Ils admettront, par exemple, qu'un nez droit est plus beau qu'un nez tordu et qu'en matière de seins, mieux vaut des formes rondes que des formes avachies en gants de toilette.

Nul n'est méchant volontairement

L'une des paroles fortes de Socrate rapportées par Platon, son disciple, constitue peut-être le centre ou l'âme de sa pensée : il y a une telle liaison entre la pensée et l'action, entre la théorie et la pratique, que c'est véritablement ignorer ce qu'est le bien que mal agir. Connaître le bien, c'est le faire ; l'ignorer, c'est faire le mal. « Nul n'est méchant volontairement » ne signifie pas que l'on doive disculper le criminel ou le délinquant mais que l'action mauvaise n'est pas perverse. Au fond, Socrate ne croit pas que l'on puisse faire le mal pour le mal. Il y a selon lui une domination du bien qui l'emporte à jamais : en fait, on agit toujours pour le bien, ne serait-ce que pour le sien propre.

Plus tard, le poète latin Ovide ne partagera pas cet optimisme lorsqu'il dira voir le bien et l'approuver mais néanmoins faire le mal. Plus tragique encore, saint Paul, l'apôtre fondateur du christianisme, déplorera : je fais le mal que je ne veux pas, je ne fais pas le bien que je veux.

L'unité des valeurs

Pour Socrate, comme pour les Grecs d'une manière générale, les valeurs idéales positives entretiennent entre elles des liens d'équivalence : le bien, le beau, le vrai sont échangeables. Il n'y a pas de disparité entre réussir, être heureux et bien agir, ce dont rend compte une expression grecque qui signifie effectivement ces trois choses à la fois. L'ironie a voulu que ce fût celui qui a affirmé avec constance l'unité des valeurs morales, théoriques et esthétiques, qui a incarné l'inverse dans son apparence physique.

Portrait

Il existe une expression grecque qui colle ensemble les adjectifs « beau » et « bon » et que l'on pourrait rendre en français par « bellébon ». Le Grec était pénétré par l'idée que la beauté devait avoir nécessairement une forme extérieure et, inversement, qu'une beauté apparente devait nécessairement manifester une beauté interne. La laideur de Socrate, qui était déjà légendaire en son temps, est une manière de scandale en chair et en os : comment le plus sage des hommes peut-il avoir une apparence aussi repoussante (yeux exorbités, nez camus, front et cou de taureau) ?

Platon, qui bâtira sa philosophie sur la dualité contradictoire du sensible et de l'intelligible, ne sera pas en peine pour intégrer la laideur de Socrate dans l'économie de sa pensée. Il la comparera à ces sculptures de Silène qui, sous des dehors peu ragoûtants, renferment des trésors de beauté et de sagesse (ces statuettes exposées dans les ateliers de sculpteurs s'ouvraient par le milieu et contenaient des figurines de dieux). Rabelais cite ce passage lorsqu'il justifie le caractère burlesque de ses écrits en invitant ses lecteurs à en atteindre la « substantifique moelle ».

Nietzsche, qui fera de Socrate une manière d'ennemi personnel (ce qui, évidemment, implique une secrète fascination), ne l'entendra pas de cette oreille. Socrate, diagnostiquera l'auteur d'*Ainsi parlait Zarathoustra*, est responsable de la mort de la tragédie grecque et sa ratiocination a tué la belle inspiration ivre et rêveuse de ses prédécesseurs, ceux que l'on appelle justement les présocratiques. Passer d'Empédocle et d'Héraclite à Socrate, selon Nietzsche, c'est passer de la grande culture libre, joyeuse, cruelle, innocente, à la mesquinerie calculatrice. Socrate ou le petit boutiquier du comptoir philosophique. Une remarque : le comptoir, aujourd'hui, ce serait celui du café. D'ailleurs, n'est-ce pas sous le patronage de Socrate que les cafés-philo se sont ouverts ? Socrate, philosophe de patronage !

Socrate est-il aussi raisonnable qu'on l'a dit ?

Il a longtemps été entendu que si Socrate a été à la philosophie ce que Hippocrate a été à la médecine et Hérodote à l'histoire, à savoir le *père*, c'est parce que, en écho à la voix hallucinée des grands ancêtres, il fut le premier à faire entendre celle de la raison.

Anecdote

Et pourtant ! Il y aurait beaucoup à dire sur cet allumé que la tradition fit passer pour un illuminé. Jeune homme, Socrate ne fit-il pas le voyage à Delphes pour aller consulter l'oracle, une femme assise sur un trépied de bois, mâchonnant à longueur de journée des plantes stimulantes voire hallucinogènes, censée être la voix d'un dieu et recevant la visite de tout ce que le monde grec produisait de meilleur en termes de savoir et de pouvoir ? Il désirait savoir qui était le plus sage des hommes et s'entendit dire, comme il le souhaitait, *qu'il était* le plus sage des hommes. Cela a peut-être décidé de son destin de philosophe et, par voie de conséquence, du destin de la philosophie elle-même.

Une telle annonce en aurait ébranlé plus d'un – car on ne consulte pas un oracle sans y croire. Mais le propre des annonces, du moins de certaines annonces (les Américains parlent à ce propos de *self-fullfilling prophecy*, de prédiction autoréalisatrice), c'est qu'elles font exister ce qu'elles sont censées prévoir. Une annonce forte produit, en effet, une telle dynamique psychique que celui qui y croit fera tout pour la confirmer. On peut penser que si Socrate devint le plus sage de tous les hommes, c'est parce qu'il était convaincu, dès sa jeunesse, qu'un dieu le croyait.

Muni de cette surnaturelle confiance en lui, Socrate passa son existence entière à faire la chasse dans la rue aux célébrités d'Athènes, aux hommes de savoir, comme Gorgias et Protagoras, et aux hommes de pouvoir, comme Alcibiade et Lachès. Il demande, inlassablement, à ces experts et docteurs le sens de ce qu'ils croient savoir et faire. Le résultat est invariable : les questions de Socrate, puis les questions sur les réponses données, placent les interlocuteurs devant leur propre bêtise.

Évidemment, ce n'est pas en ennuyant les gens ainsi, par la pensée, le doute, la critique, que l'on se fait des amis. Athènes, vers 400 av. J.-C., est beaucoup plus petite que Clermont-Ferrand aujourd'hui, surtout si l'on considère que les neuf dixièmes de sa population (les esclaves, les femmes, les enfants et les métèques) ne comptent pas dans l'une des sociétés les plus machistes de toute l'Histoire. Si Socrate entraîne derrière lui un groupe d'amis et de disciples éperdus d'admiration, il se fait également un certain nombre d'ennemis qui vont causer sa perte.

Le procès de Socrate

À la fin du Ve siècle av. J.-C., Athènes traverse une crise profonde dont elle ne se relèvera jamais réellement. La guerre contre Sparte (guerre dite du Péloponnèse) l'a ruinée. Le parti démocratique accusé de la défaite et de la corruption a été balayé momentanément par une camarilla d'aristocrates où Socrate comptait un certain nombre de relations. Lorsque ce gouvernement est balayé à son tour et que le parti démocratique revient au pouvoir, Socrate devient prisonnier d'un règlement de comptes où les motifs politiques se mêlent aux motifs moraux et aux religieux. Des accusateurs portent alors sur la place publique des plaintes contre lui. Trois chefs d'accusation lui furent adressés :

» **Socrate ne reconnaît pas les dieux de la cité.**

» **Il veut en introduire de nouveaux.**

» **Il corrompt la jeunesse.**

Aux yeux d'un historien moderne, le procès de Socrate est de nature incontestablement politique : le philosophe paie pour son influence et ses relations avec un parti qui a profité des troubles dans lesquels la cité se débat pour asseoir une insupportable tyrannie. Mais les chefs d'accusation lancés contre Socrate sont moraux et religieux. L'accusation de corruption de la jeunesse vise directement l'influence, jugée pernicieuse, du philosophe auprès d'un certain nombre de jeunes gens de riches familles. Quant aux deux chefs d'accusation à contenu religieux, ils font allusion au « démon » que Socrate disait entendre.

Citation à retenir

Mes accusateurs ont le pouvoir de me tuer ; ils n'ont pas celui de me nuire.

Je ferai taire les médisants en continuant de bien vivre ; voilà le meilleur usage que nous puissions faire de la médisance.

Socrate

Le démon de Socrate

Socrate disait entendre en lui la voix d'un démon, c'est-à-dire d'une puissance supérieure (le mot en Grèce n'a aucune dimension diabolique), lorsqu'il était tenté de commettre une action mauvaise. La psychologie classique traduirait par « conscience morale » le démon de Socrate, la psychanalyse parlerait de « surmoi ».

Cela étant, il convient de ne pas « psychologiser » à l'extrême ce démon. La notion de conscience morale, qui n'apparaîtra véritablement qu'avec le christianisme, était étrangère aux Grecs qui ignoraient, rappelons-le, l'intériorité du sujet, les profondeurs et l'intimité du « moi ». Les mouvements internes de la pensée et de la volonté étaient alors (mais cela est vrai de n'importe quelle société ancienne et traditionnelle) systématiquement rapportés à des forces extérieures, personnifiés sous la forme ou figure de dieux. Rappelons que le célèbre « Connais-toi toi-même » inscrit sur le fronton du temple d'Apollon à Delphes et que Socrate avait justement pris pour devise n'avait pas le sens moderne de l'introspection (« Regarde en toi-même pour savoir qui tu es ») mais qu'il ordonnait aux hommes de ne pas oublier qu'ils ne sont pas des dieux, qu'ils sont voués à la mort, à la différence des dieux.

Toujours est-il que ce démon socratique dut paraître assez inquiétant aux yeux des contemporains pour que ceux-ci croient y reconnaître quelque chose d'impie.

La mort de Socrate

L'émouvant récit que Platon fit des derniers instants de son maître dans *Phédon* prouve que l'on put, dans l'Antiquité, être un génie et un héros sans cesser d'être un sage. Plus tard, le christianisme verra en Socrate une espèce de saint païen ou laïc et le parallèle avec Jésus sera souvent établi : voilà deux hommes sans œuvre écrite, qui ont bouleversé l'histoire grâce à leurs paroles et à leur enseignement, deux modèles parfaits qu'une mort injuste a grandis aux yeux de tous. Avec Socrate, la philosophie a son martyr : vingt-cinq siècles plus tard, la projection imaginaire fonctionne avec une certaine efficacité. Combien d'intellectuels, pourtant assez choyés par l'État, ont revêtu les oripeaux des marginaux pourchassés, combien de professeurs chahutés de classes de terminales de lycée pensent à l'injustice suprême subie par Socrate pour se réconforter ?

Anecdote

Comme à propos de Jésus, c'est peu de dire que Socrate n'a rien fait pour échapper à la mort : son orgueilleuse attitude devant les juges est même pour beaucoup dans la sentence finale. Alors que, jugé coupable (à une faible majorité), il lui est demandé de fixer lui-même la peine, il répond crânement qu'il désirerait être nourri au prytanée, c'est-à-dire en somme devenir rentier de l'État comme ceux qui ont le mieux mérité !

En prison, dans les jours précédant sa mort, des amis lui annoncent que son évasion a été réglée dans ses moindres détails. Socrate refuse et leur tient un beau discours consigné (mais aussi, évidemment, rédigé) par Platon dans *Criton* : dans ce morceau de bravoure connu sous le nom de « prosopopée des lois », Socrate imagine le reproche que les lois de la cité lui feraient si lui, leur fils, leur désobéissait. Un homme doit sa vie, littéralement, aux lois de la cité. Il doit par conséquent leur obéir, quoi qu'il en coûte. Fidèle au principe selon lequel il vaut mieux subir une injustice que la commettre, Socrate boit la ciguë (le mode d'exécution d'alors) calme et confiant devant ses amis éplorés. Pour lui, la mort est une délivrance. C'est ainsi qu'il faut interpréter le dernier chant du cygne, car cet oiseau a la prescience de l'au-delà.

Anecdote

Le dernier mot de Socrate, « Nous devons un coq à Esculape », a été diversement interprété. En disant cela juste avant d'expirer, il ferait preuve de piété envers les dieux et montrerait par là combien l'accusation d'impiété qui lui valut son procès puis sa mort était injuste.

Nietzsche interprète tout différemment cette phrase. Esculape est le dieu de la médecine en Grèce. Socrate, qui représente la pensée retournée contre la vie, la volonté de théorie retournée contre les instincts de vie (tel est le point de vue de Nietzsche), devait la considérer comme une maladie dont la mort le guérirait enfin. D'où le mot de reconnaissance envers Esculape.

Citation à retenir

Qu'est-ce que craindre la mort, sinon se prétendre en possession d'un savoir que l'on n'a pas ?

Socrate

DANS CE CHAPITRE

Le plus insaisissable des philosophes
•
Le mythe de la caverne
•
L'âme et le corps séparés
•
L'anneau de Gygès
•
Le Bien et rien d'autre
•
Le monde des Idées

Chapitre 4
Platon, l'homme aux douces paroles

L'art et les idées au galop

Le plus insaisissable des philosophes

Il y a une énigme Platon que les lecteurs et les exégètes (interprètes) n'ont pas fini de débrouiller après vingt-quatre siècles. Ces œuvres si belles, si littéraires, si limpides, nous ne savons pas exactement quel est leur statut. L'homme Platon, avec sa pensée, se cache en effet dans son œuvre sous les noms des interlocuteurs de ses dialogues, celui de Socrate en particulier. Il ne parle jamais en son nom propre, excepté dans des lettres dont l'authenticité a été contestée. Le cas est unique dans l'histoire de la philosophie : lorsque Descartes écrit le *Discours de la méthode*, Kant, la *Critique de la raison pure*, Nietzsche, *La Naissance de la tragédie*, on sait que ces auteurs parlent en leur nom propre et qu'ils sont derrière chacune des pensées exprimées dans ces ouvrages. Rien de tel avec Platon.

Il aimait le pastiche, se plaisait à caricaturer le discours de tous ceux qu'il considérait comme des ennemis de la sagesse, vrais antiphilosophes (des « phobosophes » si l'on nous permet cette nouveauté).

Un historien, spécialiste de la Grèce ancienne, a écrit un ouvrage intitulé *Les Grecs ont-ils cru à leurs mythes ?* C'est une question délicate, en effet, que celle du degré d'adhésion d'une conscience à ses idées : quelle est la part de jeu ? Celle du sérieux ? Dans la vie courante, nous croyons pouvoir répondre à cette question en observant les mimiques et attitudes, en prêtant attention au ton de la voix, en tenant compte du contexte général (on n'accordera pas la même importance à ce qui se dit lors d'une soirée bien arrosée et pendant une réunion un peu sèche d'un conseil d'administration). Mais avec un texte écrit, comment savoir ? D'autant que Platon a lui-même instruit le procès contre l'écriture : à la différence de la parole vivante, qui sait se défendre, l'écriture est quelque chose d'inerte – une manière de cadavre.

Platon, comme de nombreux Grecs, savait que la plus vieille écriture était égyptienne. Or, l'Égypte est la terre de la mort, une civilisation qui semble tout entière orientée vers la pensée de la mort. D'où ce rapprochement : l'écriture est une sorte de momie ; avec l'écriture, la pensée est dans un sarcophage.

Anecdote

La légende dit qu'à la mort de Platon des abeilles vinrent se poser sur ses lèvres – manière poétique de dire que ses paroles devraient être douces comme le miel... Si les écrits sont des momies de pensées, les paroles s'envolent comme des abeilles.

L'ésotérisme de Platon

Nombre de chefs d'école dans la Grèce ancienne, à commencer par Pythagore (qui exerça sur Platon une influence décisive) dispensaient deux types d'enseignement : l'un, dit exotérique, était destiné à tous, l'autre, dit ésotérique, était adressé aux seuls initiés.

Certains interprètes de Platon ont émis l'hypothèse que la véritable pensée du philosophe nous est inconnue car elle n'était transmise que par la parole. Les écrits de Platon ne seraient que des jeux exercés à partir de cet enseignement. Plus aucun commentateur sérieux n'abonde dans ce sens aujourd'hui. Il n'en reste pas moins vrai qu'avec Platon nous tombons constamment sur ce paradoxe d'un auteur qui se dérobe derrière son texte sans avoir eu besoin pour cela de prendre de pseudonyme.

Un écrivain contrarié

De même qu'il faut croire, au moins un peu, en Dieu pour blasphémer (un athée n'éprouve pas le besoin de dire merde à Dieu), qu'il faut être tenaillé par le désir sexuel pour vouloir l'éliminer dans l'ascétisme, il a bien fallu que Platon soit un passionné d'écriture pour ainsi la rejeter.

La rencontre de Socrate décida de son destin. Le jeune Platon, aristocrate de naissance, brûla alors les tragédies qu'il avait écrites. La philosophie serait sa voie et sa vie. Mais si la fréquentation du maître détourne le jeune Platon d'une carrière de poète tragique, n'allons pas croire que l'appel de la dramaturgie ait été complètement étouffé. L'art chassé ne revient pas à un moindre galop que le naturel. Les dialogues écrits de Platon sont d'admirables mises en scène dramatiques de cet autre théâtre qu'est la controverse philosophique, avec des personnages géniaux (Socrate) ou ridicules (Hippias), une galerie unique de portraits de célébrités de l'époque, voire de personnages imaginaires (le sophiste Calliclès).

Anecdote

Platon n'a qu'une vingtaine d'années lorsque son maître bien-aimé est condamné à mort. Il est tellement malade qu'il ne peut assister aux sublimes derniers moments du sage dans sa prison et qu'il rapporte lui-même dans *Phédon*. Cette condamnation et cette mort furent pour Platon un traumatisme qui décida peut-être de toute sa pensée : que faut-il faire pour qu'un tel scandale (l'homme le plus sage et le plus respectueux des lois assassiné par les lois de la cité) ne puisse plus se reproduire ?

Un politique contrarié

Comme Pythagore, comme Empédocle, Platon pense que la philosophie ne peut exister que dans une communauté d'hommes bien dirigée. Il n'est pas impossible de lire Platon comme un philosophe essentiellement politique car, même lorsqu'il est question de sujets aussi théoriques que la nature de la beauté ou la possibilité de l'erreur, la dimension politique – qui touche l'organisation de la cité – est présente. L'opposition constante, radicale, personnelle de Platon aux sophistes – ces phobosophes – est peut-être d'abord et avant tout politique : les sophistes sont démocrates, or la démocratie, aux yeux de Platon, est le régime qui met les ignorants au pouvoir, c'est un régime de pure apparence (une campagne électorale américaine n'eût pas surpris Platon !).

Platon avait caressé un rêve : celui de devenir le conseiller du prince, celui de faire du prince un philosophe. Le hasard aura voulu que Platon tombe sur un tyran, Denys de Syracuse. Expérience amère (la première d'une longue série) que celle des déboires des philosophes en politique : Platon fut vendu comme esclave par celui qu'il prétendait transformer en sage ! Plus tard, Voltaire se plaindra d'être traité en domestique par le roi de Prusse. Les philosophes ne se sont jamais vraiment rendus compte à quel point ils pouvaient énerver les gens de pouvoir ! Ce n'est pas parce qu'une pensée est nécessaire que son auteur est indispensable – au contraire !

Platon eut de la chance dans son malheur. Reconnu parmi les esclaves qu'on menait en bateau, il fut bientôt sorti de sa servitude. Heureux temps où la philosophie n'allait pas sans quelque risque !

Retour à la totalité : un bon disciple trahit toujours

Il y a un point sur lequel Platon a été infidèle à son maître Socrate : alors que celui-ci dédaigne les spéculations qui n'ont pas un sens immédiatement pratique (moral et politique), Platon renoue avec la dimension cosmique de la pensée. Le *Timée*, qui décrit la formation du monde par un démiurge (un être supérieur de nature divine) relègue significativement Socrate au second plan. La théorie des

Idées, que Platon met littéralement dans la bouche de Socrate, est de lui, pas de son maître. L'impressionnante construction théorique de *La République* menée de bout en bout par Socrate est de lui aussi. Alors que les préoccupations de Socrate étaient exclusivement pratiques, la philosophie de Platon est inséparablement métaphysique, éthique, politique et cosmologique.

Les trouvailles de Platon

Le soleil est immobile mais l'eau coule

Un peu de technique

Parménide avait dit : « L'être est, le non-être n'est pas », ce qui revenait à affirmer que le mouvement est une apparence illusoire. Héraclite avait dit à l'inverse qu'on ne se baigne jamais deux fois dans le même fleuve et qu'un nouveau Soleil se lève chaque matin, ce qui revenait à affirmer que l'immobilité des êtres et des choses est une apparence illusoire. D'un côté, tout est foncièrement stable, d'un autre côté, tout est foncièrement mouvant. Platon est au confluent de ces deux courants de pensée.

Il intègre l'ontologie statique de Parménide et le mobilisme d'Héraclite. Mais comment le faire sans contradiction ? En séparant de manière radicale la réalité en deux : il existe d'un côté un monde sensible où tout est changeant, fuyant, ce monde est évanescent comme celui des reflets dans l'eau ou des images dans le miroir ; et, d'un autre côté, plus exactement au-dessus, infiniment supérieur à l'autre, il existe un monde suprasensible, intelligible, qui échappe au temps et au mouvement, et qui est fait de formes stables.

Prenons pour exemple la différence entre le rond et le cercle. Le rond (sensible) n'est pas le cercle (intelligible) : le rond fait par la pierre dans l'eau ou par la bouche avec la fumée va bientôt disparaître. Le rond de la section d'un arbre coupé est moins fugace ; il va durer un certain temps mais il ne durera pas toujours. Même le rond du soleil qui apparaît dans le ciel, la science nous apprend aujourd'hui qu'il est destiné à disparaître un jour, dans cinq milliards d'années. Le cercle, lui, est indestructible. Aucune bombe nucléaire ne pourra jamais détruire le cercle. Il y a même des mathématiciens (et Platon, qui était aussi mathématicien, était évidemment de ceux-là) pour croire que le cercle continuerait d'exister quand bien même plus aucun esprit ne serait là pour le penser. Car, et c'est le point capital de cette délicate affaire, la Forme ou l'Idée (c'est ainsi que Platon l'appelle) est non seulement infiniment au-dessus de la forme (sensible) ou de la chose, mais elle détermine la pensée – au lieu d'être déterminée par elle.

En d'autres termes, selon Platon, ce n'est pas parce que nous pensons que l'Idée existe, mais c'est parce que l'Idée existe que nous pensons.

Le mythe de la caverne

Dans le livre VII de *La République*, Platon raconte une histoire fantastique destinée à illustrer sa théorie des Idées. Des prisonniers sont assis enchaînés dans une caverne. Ils ont toujours vécu dans cet état. Derrière eux, brûle un feu. Entre le feu et eux, sans qu'ils s'en aperçoivent, passent des hommes qui tiennent au-dessus d'eux des images découpées, à la manière des montreurs de marionnettes. Les prisonniers voient les ombres de ces objets projetées sur la paroi de la caverne et leur donnent des noms : ainsi nomment-ils « cheval » l'ombre de l'image du cheval projetée sur le mur. Comme ces prisonniers ont toujours vécu de cette manière, dans cette caverne, ce qu'ils voient est leur monde, ce qu'ils vivent est pour eux le monde.

L'un d'entre eux est délivré de ses liens. Il se met debout, se retourne, regarde le feu qui brille puis, au bout d'un chemin en montée (qui a un sens évidemment symbolique), il remarque une clarté qui l'attire : la lumière du jour, qu'il ne connaît pas encore. Le prisonnier gravit ce chemin et se retrouve ainsi à l'air libre.

La lumière du jour l'éblouit avant de l'éclairer. Aussi, pour habituer progressivement ses yeux, le prisonnier de Platon les pose-t-il tout d'abord sur les reflets que les choses et les êtres font dans l'eau, puis sur les choses et les êtres mêmes. Ainsi notre héros reconnaît-il bientôt la forme du cheval dont il ne connaissait jusqu'à présent que l'image d'ombre dans la caverne. Ce cheval court, hennit, sa crinière flotte au vent. C'est un *vrai* cheval, pas comme l'autre, qu'on ne pouvait pas monter. Enfin, levant peu à peu les yeux vers la fontaine d'où ruisselle toute cette lumière qui donne aux êtres et aux choses leur forme reconnaissable, notre héros découvre le soleil dont aucune image ne saurait donner l'idée.

Ivre du bonheur de sa découverte, l'ancien prisonnier court rejoindre ses compagnons d'infortune pour leur annoncer l'heureuse nouvelle : il y a au-dessus de la caverne un vrai monde de lignes, de couleurs et de sons. Mais les compagnons, au lieu de recevoir leur camarade avec joie et reconnaissance, se liguent pour le tuer, car ce qui leur est ainsi dit leur est proprement insupportable.

Cette fin tragique donne la clé de l'ensemble du mythe imaginé par Platon. On dit, à juste titre, allégorie de la caverne plutôt que mythe. Une allégorie est une image composée de plusieurs éléments symboliques. Ainsi l'allégorie du temps associe-t-elle les symboles de la mort (squelette, sablier, faux). Dans l'allégorie de la caverne, tous les éléments ont un sens symbolique :

» **La caverne symbolise le monde sensible, le monde du jour symbolise le monde intelligible ;**

» **Les prisonniers symbolisent les hommes prisonniers de l'opinion qui n'est qu'une apparence d'idée ;**

» **Le prisonnier libéré symbolise le philosophe – et plus particulièrement Socrate – assassiné à cause de sa sagesse même ;**

» **L'ascension hors de la caverne symbolise la dialectique de l'âme qui quitte le monde des apparences pour atteindre celui de la réalité ;**

» **Les images et les ombres de la caverne symbolisent les apparences trompeuses du monde sensible ;**

» **Les êtres et les choses du monde du jour symbolisent les Idées ;**

» **Le soleil symbolise ce qui, aux yeux de Platon, représente la première des Idées, la plus importante : l'Idée du Bien.**

On ne dort que dans un lit sur trois

Lorsqu'un menuisier fabrique un lit, il le fait d'après un modèle qu'il a dans la tête. Selon Platon, ce modèle, intelligible, est une Idée : c'est l'Idée de lit.

Lorsqu'un peintre peint un lit, il le fait d'après un modèle qui est le lit du menuisier. Le lit du menuisier est à celui du peintre ce que l'Idée de lit est au lit du menuisier. (Vous suivez ? Ce n'est pas le moment de vous endormir, car nous sommes ici au cœur de la pensée platonicienne.) On ne dort pas dans le lit du peintre (d'où le caractère burlesque de cette scène des Marx Brothers où l'on voit Harpo prendre une toile de maître comme couverture pour dormir). On ne dort pas non plus dans l'Idée du lit. On dort dans le lit matériel, solide, du menuisier – c'est-à-dire, en somme (c'est le cas de le dire), dans le lit du milieu, qui n'est ni une idée ni une image mais une chose, un objet.

Pour Platon, un objet, une chose comme le lit dans lequel on dort est l'image de l'Idée, tout comme la peinture du lit est l'image de cet objet, de cette chose. N'est-ce pas d'après une idée qui joue le rôle de paradigme, c'est-à-dire de modèle, que le menuisier fabrique le lit dans lequel on pourra dormir ?

Il y a donc trois lits : le lit idéel, le lit sensible et le lit peint. On ne dort que dans celui du milieu, mais celui dans lequel on dort n'aurait jamais existé, d'après Platon, s'il n'avait pas été précédé et déterminé par le lit idéel, intelligible, qui est son modèle. Le lit sensible est une *image* du lit intelligible comme le lit peint est une image du lit sensible. Le lit peint est donc une image d'image.

Pour Platon, la réalité ou la vérité (c'est tout un pour lui) est dans l'Idée, la Forme, le modèle, le paradigme, et non dans les choses et les êtres sensibles que l'on voit, touche, entend dans la vie de tous les jours. Ce que les gens (l'opinion) appellent « réalité » n'est donc qu'une apparence, un mensonge, une illusion : le cheval réel n'est pas celui que l'on voit brouter dans un pré et faire son crottin, mais le modèle dont ce brave canasson tire l'existence, de même que le cercle n'est pas ce rond dans l'eau que je fais en y jetant un caillou mais une Idée éternelle qui, inversement, me conduit à reconnaître comme rondes les choses qui lui ressemblent.

Quant à l'art qui s'ingénie à imiter le plus fidèlement possible la réalité sensible, il est un mensonge d'autant plus dangereux qu'il est séduisant. Dans sa cité idéale, Platon prévoit de *remercier* les poètes aux deux sens que ce verbe a en français : félicitations et renvoi. Comme le sophiste, le poète est un phobosophe.

Livre décisif

La République est un ouvrage découpé en dix livres qui traite de la justice. Mais, tous les plans étant liés chez Platon, il comprend une dimension métaphysique et pas seulement, comme on pourrait s'y attendre, morale et politique.

Platon est un aristocrate qui tient la démocratie pour le signe et la cause de la décadence d'Athènes. N'est-ce pas la démocratie qui a provoqué la mort du plus sage des hommes, Socrate ? *La République* dessine les grandes lignes d'une cité idéale, la belle cité (*Callipolis*) où la justice sera enfin incarnée.

Les conceptions empiriques de la justice (donner à chacun son dû, l'avantage du plus fort...) sont écartées. Dans le livre II, Glaucon, contradicteur de Socrate, montre par un mythe (le mythe de Gygès) que la justice n'existerait pas sans la crainte du châtiment.

Le mythe de Gygès

Un jour d'orage, le berger Gygès vit s'ouvrir la terre devant ses pas. Il entre dans la crevasse et y trouve un cadavre muni d'un anneau. Il prend l'anneau et remonte. Un peu plus tard, alors qu'il se trouve au milieu d'une assemblée, il s'aperçoit que, en tournant la bague autour de son doigt, il acquiert la propriété de devenir invisible. Exalté par ce pouvoir magique, il en profite pour coucher avec la reine et tuer le roi pour prendre sa place. Le don surnaturel de Gygès lui assure l'impunité. Aussi le berger devient-il un criminel. Glaucon suggère ainsi que c'est parce que nous sommes dans l'incapacité de commettre des injustices que nous appelons « justes » nos actions. Nul n'est juste par choix.

La fiction de l'homme invisible est une redoutable épreuve pour ceux qui croient que l'homme est naturellement juste. Pour défendre la thèse que la justice est une réalité en soi, Socrate la décrit au niveau de la cité tout entière. Celle-ci comprend trois groupes :

» **Celui des producteurs et des commerçants, qui s'occupent de la partie matérielle de la vie collective**

» **Celui des gardiens qui assurent la défense de la cité**

» **Celui des dirigeants qui exercent le commandement**

La justice est cet ordre d'ensemble lorsque chaque élément accomplit sa fonction propre. À l'opposé de notre conception démocratique, égalitariste, de la justice, Platon défend une théorie rigoureusement hiérarchique (la justice, c'est l'ordre, l'injustice, le désordre) d'autant que cette tripartition dirigeants-guerriers-producteurs et commerçants (où Georges Dumézil reconnaîtra la marque distinctive des sociétés indo-européennes) correspond chez Platon aux trois parties de l'âme – la raison qui commande, le « cœur » (*thumos*), qui correspond à la force, et le désir.

De même que l'âme juste est celle dont la partie rationnelle commande aux autres, la cité juste est celle où les dirigeants accomplissent leur fonction, et les deux autres groupes les leurs.

Le régime idéal

Puis Platon traite de l'éducation des dirigeants qui doivent être philosophes, c'est-à-dire connaître le Bien. Ainsi le traité politique débouche-t-il sur une théorie de la connaissance illustrée au livre VII à travers le célèbre mythe de la caverne et conjointement sur une métaphysique.

Le régime idéal aux yeux de Platon est aristocratique (le terme, dans son étymologie, signifie « gouvernement par les meilleurs ») et monarchique (le philosophe roi dirige la cité comme la raison dirige l'âme). Puisqu'elle réserve le pouvoir à ceux qui savent, la pensée politique platonicienne peut être considérée comme l'ancêtre de l'idéologie technocratique moderne.

Quatre formes corrompues de pouvoir menacent la cité :

» **La timocratie, dans laquelle les dirigeants sont mus par l'appât des honneurs**

» **L'oligarchie, qui est une aristocratie dégradée : le petit nombre qui dirige n'est plus constitué par les meilleurs mais par les plus riches**

» **La démocratie, qui est toujours (selon Platon) de nature démagogique, c'est le pouvoir de la foule ignorante**

» **La tyrannie, qui est le régime où règnent le caprice et l'arbitraire d'un seul**

Citation à retenir

L'excès de liberté ne peut tourner qu'en un excès de servitude, pour un particulier aussi bien que pour un État.

Platon

Platon analyse la façon dont les régimes se convertissent les uns dans les autres. C'est parce que la démocratie, elle-même née d'une réaction contre l'oligarchie, sombre dans l'anarchie qu'elle finit par déboucher sur la tyrannie, le peuple passant ainsi du désordre à l'esclavage.

À ces quatre antithèses de la Callipolis, Platon rapporte quatre types d'homme injuste :

» **Le timocrate mû par le goût de l'honneur**

» **L'oligarque qui n'aime que l'argent**

» **L'homme démocratique gouverné par l'irrationalité de ses désirs**

» **Le tyran, violent et ballotté entre ses passions effrénées**

Il existe un Bien idéal, objectif, que le philosophe roi réalisera dans la cité. Mais celle-ci devra bannir les illusions et les mensonges des arts et de la poésie, qui ne font qu'imiter les apparences et faire oublier la véritable nature des choses.

Citation à retenir

Tant que les philosophes ne seront pas rois dans les cités ou que ceux que l'on appelle aujourd'hui rois et souverains ne seront pas vraiment philosophes, il n'y aura de cesse aux maux des cités.

Platon

Le mythe d'Er

La République s'achève sur un troisième mythe, le mythe d'Er, qui illustre l'idée de choix et de responsabilité.

Mort sur le champ de bataille, Er le Pamphilien a eu le privilège d'assister à l'événement du choix fait par les âmes, dans les Enfers, de leur destinée future. Lorsque le moment d'une nouvelle incarnation est arrivé, l'âme a le pouvoir de prendre l'existence de son choix, entre, par exemple, une vie brève mais glorieuse, comme celle d'Achille, et une vie longue mais obscure. Les âmes en fait se déterminent en fonction de leur vie antérieure. Ainsi l'existence juste ou injuste trouve-t-elle une sanction plus tard, dans une vie ultérieure.

Le vrai, le réel, le Bien

Le réel, c'est le vrai ; le vrai, c'est le réel

Le platonisme est le modèle de tous les dualismes philosophiques : le monde est cassé en deux parts inégales : d'un côté l'être, de l'autre l'apparence ; d'un côté la réalité, de l'autre l'illusion ; d'un côté la vérité, de l'autre le mensonge.

Il y a chez Platon un parallélisme exact entre l'ordre de la réalité et celui de la connaissance, et c'est pourquoi chez lui le réel et le vrai sont identifiés. Le cercle est vrai et il est réel, le rond est faux et il n'est qu'apparent.

La langue courante est sur ce plan spontanément, naïvement platonicienne. Lorsque nous disons des hommes politiques ou des journalistes qu'ils nous « cachent la vérité », nous voulons dire en fait qu'ils nous cachent la réalité. Lorsque nous disons un « faux Picasso » ou des « faux seins », nous attribuons le caractère de faux non pas à des jugements issus de notre manière de pensée mais à des réalités indépendantes de nous. En fait, si nous analysons le sens de ces expressions, nous voyons bien qu'elles concernent des jugements et non des choses.

Un peu de technique

« Un faux Picasso » signifie : je vois un tableau qui est du style de Picasso et qui est signé Picasso ; si je pense que ce tableau est de Picasso, alors je me trompe. Le faux, l'erreur n'est pas dans la toile, mais dans le jugement que je peux établir sur elle. De même, « des faux seins » signifient : je vois des courbes de poitrine qui sont habituellement celles des seins ; si je pense que ces seins (en réalité siliconés ou avantagés par un matelas de mousse faisant partie du soutien-gorge) sont ceux que le hasard génétique a donnés à cette personne, alors je me trompe (le faux, l'erreur n'est pas dans les seins, mais dans mon jugement non judicieux). Certes, Platon ne connaissait pas Picasso et les soutiens-gorge de son époque n'étaient pas aussi perfectionnés que ceux de la nôtre, mais ces exemples illustrent sa pensée.

Une jeune femme nue : séduisante image de la vérité

Les grandes valeurs fondatrices de notre civilisation – l'amour, la justice, la liberté, la république – ont été symbolisées et représentées par des jeunes femmes. Platon a été le premier à établir, dans *Le Banquet*, un lien étroit entre la recherche intellectuelle et le désir amoureux. Freud confortera cette idée en voyant dans la curiosité sexuelle chez l'enfant le prototype (le premier exemple) et l'archétype (le modèle) de la curiosité en général. Tous les hommes, en théorie, recherchent la vérité ; la vérité est objet de désir. La compréhension de la connaissance (posséder la vérité) et l'image de l'union sexuelle (posséder une femme) sont marquées par le vocabulaire même : dans la Bible, *connaître* signifie s'unir à une femme (« Adam connut Ève »).

Un peu de technique

La nudité de la jeune femme ne signifie pas seulement l'érotisme. Il existe, dans la tradition philosophique, depuis les Grecs, telle qu'elle reste inscrite dans le vocabulaire le plus courant, toute une symbolique du voile et du dévoilement renvoyant à la recherche de la vérité. Il est habituel de parler d'une réalité ou d'une vérité *nue* (l'expression ferait même pléonasme). De même évoque-t-on le voile des apparences pour dire que la vérité est cachée derrière elles. En grec, vérité se dit *alèthéia*, qui signifie « dévoilement ». « Découvrir », en français, a deux sens, l'un, intellectuel, qui renvoie à la trouvaille (Christophe Colomb découvre l'Amérique, Pasteur découvre le vaccin contre la rage), l'autre, matériel, qui signifie « ôter le voile », « déshabiller ». Découvrir une statue, c'est retirer le drap qui cachait encore ses formes aux yeux de tous ; se découvrir, c'est se déshabiller.

Le Bien, soleil auquel on n'échappe pas

On connaît le beau mot de La Rochefoucauld : « L'hypocrisie est un hommage que le vice rend à la vertu. » L'hypocrisie coule en effet à sens unique, elle a le mal pour source et le bien pour embouchure, jamais l'inverse. On n'a jamais vu, sinon par jeu ou par provocation, l'honnêteté contrefaire la malhonnêteté. Si, dans le monde d'aujourd'hui, les dictatures mêmes se sentent contraintes de se dire démocratiques, c'est que les valeurs de liberté l'ont déjà emporté sur les valeurs de servitude dans les discours, sinon dans les faits. Il n'y a entre le bien et le mal pas de symétrie : entre les deux, la balance n'est pas égale.

C'est dans ce contexte qu'il convient de comprendre le paradoxe socratique que Platon reprend à son compte : nul n'est méchant volontairement. On ne fait jamais, à proprement parler, que le bien, en ce sens qu'on ne fait jamais que ce que l'on pense être bon pour soi ; le voleur, par exemple, fait quelque chose dont il pense que cela lui procurera un bien, que cela lui fera du bien. Ce faisant, il est dans l'illusion. Pour Platon, un méchant est en réalité un ignorant.

Dans l'allégorie de la caverne, l'idée de Bien est symbolisée par le soleil qui accorde au monde lumière et chaleur. De même que le soleil par sa lumière donne leurs formes aux êtres et aux choses (que nous ne percevons plus dans l'obscurité), l'Idée de Bien est l'Idée suprême qui donne leurs formes aux idées qui lui sont subordonnées.

Pour Platon, toutes les valeurs idéales (le vrai, le beau, le bon, le juste...) sont assimilables les unes aux autres : ce qui est beau est bon et juste, ce qui est juste est bel et bon, etc. Un homme vertueux doit avoir toutes les vertus. Aristote contestera cette théorie de l'unité des vertus : un homme peut être courageux et boire comme un Polonais (la comparaison n'existait pas encore du temps des Grecs) ; le courage et la tempérance ne vont pas nécessairement ensemble.

Cela dit, la langue commune donne plutôt raison à Platon. Le caractère unique (unicité) et universel (universalité) du Bien a sa traduction dans des expressions courantes : le bien peut être technique (« marcher bien » pour une machine) ou esthétique (« c'est bien », à propos d'un tableau ou d'un film) ou moral (« un type bien ») ou encore logique (« c'est bien », sur un devoir de mathématiques).

L'héritage laissé par Platon

Le platonisme est réaliste !

L'opposition du réalisme et de l'idéalisme ne sera dégagée que plus tard dans l'histoire de la philosophie, avec l'émergence de l'idée de conscience comme puissance de représentation. Le réalisme est la philosophie selon laquelle existe une réalité en soi, indépendamment du sujet qui se la représente. Pour un réaliste, la planète Neptune existait avant que Le Verrier n'en déduise l'existence par le calcul, l'atome d'uranium existait avant que la physique ne le découvre.

Un peu de technique

À l'opposé, l'idéalisme est la philosophie selon laquelle il n'existe pas de réalité en soi indépendamment du sujet qui se la représente. Pour un idéaliste, on ne peut pas dire que Neptune et l'uranium *existaient* avant leurs découvertes. Pour un idéaliste, la réalité doit être littéralement *inventée* – à la manière dont on dit d'un trésor qui est découvert qu'il est *inventé*. À la limite, pour un idéaliste conséquent, les chaises et les tables d'une salle de réunion disparaissent dès que la dernière conscience (même légèrement endormie) quitte la salle : plus personne pour se les représenter, donc plus personne pour les faire exister !

Cela dit, les termes d'« idéalisme » et de « réalisme » ont un autre sens dans la langue courante : un sens moral, pratique. Un réaliste est celui qui ne veut croire qu'aux choses immédiates de la vie quotidienne – l'intérêt, l'envie, l'argent, la nourriture... Un idéaliste est, à l'inverse, celui qui croit aux grandes valeurs : l'Amour avec un grand A (le réaliste serait plutôt du côté du petit q), la Justice avec un grand J, la Liberté avec de grandes ailes... Selon ce second sens, Platon est un idéaliste : pour lui, le Bien est une réalité, et pas une illusion naïve, la Vérité existe. Seulement, selon le premier sens, qui est proprement celui de la philosophie, Platon est un réaliste : l'Idée est éternelle (elle échappe au temps), objective (elle est indépendante des « idées » que l'on s'en fait), transcendante (elle surpasse infiniment le plan de la nature sensible). Si nous écrivons avec une majuscule « l'Idée » (et non « l'idée »), ce n'est pas par tendance paranoïaque (les paranoïaques, on le sait, truffent leurs écrits de majuscules, signes de leur mégalomanie), c'est pour marquer cette transcendance. Nous avons des idées mais nous contemplons des Idées – à la manière dont justement nous contemplons les étoiles du ciel visible.

Plus tard, les auteurs chrétiens et musulmans n'auront pas trop de mal à acclimater une telle philosophie à leurs convictions monothéistes. Certains iront même jusqu'à assimiler le Bien de Platon au Dieu créateur de l'univers.

Philosopher, c'est apprendre à mourir

En transcrivant cette phrase de Platon, Montaigne l'a tirée vers un sens stoïcien qu'elle n'avait pas, du moins pas exclusivement, à l'origine. L'interprétation la plus simple consiste à dire : être sage, posséder la sagesse, c'est s'habituer à la pensée de la mort, pour ne plus la craindre. Seulement, on n'apprend jamais vraiment à mourir.

Platon, plus profondément, voulait dire ceci : comme il y a deux mondes hors de l'homme (l'intelligible et le sensible), il y a deux mondes en l'homme : l'âme, dont le lieu véritable est le monde intelligible des Idées, et le corps, apparence physique vouée à disparaître. Éternelle comme elles, l'âme connaît les Idées par nature mais liée au corps (incarnation), elle est brouillée par lui. Le corps est un brouillard qui empêche l'âme de percevoir avec netteté le ciel des Idées. Platon utilise même deux images particulièrement pathétiques : le corps est une prison, le corps est un tombeau. La mort est donc une délivrance : une libération hors de la prison, une renaissance hors du tombeau.

Or, qu'est-ce que philosopher ? C'est oublier les soucis du corps au profit de ceux de l'âme, c'est mettre le corps entre parenthèses pour permettre à l'âme ainsi libérée de se déployer et d'atteindre les Idées. C'est donc effectuer un travail analogue à celui que fera l'âme lorsqu'à la mort elle sortira du corps. Philosopher, c'est mimer la mort. L'homme sage joue la mort pour la déjouer.

Citation à retenir

Craindre la mort, ce n'est pas autre chose que de se croire sage, alors qu'on ne l'est pas, puisque c'est croire qu'on sait ce qu'on ne sait pas. Personne, en effet, ne sait ce qu'est la mort et si elle n'est pas justement pour l'homme le plus grand des biens, et on la craint comme si on était sûr que c'est le plus grand des maux.

Platon

Livre décisif

Dans *Le Banquet*, un groupe d'amis attablé (c'est-à-dire couché) chez le poète Agathon pour fêter sa victoire à un concours dramatique (dans l'Antiquité gréco-latine, on mangeait allongé et non assis) décide de faire l'éloge du dieu Amour (Éros). Six discours s'enchaînent, du plus banal au plus sublime.

Phèdre voit dans l'Amour un dieu moral, qui dispense toutes les vertus. Pausanias distingue deux amours, celui qui dépend de l'Aphrodite céleste et qui est tourné vers le ciel et celui qui dépend de l'Aphrodite terrestre, plus physique. Éryximaque, médecin, inspiré par Empédocle, voit dans l'Amour une force cosmique d'attraction. Aristophane est le quatrième à intervenir. C'est un célèbre poète comique qui a ridiculisé Socrate dans l'une de ses pièces, *Les Nuées*, où il le montre dans une nacelle littéralement suspendu dans les airs, perdu dans les nuages. Il est, quand il raconte son mythe, assez pompette. Mais le sens de cette histoire burlesque d'individus coupés en deux est on ne peut plus sérieux : l'amour est désir et le désir est la quête d'une unité primordiale qui a été perdue. Agathon, le héros du jour, vient ensuite : il discerne dans l'Amour un ensemble de qualités.

Socrate parle en dernier. Il prend le contre-pied de son hôte : l'amour n'est pas possession mais manque. Puis, pour donner à ses paroles un poids supplémentaire et pour ne pas paraître aussi attaquer de front les idées de celui qui régale (Agathon), il rapporte les paroles d'une certaine Diotime, une prêtresse dont il a reçu l'initiation (Platon aime ces mises en abyme : *Le Banquet* est déjà un récit fait par un témoin, les récits du *Banquet* sont des récits dans le récit, le discours de Diotime est un récit dans le récit du récit...).

L'Amour n'est dit bon ni mauvais, dit Diotime (donc Socrate, donc Platon), ni beau ni laid mais une nature mixte qui lui vient de sa mère Pauvreté et de son père Expédient – littéralement un *démon* (le terme n'est pas à entendre au sens diabolique que lui donnera le christianisme : un démon chez les Grecs est un être intermédiaire entre les hommes et les dieux). C'est l'Amour qui inspire aux hommes le désir d'immortalité. Toujours à la recherche du vrai, du beau et du bon, il est proprement philosophe.

Un peu de technique

Ainsi est posée équivalence : l'amour est philosophie, la philosophie est amour. Diotime expose les termes de ce qui sera appelé « dialectique ascendante » : l'amour se porte d'abord sur un beau corps, puis sur la beauté physique en général, puis sur la beauté de l'âme invisible, puis sur celle des Idées, puis sur l'Idée même du Beau. Ce passage du *Banquet* n'inspirera pas seulement les philosophes mais aussi les poètes et les artistes de l'âge classique dans leur quête de la beauté idéale.

À la fin de l'ouvrage, Alcibiade, complètement schlass, fait irruption et dresse un portrait élogieux de Socrate, en forme d'allégorie : Socrate est comparable à ces statuettes de Silène contenant des figures de dieux : grotesques à l'extérieur, sublimes à l'intérieur.

Le saviez-vous ?

L'expression d'« amour socratique » pour dire l'amour homosexuel masculin vient du *Banquet* : Socrate et Alcibiade sont présentés comme amants et Pausanias, le second discoureur du groupe, voit même dans l'amour masculin une forme supérieure aux autres (puisqu'un homme est supérieur à une femme, le couple homme-homme est supérieur au couple homme-femme). Quant à l'expression d'« amour platonique » désignant un amour sans commerce charnel, elle vient d'une lecture biaisée de la dernière partie de l'ouvrage. Platon, on l'a vu, ne récuse pas l'amour physique. Il pense seulement qu'il ne constitue qu'une première étape dans une progression qui culmine avec l'amour du Bien.

Connaître, c'est se souvenir

La gnoséologie (théorie de la connaissance) platonicienne est une gnoséologie de la découverte, puisque les Idées sont éternellement déjà là, et non une gnoséologie de l'invention. Aujourd'hui encore, on parle de *platonisme mathématique* pour désigner la conception réaliste de certains mathématiciens (selon eux, le nombre π existait avant qu'il ne fût découvert).

Platon croyait, comme les Pythagoriciens, à la métempsycose. L'âme connaît une série d'incarnations entrecoupées de stades où elle se trouve sans corps. Naître, c'est s'incarner ; mourir, c'est se désincarner. Mais la mort physique correspond à une véritable renaissance (au monde des Idées, qui est le monde naturel de l'âme). Inversement, ce que l'on appelle naissance correspond à une mort de l'âme qui, littéralement, chute dans cette prison sensible du corps. Le schéma suivant illustre la théorie platonicienne de la métempsycose :

Figure 4-1

Le cycle de l'âme chez Platon.

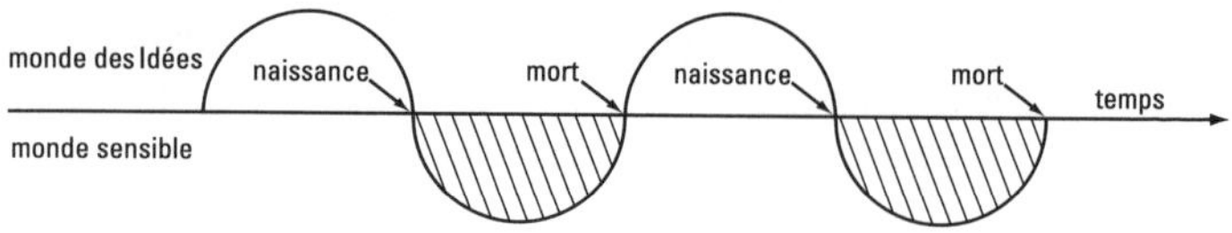

La sinusoïde représente l'âme qui tantôt demeure libre dans le ciel des Idées, tantôt s'incarne dans le monde sensible (la zone hachurée du schéma). La naissance au monde intelligible est une mort au monde sensible et inversement la mort au monde intelligible est une naissance au monde sensible.

On comprend dès lors pourquoi Platon soutient que connaître, c'est se souvenir (théorie dite de la réminiscence). En s'incarnant, l'âme connaît déjà les Idées qu'elle a pu contempler à loisir lorsqu'elle était dans le monde supérieur. Son travail consiste dès lors à écarter les barreaux de chair que la prison du corps ne cesse d'interposer entre elle et les Idées.

Cette réminiscence, ou anamnèse comme on le dit plus directement à partir du terme grec, est illustrée dans un petit dialogue intitulé *Ménon* et dans lequel Socrate est censé montrer à son interlocuteur dubitatif qu'un jeune esclave illettré peut très bien résoudre un problème de mathématiques comme celui de la duplication de l'aire du carré. À partir d'un dessin de carré fait dans la poussière, Socrate conduit le jeune esclave à reconnaître que la réponse qu'il a donnée au problème est fausse – que l'on multiplie par 4 et non par 2 l'aire d'un carré lorsque l'on double son côté :

Figure 4-2

La mauvaise réponse.

En revanche, si l'on prend la diagonale du carré de départ pour côté du second carré, celui-ci sera bien le double du premier :

Figure 4-3

La bonne réponse.

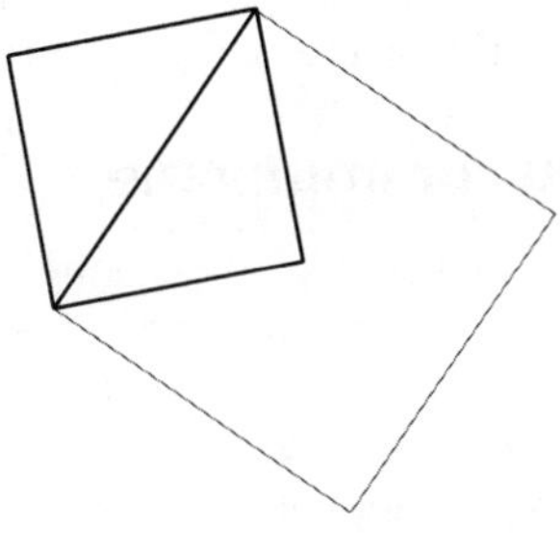

Certes, Socrate force un peu (et même beaucoup) la main du jeune esclave et personne n'est aujourd'hui obligé de croire à la métempsycose. Il n'en reste pas moins vrai que la théorie de la réminiscence a l'avantage de faire porter l'attention sur une question essentielle en psychologie de l'apprentissage. On ne peut rien connaître si l'on part d'un néant de connaissance. Mais Platon allait plus loin car pour lui connaître, c'est reconnaître.

Anecdote

Dans *Phèdre*, Platon compare l'âme à un attelage céleste : le cocher est la raison qui gouverne, le cheval obéissant est le cœur, le cheval rétif les désirs. Il arrive que l'âme se laisse emporter par le mauvais cheval, alors c'est la chute inévitable dans le monde sensible. Un méchant est quelqu'un qui mise sur le mauvais cheval.

Être libre, c'est faire ce qui ne nous plaît pas

La pire façon de définir la liberté est de dire qu'elle consiste à faire ce qui nous plaît. Platon remarque que le tyran n'est pas libre lorsqu'il exile, emprisonne et tue, car alors il est l'esclave de ses passions. Les conduites que l'on appelle aujourd'hui « addictives », comme celles qui sont liées à la drogue, montrent assez ce que le plaisir peut avoir d'antinomique avec la liberté. Dira-t-on que le tortionnaire sadique est libre quand il torture, sous le prétexte qu'il aime ce qu'il fait ? Ou que le junkie est libre lorsqu'il se pique ? Non seulement la liberté n'est pas de faire ce qui nous plaît, mais elle réside plutôt dans le fait d'accomplir justement ce qui ne nous plaît pas. La plus grande liberté qu'un alcoolique pourrait exercer serait de dire non au vice qui l'entraîne. On peut, disait André Gide, suivre sa pente mais à condition que ce soit en montant.

L'inventeur du communisme

Sur le plan politique, la pensée platonicienne est un conservatisme vigoureusement antidémocratique. La mort de Socrate (rappelons qu'elle a été votée par une assemblée élue et non décrétée par un quelconque tyran) montre à l'évidence aux yeux de Platon que le peuple n'est qu'un « gros animal » (c'est son expression) ignorant et que la seule politique juste est celle menée par des chefs qui seraient aussi des philosophes. Il existe, aux yeux de l'auteur de *La République*, une correspondance entre la justice au sens éthique (l'ordre dans l'âme) et la justice au sens politique (l'ordre dans la cité) : de même qu'un homme juste est celui qui, faisant taire ses désirs, est gouverné par la partie rationnelle de son âme, la cité juste est celle qui, refoulant les ambitions et les colères des classes productrices et guerrières de la société est gouvernée par les philosophes rois, seuls représentants du bien parmi les hommes.

La République prévoit pour les gardiens une communauté intégrale des biens dont les femmes et les enfants font partie. Ainsi Platon est-il le premier de cette longue série des utopistes qui, à partir de Thomas More (XVIe siècle), l'inventeur du terme « utopie », s'ingénieront à vouloir la destruction de toute espèce de sentiment et d'intérêt particulier au nom du bien collectif. La famille et la propriété sont condamnées, car elles stimulent l'égoïsme aux dépens de l'intérêt général. Aux yeux de Platon, un gardien se doit d'être entièrement dévoué au service de la cité. Il ne s'appartient pas, il appartient à la cité.

Les libéraux comme Karl Popper ne manqueront pas de voir en Platon, à cause de ce passage de *La République*, un ancêtre du totalitarisme. Celui-ci n'est-il pas caractérisé par l'éradication intégrale de toute particularité individuelle au profit d'un *tout* politique et social considéré comme un absolu ? Certes, dans *Les Lois*, écrites après *La République*, Platon adoucira quelque peu le caractère radical de sa politique – il n'en réitérera pas moins sa condamnation sans appel du commerce et du profit comme facteurs de corruption. Aussi la cité parfaite devra-t-elle être construite à l'intérieur des terres, loin de la côte, c'est-à-dire loin du mélange corrupteur et corrompu des marchands.

Anecdote

C'est dans un petit dialogue intitulé *Critias* que Platon évoque la brillante civilisation de l'Atlantide avant que celle-ci ne soit engloutie par un cataclysme. Occasion pour le philosophe de montrer que les projets politiques de *La République* ne sont pas irréalisables puisqu'ils ont été réalisés 9 000 ans auparavant ! Longtemps lu comme un mythe, le récit de l'Atlantide est à présent considéré comme reposant sur des données archéologiques et historiques sérieuses.

Philosophe roi ou royal tapissier ?

Dans *La République*, Platon fait du philosophe le seul homme vraiment digne de gouverner la cité parce qu'il a, seul, le privilège de la contemplation des Idées. Mais plus tard Platon détachera la politique de la connaissance du bien suprême et en fera une technique plus proche du tissage que de la philosophie. Le royal tapissier utilise les dons naturels qui inclinent vers le courage comme fils de chaîne de la cité et ceux qui tendent vers l'ordre et la pondération comme fils de trame. Le bon politique serait en somme, pour le dire en langage moderne, celui qui amènerait faucons et colombes à partager des valeurs communes.

Y a-t-il eu inflexion de la pensée de Platon en fonction de l'âge ou bien faut-il admettre une tension, sinon une contradiction, entre deux pôles de sa philosophie ? La question divise encore les spécialistes.

Il est étrange de voir Platon, considéré comme le premier exemple de philosophe dogmatique, lu et compris dans un sens sceptique. Tel fut pourtant son premier destin historique. L'Académie, l'école qu'il a fondée – de ce mot sont issues toutes nos « académies » – a ensuite eu pour scolarques (chefs d'école) des philosophes sceptiques : il leur suffisait de prendre chez le maître d'une part les apories (absences de solution à la question proposée de l'essence de telle ou telle idée, caractéristiques des premiers dialogues), d'autre part la thèse selon laquelle rien n'est stable, donc définissable, dans le monde sensible, abstraction faite du monde des Idées.

« Que nul n'entre ici s'il n'est géomètre »

Telle était la devise que les élèves de Platon pouvaient lire sur la porte d'entrée de l'Académie. La géométrie chez Platon était un exercice de pure pensée : les instruments comme la règle et le compas y étaient interdits.

Comme Pythagore, Platon était mathématicien. On lui doit une découverte d'importance, celle des cinq polyèdres convexes réguliers connus sous le nom, justement, de solides platoniciens. Un polyèdre, un solide à surfaces planes, est convexe lorsqu'il n'a pas de trous et régulier lorsque toutes ses faces sont égales. Il n'y a que cinq polyèdres convexes réguliers dans un espace à trois dimensions, il ne peut y en avoir davantage (on peut le démontrer, ce que ne savaient pas faire les Grecs). Le cube est le plus connu (il possède six faces carrées), il y a aussi le tétraèdre (quatre triangles équilatéraux), l'octaèdre (huit triangles équilatéraux), le dodécaèdre (douze pentagones) et l'icosaèdre (vingt triangles équilatéraux).

Dans le *Timée*, Platon fait de ces solides les symboles des éléments :

» **Le tétraèdre représente la terre**

» **Le cube représente l'eau**

» **L'octaèdre représente l'air**

» **Le dodécaèdre représente le feu**

» **L'icosaèdre figure l'univers dans sa totalité**

Platon parricide !

Dans l'un de ses derniers ouvrages, *Le Sophiste*, Platon admet comme nécessaire le geste de parricide contre « notre père Parménide » : il convient, en effet, d'admettre l'existence du non-être, au moins sous un certain rapport. Autrement, des réalités comme le mouvement et l'erreur deviennent incompréhensibles.

Qu'est-ce que le mouvement, en effet, sinon un mélange d'être et de non-être ? (Rappelons que, pour les Grecs, le mouvement est plutôt une altération qu'un déplacement.) Dans un film de Laurel et Hardy intitulé *C'est donc ton frère*, Laurel dit à son frère jumeau qu'il n'avait pas revu depuis l'enfance : « Tu as énormément changé mais tu resteras toujours le même ! » Être le même et l'autre, être et ne pas être le même – voilà la question pour Platon. En disant que le non-être n'est pas, Parménide coupait court à la possibilité d'une compréhension du mouvement.

Et qu'est-ce que l'erreur, sinon le fait de dire ce qui n'est pas ? Si ce qui n'est pas n'est pas, comment pourrait-on se tromper encore ? Certains disputailleurs que Platon ne manque jamais de fustiger ne s'y sont d'ailleurs pas trompés, en allant jusqu'à prétendre qu'il n'y a pas d'erreur, que l'erreur n'existe pas – donc que tout est vrai !

Platon est à la croix : d'un côté, il ne reconnaît de réalité qu'aux Idées qui sont des substances objectives, mais, de l'autre, il se voit contraint d'admettre des trous, des vides, des absences dans lesquels l'esprit peut plonger. Les phobosophes sont insupportables : non contents de séduire les âmes fragiles, ils poussent le prince des philosophes à commettre le parricide sur la personne de Parménide.

Un, deux, un, deux : le pas de la métaphysique

Un peu de technique

Ainsi va la marche de la pensée : à peine a-t-elle saisi l'unité de la chose que celle-ci se dérobe. Les dernières années de la vie de Platon ont été consacrées à cet harassant problème : l'Un (hérité des présocratiques) est l'attribut de l'Être, de l'absolu. Plotin, le fondateur du néoplatonisme sept siècles plus tard, en fera la base de son système. Mais il n'y a, pour Platon, pas d'*un* sans l'*autre* : nous voici donc en présence du deux ! À dire simplement que *l'un est*, on le divise en deux : l'un d'un côté, l'être de l'autre. Ces spéculations très abstraites et qui pourraient sembler bien tarabiscotées auront une influence énorme sur la pensée ultérieure, spécialement chrétienne et arabe, car l'être et l'un, on s'en doute, intéresseront hautement des penseurs qui s'efforceront de traduire la révélation de leurs livres sacrés (Bible et Coran) en termes philosophiques rationnels. Aucun autre philosophe que Platon n'aura, par la suite, réalisé à ce point l'étonnant mélange de la logique avec l'élévation mystique de l'âme.

On comprend ainsi pourquoi Whitehead a pu dire que tous les philosophes qui sont venus après Platon n'ont fait qu'ajouter des notes en bas des pages de ses ouvrages. Si Socrate, exemplaire dans sa vie, a pu être dit père de la philosophie, l'œuvre de Platon est bien cette mer commune d'où ensuite sont sortis tous les courants de la pensée.

DANS CE CHAPITRE

Celui qui a construit le premier lycée

•

Être infidèle avec intelligence

•

L'un des plus vastes esprits de l'histoire

•

La philosophie de la voie moyenne en tout

Chapitre 5

Aristote, le meilleur ennemi de son maître

Le premier lycée

Né à Stagire, en Macédoine, d'où le surnom de Stagirite (« le Stagirite » à la place d'Aristote, cela vous pose un homme), Aristote vient s'établir à Athènes et suivre pendant vingt ans les leçons de Platon. C'est là qu'il fonde sa propre école, le Lycée, du nom du gymnase qui était installé dans le quartier. Il était auparavant le précepteur de son compatriote Alexandre, fils du roi Philippe de Macédoine et qui devient universellement célèbre sous le nom d'Alexandre le Grand lorsqu'il conquiert la plus grande partie du monde ancien. Cette relation lui vaut d'ailleurs des déboires : redoutant le sort de Socrate, Aristote, après la mort d'Alexandre, se retire dans une île afin, dit-il, d'épargner aux Athéniens un second attentat contre la philosophie. L'assemblée le condamne d'ailleurs à mort par contumace.

Le saviez-vous ?

Les péripatéticiennes doivent leur nom à Aristote. Ce n'est pas qu'elles aient beaucoup lu le philosophe ni, à plus forte raison, qu'elles soient disciples du Stagirite. Les péripatéticiens sont l'autre nom des aristotéliciens ; on dit « l'école péripatéticienne » pour dire « l'école aristotélicienne ». En grec, le mot *péripatétikos* signifie « qui aime se promener en discutant », il vient d'un verbe qui signifie « aller et venir ». Aristote aimait donner ses leçons en marchant. D'où l'application plaisante du mot aux prostituées qui font les cent pas sur le trottoir.

Anecdote

Victor Hugo, à certaines périodes de sa vie, notait tout sur ses carnets, et en particulier ses rencontres sexuelles. Pour déjouer les soupçons de Juliette Drouet, la maîtresse qui fut sa meilleure épouse et qui lui servait de secrétaire (jalousie largement justifiée par les faits, et au-delà), il utilisait un langage codé. Le nom d'Aristote revient de façon récurrente sous sa plume. Henri Guillemin, qui fut le premier à publier ces carnets fort peu littéraires, suppose qu'Aristote renvoie, par jeu de mots, aux règles féminines (à cause des trois règles dites d'Aristote qui régentent le théâtre classique) et donc que Victor Hugo n'a pas pu aller au bout de son désir ce jour-là à cause de l'indisposition de sa partenaire. Il nous paraît beaucoup plus vraisemblable que la mention d'Aristote renvoie à une péripatéticienne, c'est-à-dire à une prostituée.

Un bon disciple trahit toujours (bis)

Platon a été infidèle à Socrate et lui a pourtant toute sa vie témoigné une admiration sans faille. Aristote, d'abord disciple de Platon, finira par s'écarter de lui : son bon sens l'éloignait de l'amour des extrêmes, que ce soit dans le domaine métaphysique ou politique, une tendance qui caractérise Platon. « Vérité et amitié me sont chères l'une et l'autre, écrit Aristote en faisant allusion à Platon, mais c'est pour nous un devoir sacré d'accorder la préférence à la vérité. »

Un esprit encyclopédique

Platon se méfiait du savoir encyclopédique, de cette « polymathie » qu'Héraclite reprochait déjà à Pythagore. Il le jugeait impossible, mais surtout vain : le seul savoir qui compte est celui de l'Idée. La totalité ne fait pas le poids devant l'absolu. Le savoir total dont se vante le sophiste Hippias est ridicule aux yeux de Platon et forcément mensonger.

Tel n'est pas le point de vue d'Aristote, que Dante, au Moyen Âge, appellera le maître de ceux qui savent. Pour lui, tout savoir est bon à prendre et à apprendre. Et de fait, il n'est aucun domaine auquel le philosophe ne se soit intéressé. L'Antiquité lui attribuait plus de 400 traités portant sur tous les sujets – les hasards de l'Histoire nous en ont laissé une cinquantaine à peu près complets. Seul Démocrite (dont il ne nous reste pratiquement rien) avait fait preuve d'une curiosité aussi large.

Le saviez-vous ?

Avec Aristote commence un genre philosophique promis à belle fortune : la transcription de leçons. Parmi les œuvres d'Aristote figurent en effet un certain nombre d'ouvrages qui n'ont pas été écrits par Aristote lui-même mais composés à partir des notes de cours prises par les disciples. D'où ce décalage paradoxal entre une œuvre publiée perdue et une œuvre conservée non publiée.

Aristote, intéressé par tout, fut le premier penseur à constituer une bibliothèque privée. Dans le Lycée étaient rassemblés des manuscrits et des cartes, des tableaux, des planches et des spécimens d'histoire naturelle. Aristote, on l'a dit, avait été le précepteur d'Alexandre. Lorsque celui-ci entreprit son expédition d'Asie, des échantillons d'animaux marins, inconnus sur les côtes grecques, furent envoyés au philosophe. Cet intérêt pour les formes de la nature est quelque chose de totalement nouveau. Certains ouvrages d'histoire naturelle étaient même accompagnés de dessins (ils ont été malheureusement tous perdus). Aristote introduit l'observation dans la pensée, chose bien différente de la contemplation : c'est cela que symbolise le geste de la main, la paume tournée vers la terre, dans la fresque de Raphaël, *L'École d'Athènes*.

L'ancêtre du CNRS

Plus encore que l'Académie de Platon, le Lycée d'Aristote fonctionna comme un véritable centre de recherche : Aristote eut par exemple l'idée de mettre par écrit les 158 constitutions des cités grecques. Cette rédaction mobilisa un nombre considérable de collaborateurs. Il n'est pas exagéré d'y reconnaître le premier traité de droit universel. Et comme il n'y a pas de désir encyclopédique sans un certain éclectisme, le Lycée alla jusqu'à dresser la liste des vainqueurs aux jeux pythiques (les autres grands jeux grecs, après les Olympiques). Ce travail collectif est admirable, même pour nous modernes. Que l'on songe *a contrario* à l'atonie de la plupart des centres de recherche des présentes universités françaises, incapables malgré l'informatique (mais peut-être aussi à cause d'elle) de mener à bien le moindre travail un peu consistant...

Les mathématiques exceptées (Aristote en parle souvent mais il ne s'en occupe pas en penseur original ; parallèlement apparaissent pour la première fois, à l'époque d'Aristote, des mathématiciens qui ne sont pas philosophes, des mathématiciens qui ne sont que mathématiciens), toutes les questions accessibles aux Anciens sont travaillées dans l'œuvre immense du Stagirite. Une aussi gigantesque entreprise n'aura dans la philosophie occidentale d'équivalent que chez Leibniz et Hegel.

On attribue à un homme d'État et orateur influencé par Aristote, Démétrios de Phalère, la création du musée et de la bibliothèque d'Alexandrie – où seront pour les trois siècles à venir (dans cette période dite hellénistique) concentrés tous les savoirs du monde antique : il n'est pas excessif d'y reconnaître l'influence et même l'extension de l'école d'Aristote.

Citation à retenir

Nous concevons d'abord le sage comme possédant la connaissance de toutes les choses, dans la mesure où cela est possible, c'est-à-dire sans avoir la science de chacune d'elles en particulier.

Aristote

Portrait

Sur sa célèbre fresque *L'École d'Athènes* où il représente, dispersés dans un vaste bâtiment, tous les philosophes connus de l'Antiquité, Raphaël montre, au centre géométrique de sa composition, devisant côte à côte, Platon et Aristote. Alors que le premier pointe l'index vers le ciel, le second tend le bras, la paume de la main en direction de la terre. Platon tient dans l'autre main un livre sur lequel on peut lire le titre : *Timée*. Aristote tient dans l'autre main un livre sur lequel on peut lire le titre : *Éthique à Nicomaque*. Ainsi Raphaël a-t-il opposé les deux grands maîtres de l'Antiquité philosophique : le philosophe du ciel d'un côté, le philosophe de la terre de l'autre.

Le premier philosophe sans mythe

Si Aristote a fait droit à l'opinion et à la sophistique dans le travail de la pensée philosophique, il a en revanche brisé l'antique alliance qui, de Thalès, le tout premier philosophe, à Platon, son maître et prédécesseur immédiat, avait marié le *logos*, c'est-à-dire la pensée rationnelle, au mythe, cet immémorial opérateur de sens. On ne trouvera pas de mythe chez Aristote. Les observations de la vie commune et les expressions de la langue courante en tiennent lieu.

Pour montrer la nécessité de la philosophie, Aristote tient le raisonnement suivant : ou bien nous devons philosopher ou bien nous ne devons pas philosopher. Si nous devons philosopher, philosophons ! Mais si nous ne devons pas philosopher, il nous faudra examiner pourquoi, et donc philosopher. Par conséquent, de toute manière, nous philosopherons.

La tolérance de l'opinion

Il est juste, disait Aristote, de se montrer reconnaissant non seulement envers ceux dont on partage les doctrines mais encore envers ceux qui ont proposé des explications superficielles. Il y a là encore une rupture nette avec Platon. Celui-ci avait défini la philosophie par opposition frontale avec l'opinion. L'ami de l'opinion, le philodoxe, est un antiphilosophe. La *doxa* (l'opinion, en grec) est pour Platon une nuit à laquelle l'âme doit s'arracher si elle veut penser. Les prisonniers de la caverne qui ne veulent rien savoir et tuent leur compagnon libéré, dans le mythe de *La République*, sont les hommes de l'opinion. Platon procède par négations successives : les premières réponses données dans les dialogues sur la nature de telle ou telle chose sont des sottises qu'il convient d'écarter.

Aristote procède tout autrement : les idées communes, les mots de la langue courante sont des points de départ utiles. En fait, Aristote, en bon encyclopédiste, est un philosophe pragmatique : il est heureux de trouver la connaissance, quelle que soit son origine.

La réhabilitation des sophistes

Semblablement, on trouvera chez le Stagirite une certaine réhabilitation des sophistes que Platon avait considérés tantôt comme des diables tantôt comme des clowns. Aristote, comme les sophistes, prend très au sérieux l'art oratoire, les techniques de la parole. Il ne pense pas, comme Platon, qu'ils sont au service exclusif du mensonge démagogique. Aristote, de manière très moderne, devine le parallélisme qui peut exister entre la grammaire (l'ordre de la langue) et la logique (l'ordre de la pensée). Son traité sur la rhétorique demeurera un modèle pour tous ceux qui, après lui, s'occuperont des manières de bien parler et de bien dire.

L'être est multiple

Un peu de technique

L'être n'a pas une seule signification, il s'entend de plusieurs manières, dit Aristote. Il en va de même, d'ailleurs, de chaque espèce. Alors que Platon, comme la plupart des présocratiques, cherchait à réduire la multiplicité des êtres et des choses à un principe unique, Aristote, à l'inverse, prend acte de leur diversité. Ainsi, tandis que Platon cherche l'essence de la vertu en soi, de la vertu en tant que telle, en deçà de toute détermination (en justice, courage, tempérance etc.), Aristote pose la différence entre les vertus comme irréductible. Au fond, Aristote pense, comme les sophistes, dont se moquait Platon, que pour définir la vertu, mieux vaut commencer par dire quelles sont toutes les vertus.

La science est multiple

Puisque l'être est multiple, la science le sera. Pas de science unique donc, même s'il existe une science suprême, science de l'être en tant qu'être, qu'Aristote appelle philosophie première (et qui deviendra plus tard la métaphysique).

Aristote divise le domaine de la connaissance en trois groupes :

» **Les sciences théorétiques qui traitent de la connaissance pure, comme la philosophie première, la logique ou la physique**

» **Les sciences pratiques qui concernent l'action (morale et politique)**

» **Les sciences poïétiques qui touchent la production (technique, artistique)**

Un peu de technique

On dit ici « théorétique » parce que « théorique » est équivoque – on pourrait croire que l'adjectif qualifie la science elle-même alors qu'il qualifie son objet. On dit semblablement « poïétique » plutôt que « poétique » (en grec *poïèsis*, d'où est venu notre « poésie » signifie « production ») parce que les sciences poétiques pourraient signifier « sciences douées de poésie ».

Aristote renonce donc à l'unité de la vérité, qui caractérisait la philosophie de Platon : on ne peut pas déterminer des critères et caractères de vérité qui soient universellement valides. Par exemple, dans certains domaines, on doit se contenter du vraisemblable.

Aristote appelle dialectique la logique du vraisemblable par opposition à la logique qui traite de la vérité certaine. Le terme subit donc une inflexion décisive par rapport à son sens platonicien. Alors que chez Platon la dialectique désigne la montée de l'âme vers les Idées, une ascension spirituelle, chez Aristote, elle reçoit un sens dégradé (l'opposition entre une logique forte et une dialectique faible sera plus tard reprise par Kant).

Une pensée qui distingue !

Les catégories : la pensée ne peut y couper

Un peu de technique

Puisque l'être se dit en plusieurs sens (le verbe « être » n'a pas le même sens dans « il *est* blanc », « c'*est* un homme » et « il *est* assis »), il faut le définir par les attributions qui peuvent lui être données. Aristote en distingue dix. En elles-mêmes, elles ne signifient rien ; elles doivent entrer en relation avec d'autres pour avoir un sens. Kant reprochera à Aristote son exposition désordonnée. Mais, aux yeux du philosophe grec, la liste des catégories doit obéir moins à une volonté d'exhaustivité qu'au caractère nécessairement fragmentaire de notre discours sur l'être.

La liste des dix catégories s'établit comme suit :

» **La substance :** la statue est en marbre

» **La quantité :** ce cou est particulièrement gras

» **La qualité :** Socrate est sage

» **La relation :** Louis XV est l'arrière-petit-fils de Louis XIV (un exemple qu'Aristote n'avait pas prévu)

» **Le lieu :** Aristote est né à Stagire

» **Le temps :** cet homme est né un 15 août, comme Napoléon

» **La position :** cette jeune femme est mal assise

» **La possession :** ce briquet est à moi

» **L'action :** le chat est en train de jouer avec le campagnol ;

» **La passion :** le campagnol est martyrisé par le chat (dans ce cas, la passion peut-être associée à la compassion)

Les catégories répondent donc aux questions élémentaires que l'on peut se poser sur un être, quel qu'il soit : qui ? Quoi ? Comment ? Combien ? Avec quoi ? Où ? Quand ? De quelle manière ? De quoi ? Par quoi ?

Un peu de technique

Un linguiste, Émile Benveniste, a émis cette hypothèse devenue classique : la logique d'Aristote, présentée par les vingt siècles qui ont suivi comme l'expression de la pensée universelle, valable en tous temps et en tous lieux, ne serait en fait que le décalque de la structure grammaticale de la phrase grecque – sujet, verbe, complément –, structure qui est également celle des autres langues indo-européennes. Les langues appartenant à d'autres familles ignorent cette division, aussi la logique des peuples parlant ces langues doit-elle se présenter sous une forme nécessairement différente. Autrement dit, on ne parlerait pas comme on pense, mais on penserait comme on parle. La philosophie grecque, au lieu d'être cette pensée intemporelle descendue du ciel des idées, serait la fille de la langue grecque.

Où l'on apprend enfin que Socrate est bel et bien mort

La déduction est un raisonnement (ou une inférence) qui consiste à tirer d'une ou plusieurs propositions données (observations en sciences expérimentales, axiomes en mathématiques) une autre proposition qui en est la conséquence nécessaire. Une telle déduction est un passage de l'implicite à l'explicite ; sa forme la plus courante est le syllogisme, qui est constitué de trois éléments logiquement liés : la majeure, la mineure et la conclusion. Aristote en a donné l'exemple devenu classique : « Tous les hommes sont mortels. Or, Socrate est un homme. Donc Socrate est mortel. »

Le syllogisme, on le voit, établit un rapport entre deux termes (« Socrate » et « mortel ») qui formeront le sujet et l'attribut de la conclusion – par l'intermédiaire d'un moyen terme (« homme »), sujet de la majeure et attribut (ou prédicat) de la mineure.

Le saviez-vous ?

La conséquence est un concept de la raison – on ne la confondra pas avec l'effet qui, lui, est un phénomène objectif : ainsi dira-t-on que l'allongement du pénis est l'effet et non la conséquence de son excitation.

Une déduction peut suivre une longue « chaîne de raisons » (l'expression est de Descartes) comme dans le fameux sorite du renard. Un renard va pour traverser une rivière l'hiver, mais auparavant il se tient le raisonnement suivant : cette rivière fait du bruit, ce qui fait du bruit remue, ce qui remue n'est pas gelé, ce qui n'est pas gelé ne porte pas, donc cette rivière ne porte pas.

L'induction est une généralisation rationnelle : elle consiste à extraire l'universel du particulier. Lorsqu'un physicien fait des expériences, il ne peut pas les faire toutes (puisqu'il en existe une infinité de possibles). Il se contentera par conséquent de quelques-unes. S'il estime que celles-ci sont correctement faites et observées, que les mesures sont justes, alors il généralisera ces données et leur donnera l'apparence formelle d'une loi. La loi, dans les sciences expérimentales, est le résultat d'une induction. Galilée n'a pas eu besoin de faire rouler mille fois la boule de bois sur son plan incliné pour établir la loi de proportion entre les temps et les distances parcourues, quelques fois ont suffi.

Les formes, pas la Forme

Aristote rejette la théorie des Idées de son maître Platon. L'hypothèse d'une Forme séparée de l'être sensible lui semble extravagante. Les êtres sont constitués d'une matière et d'une forme. La forme n'est pas en dehors des êtres mais en eux. Il n'existe pas une chevalinité, qui ne hennit pas, dans le ciel des Idées et de laquelle descendent au galop tous les chevaux de la terre. Aux yeux d'Aristote, le Lit qui serait le modèle de tous les lits sensibles est une histoire à dormir debout.

Le troisième homme

Un peu de technique

Pour montrer que l'hypothèse platonicienne des Idées séparées tombe dans une impossibilité logique, Aristote réactive un argument auquel Platon avait d'ailleurs lui-même pensé et qui est connu sous le nom d'« argument du troisième homme ».

Si les platoniciens disent vrai, il existe, d'une part, un Homme faisant partie du monde intelligible et, de l'autre, dans le caniveau du sensible, un homme empirique qui est au premier ce qu'est un clochard à un multimilliardaire en dollars. Seulement, pour établir le lien entre l'Homme (Idée) et l'homme (la réalité), la pensée doit bien leur trouver un point commun : pour dire que ce sans domicile fixe (ni mobile, d'ailleurs) est un homme, il faut reconnaître en lui, derrière la crasse du sensible, ce qui fait de lui un homme. Autrement dit, il faut établir ce qu'il peut y avoir de commun entre l'idée intelligible et l'être sensible. Ce quelque chose en commun serait un troisième homme qui permettrait d'établir le lien entre les deux précédents.

Mais ce troisième homme va bientôt voir rôder autour de lui une multitude d'individus louches qui, tous, réclameront le nom d'homme car, pour savoir que le troisième homme est un homme, encore convient-il de le rapporter à l'Idée d'Homme qui, selon les platoniciens, est la seule habilitée à donner son estampille à la réalité que l'on dit et pense humaine. Mais, pour construire cette passerelle, bâtir cette arche qui liera le troisième homme à l'Homme, il faudra auparavant se forger dans l'esprit une idée susceptible justement de fonder cette comparaison – autrement dit un quatrième homme… Et ainsi de suite à l'infini.

En somme, Platon a creusé entre l'Idée (parfaite, éternelle) et l'être (sensible) un tel abîme que pour le combler une infinité ne serait pas de trop.

Le premier théoricien de l'abstraction

Pour Aristote, l'idée ou la forme ne se promène pas toute seule dans le ciel intelligible en compagnie des dieux mais réside dans l'être même et détermine son espèce (c'est le même mot qui, en grec, désigne l'idée, la forme et l'espèce, au sens naturaliste, biologique du terme).

Penser, connaître, c'est dégager, abstraire la forme qui est dans tous les êtres et les choses et non pas (comme chez Platon) s'échapper d'eux pour s'élever jusqu'à un prétendu monde des Idées. Il y a entre les êtres d'une même espèce (par exemple les hommes) une forme commune que la pensée peut dégager après l'avoir reconnue.

Un peu de technique

Puissance et acte, comme graine et fruit

Aristote est le philosophe de la *formation* et c'est pourquoi Hegel reconnaîtra en lui un frère en esprit. Il n'y a pas, selon Aristote, des formes éternelles mais des formes en puissance, des formes en devenir et des formes achevées.

« Puissance » traduit le mot grec qui a donné notre terme « dynamique ». Dans la langue commune française, lorsque nous disons qu'une chose existe en puissance, nous voulons dire qu'elle existe potentiellement, virtuellement : son départ est lancé et, sauf accident, elle parviendra à sa forme achevée après un certain laps de temps. Ainsi pouvons-nous dire qu'un homme existe en puissance dans l'embryon. Le concept de personne potentielle lancé par le Comité français d'éthique pour désigner cette espèce d'être intermédiaire qu'est l'embryon (ni une personne ni une chose) illustre assez bien cette idée.

« Acte » traduit le mot grec qui a donné notre terme « énergie ». Il représente la fin, l'achèvement de la puissance. Aristote donne à plusieurs reprises cet exemple : la statue existe en puissance dans le bloc de marbre, elle existera en acte une fois qu'elle aura été achevée par le sculpteur.

»

»

Le passage de la puissance à l'acte constitue le centre d'une véritable théorie de l'information, à prendre dans le sens étymologique de ce terme, le processus qui *met une forme dans*. Il rend compte d'une dynamique aussi bien naturelle (l'oiseau existe en puissance dans l'œuf, il est l'acte de l'œuf) qu'artificielle (la statue existe en puissance dans le bloc de marbre, elle est l'acte du bloc de marbre). La matière, selon Aristote, n'est que puissance. En elle-même, elle est informe, chaotique. C'est la forme qui fait d'elle une véritable substance.

Le plus important, c'est la fin !

La philosophie d'Aristote est finaliste : c'est la fin (les deux sens de terme et de but sont également présents en grec) qui rend compte des moyens. En toutes choses, Aristote considère la fin. Son « pourquoi ? » est un « pour quoi ? ». Comment expliquera-t-on le geste du sculpteur ? Non pas en amont, par le mouvement du bras, mais en aval, par l'objectif poursuivi (la réalisation de la statue). Comment expliquera-t-on l'aile de l'oiseau ? Non pas en amont, par l'analyse des différents os, mais en aval, par la fonction que l'aile remplit, à savoir le vol. La nature, écrit Aristote, ne fait rien en vain.

Anaxagore disait que l'homme pense parce qu'il a une main ; Aristote, à l'inverse, affirme que l'homme a une main parce qu'il pense.

Il y a, parmi les fins, une hiérarchie. Ce qui est une fin pour un moyen devient à son tour moyen pour une autre fin : ainsi (l'exemple n'est pas d'Aristote) le travail est un moyen de gagner de l'argent (une fin) mais l'argent est un moyen d'acheter des biens de consommation (fin supérieure), lesquels sont un moyen d'être heureux (fin ultime : nous retrouvons ici une idée chère à Aristote).

Une fin ultime

Un peu de technique

L'achèvement parfait, Aristote l'appelle « entéléchie ». Bien des lecteurs sont devenus presque chauves (à force de s'arracher les cheveux) à cause de ce terme, d'autres s'en sont fait (des cheveux). Entéléchie est un terme forgé par Aristote et il signifie littéralement : ce qui possède sa propre fin en soi-même. Aristote utilise ce terme à propos de l'idée sous le point de vue de l'accomplissement de sa fin.

Et Dieu, dans tout ça ?

Pas plus que Platon et la plupart des présocratiques, Aristote ne croit à Dionysos et à Apollon ; du moins, il ne croit pas que ce sont des êtres réels qui accomplissent les actions que les mythes leur attribuent. Sa *Métaphysique* parle de Dieu (au singulier) qu'il définit par trois formules passablement énigmatiques : moteur immobile, pensée de la pensée et acte pur.

Mais si Aristote n'était pas polythéiste à la manière de l'immense majorité de ses contemporains, on ne peut pas dire non plus qu'il était monothéiste à la manière des Juifs, même s'il parle d'un Dieu unique. Ce Dieu, en effet, n'est pas une personne et il ne possède aucune dimension morale, sans parler d'un pouvoir créateur – dont les Grecs, d'une manière générale, récusent le concept.

Il possède tout de même un sens cosmologique et est d'abord posé comme une nécessité de la pensée : toutes les choses dans notre monde sont en mouvement, elles reçoivent et donnent le mouvement. La chaîne de causalité (quelle est la cause de ceci ? puis la cause de la cause ? etc.) ne peut pas être infinie, affirme Aristote. Il faut s'arrêter. Tout mouvement est imprimé à un mobile par un moteur (c'est-à-dire une chose qui donne le mouvement), ce moteur est lui-même mis en mouvement par un autre moteur, etc. Il faut s'arrêter à un moteur premier qui donne le mouvement mais ne le reçoit pas. Dieu est ce moteur immobile qui agit à la manière d'un colossal aimant.

Un peu de technique

Ce Dieu n'est pas un corps mais une pensée. Une chose qui a sa fin en elle-même est plus parfaite qu'une chose qui a sa fin en autre chose, car elle ne peut servir de moyen pour une chose supérieure. C'est pourquoi cette pensée qu'est Dieu est pensée de la pensée. Un raisonnement analogue établira qu'en Dieu tout est acte, rien n'est puissance – puisque la puissance est imperfection, tendance, inachèvement. D'où la formule d'acte pur. Les philosophes chrétiens reprendront cette idée lorsqu'ils établiront que Dieu ne saurait rien désirer, puisque le désir est l'expression d'un manque, d'une imperfection.

Les deux mondes

Comme Platon, Aristote distingue et oppose deux mondes ; seulement, à la différence de Platon, ces mondes appartiennent tous deux à la réalité physique.

Le cercle décrit par la lune autour de la terre fixe la limite entre ces deux mondes : au-dessus, il y a le monde supralunaire, celui des mouvements circulaires parfaits, dont la répétition est une image d'éternité et où la vieillesse et la décadence (ce qu'Aristote appelle corruption) sont inconnues. Au-dessous, il y a le monde sublunaire, celui des corps et des mouvements imparfaits, soumis au temps, donc à la corruption.

Là encore, le christianisme procédera à une véritable captation d'héritage : il lui suffira d'appeler ciel divin le monde supralunaire et terre des hommes le monde sublunaire pour retrouver l'opposition de l'éternité et du temps.

Un monde parfait

La conception aristotélicienne du monde physique s'inscrit dans le cadre de la théorie des sphères du mathématicien Eudoxe : l'univers est une sphère qui comprend d'autres sphères plus petites à la surface desquelles les objets célestes tournent, la terre occupant le centre du dispositif.

Aristote reprend à Parménide et à Platon le modèle d'un univers sphérique, car la sphère est la forme à la fois de la totalité (elle contient tous les volumes) et de la perfection (symbole qu'elle partage avec le cercle dont elle est en quelque sorte la multiplication : alors qu'à un segment manque quelque chose, car on peut toujours le prolonger, à la courbe fermée, rien ne manque).

Mais si l'univers d'Aristote est fini, fermé dans l'espace, il est éternel, ouvert dans le temps ; il n'a ni commencement ni fin.

Citation à retenir

La terre dans sa totalité est une petite motte de terre.

Aristote

La métaphysique

Anecdote

D'où vient le terme de métaphysique ? Tout simplement d'un titre d'Aristote. C'est cet ouvrage, *La Métaphysique*, qui a donné son nom générique à cette partie de la philosophie dite également « philosophie première » et qui traite de l'être en tant qu'être (l'ontologie) ou des essences en général. Mais ce nom est un hasard : Andronicos de Rhodes, qui classa les ouvrages d'Aristote trois siècles après la mort de ce dernier, ne sut trouver un titre approprié aux livres qui traitaient d'idées comme l'être, l'un, la science. Aussi les rangea-t-il *après la physique – méta ta phusika* en grec, d'où le terme « métaphysique ». Or, il s'est trouvé que cet « après », qui n'avait à l'origine qu'un sens spatial ou logique, a fini par coïncider avec le sens d'*au-delà* – la métaphysique renvoyant dès lors à toutes les questions qui se situent au-delà du domaine physique de l'expérience sensible (l'existence et la mort, l'être et Dieu, etc.).

L'ouvrage commence par l'examen de la nature de la philosophie née de l'étonnement. Aristote procède ensuite à la critique de la théorie des Idées défendue par son maître Platon : la séparation des choses sensibles et des idées n'est pas admissible, elle nous ferait entrer dans un processus infini : car pour reconnaître que la chose sensible est l'image de l'être réel (la chose ronde pour

Platon est ronde parce qu'elle dérive de l'Idée éternelle de cercle), il faudrait pouvoir disposer d'une troisième idée qui ferait le lien entre le sensible et l'intelligible. Mais, à son tour, cette troisième idée devrait être évaluée dans ce qu'elle aurait de commun avec l'Idée et la chose, etc.

Un peu de technique

Il existe, dit Aristote, une philosophie première qui traite non pas de tel ou tel être, mais de l'Être en tant qu'Être, de l'Être en général. Cette étude implique celle des principes du raisonnement, eux-mêmes indémontrables mais qui sont à la base de toute pensée : le principe de non-contradiction (il est impossible que le même attribut appartienne et n'appartienne pas en même temps au même sujet et sous le même rapport : Socrate, par exemple, ne peut être en même temps blanc et pas blanc) et le principe du tiers exclu (de deux propositions contradictoires l'une est vraie et l'autre fausse : si le président de la République est un honnête homme, il est faux qu'il soit malhonnête ; ou bien il est honnête ou bien il ne l'est pas, il n'y a pas de troisième possibilité).

Le livre *lambda* (les chapitres de l'ouvrage sont désignés par les lettres de l'alphabet grec) constitue le couronnement de *La Métaphysique*. Il aura sur la théologie médiévale aussi bien chez les Arabes (Averroès) que chez les chrétiens (Thomas d'Aquin) la plus grande des influences. Ce livre traite de Dieu défini comme premier moteur et comme acte pur (voir *supra*). Par ailleurs, Dieu est posé comme parfait (mais pas comme infini car, pour les Grecs, l'infini est imparfait). C'est de ces idées que les médiévaux s'inspireront lorsqu'ils intégreront la métaphysique d'Aristote à leur théologie.

Les trois âmes

La distinction qu'Aristote opère entre trois types d'âme suit la tripartition biologique des plantes, des animaux et des hommes :

» **L'âme végétative ou sensitive est propre aux plantes**

» **L'âme motrice est propre aux animaux**

» **L'âme intellective est propre aux hommes**

Les animaux sont plus parfaits que les plantes parce qu'ils possèdent, outre l'âme végétative qui leur permet de croître et de se reproduire, l'âme motrice qui leur permet de se déplacer. Si l'homme est le plus parfait de tous les êtres vivants, c'est qu'il est le seul à posséder, outre l'âme végétative et l'âme motrice, l'âme intellective qui lui permet de penser et de connaître.

Une seule main sur trois marche

Il arrive souvent qu'une philosophie soit dominée par un modèle, un paradigme scientifique. Chez Platon (comme plus tard chez Spinoza), le paradigme est mathématique. Chez Aristote (comme plus tard chez Nietzsche), le paradigme est biologique. Aristote est un philosophe de la vie, du processus. La forme, chez lui, n'est pas, comme chez Platon, un schéma éternel auquel les êtres doivent se conformer pour exister mais le résultat d'une *formation*, et même d'une *information*. L'embryon, par exemple, n'a pas encore de forme, la matière domine en lui. Mais la forme arrangera cette matière pour en faire un individu spécifique, muni de ses membres et de ses organes.

Un peu de technique

Un organe (le mot vient du grec qui signifie aussi « outil ») n'est véritablement organe que s'il accomplit sa fonction. Aristote compare la main d'un homme vivant, celle d'un cadavre et celle d'une statue. Dans les trois cas, nous avons affaire, semble-t-il, à la même main. La forme est la même, les cinq doigts avec leurs ongles et leurs phalanges sont à chaque fois reconnaissables. Pourtant, seule la main vivante est véritablement une main, parce qu'elle peut prendre, pincer, caresser, bref accomplir les fonctions d'une main, ce que ne peuvent faire ni la main du cadavre ni celle de la statue.

Le corps est plus tout que le tout

Aristote distingue la somme où les parties sont simplement additionnées et le tout, dont les parties sont intégrées. Un tas de pierres est une somme, une maison est un tout. Un tout peut être naturel ou artificiel. Un corps vivant est un tout naturel, une statue, un tout artificiel.

Aristote dit qu'un tout naturel est davantage un tout qu'un tout artificiel : une statue sans tête reste une statue, tandis qu'un homme sans tête n'est plus qu'un cadavre. Le tout naturel est ainsi fait qu'aucune partie ne peut lui être ôtée sans qu'il disparaisse comme tout.

Le saviez-vous ?

Pour Aristote, comme pour les Grecs d'une manière générale et pour ce que l'on appellera plus tard l'art classique, une œuvre n'est belle que dans la mesure où elle constitue un tout. L'inachevé et le mutilé sont réputés laids, ils suscitent en nous une certaine souffrance. Ce sera une grande révolution esthétique lorsque l'on apprendra à reconnaître dans l'inachèvement et le fragmentaire des beautés possibles.

La théorie des quatre causes

Aristote distingue quatre causes :

» **La cause finale (le projet de la statue achevée)**

» **La cause matérielle (le marbre de la statue)**

» **La cause efficiente (la main du sculpteur)**

» **La cause formelle (la forme de la statue)**

Dans notre conception habituelle, la cause efficiente est la véritable cause (au point que l'expression de cause efficiente nous apparaît comme un pléonasme), les autres causes seraient plutôt appelées « conditions ». Mais, pour Aristote, la cause la plus importante est la cause finale. Par ailleurs, la matière et la forme sont appelées des causes puisque la cause est ce sans quoi une chose ne saurait exister et que sans la matière ni la forme il n'y aurait pas de statue.

Citation à retenir

Il ne faut pas dire, comme on le fait souvent, que l'infini est ce en dehors de quoi il n'y a rien mais ce en dehors de quoi il y a toujours quelque chose.

Aristote

Il n'y a pas d'infini réel

Un peu de technique

Aristote est aussi l'inventeur d'une distinction qui aura un impact capital : la distinction entre l'infini potentiel et l'infini actuel. À ses yeux, seul l'infini potentiel existe ; il n'y a pas d'infini actuel. On retrouve, derrière ces adjectifs, l'opposition de la puissance et de l'acte. L'infini potentiel est le produit d'une opération : il existe aussi bien par addition (on peut toujours ajouter une unité à un nombre quelconque) que par division (on peut toujours diviser en deux une quantité quelconque).

Contre les atomistes qui arrêtaient la division de la matière à l'atome (le mot signifie littéralement « non divisible »), Aristote pense que la matière, comme un segment géométrique, est divisible à l'infini. Seulement, cette opération ne fait pas de l'infini un être réel. L'infini actuel (ou infini en acte, pour reprendre l'expression des philosophes scolastiques qui ont traduit en latin les termes grecs d'Aristote) serait un infini entièrement déterminé et compté, un infini que l'on pourrait étreindre, embrasser sur les deux joues, un infini fini en quelque sorte, ce qui, aux yeux d'Aristote et de tous ceux qui, philosophes ou mathématiciens, le suivront jusqu'à Cantor (fin du XIXe siècle) est une contradiction dans les termes.

En physique comme en biologie et en esthétique, Aristote est un philosophe du fini, de l'achevé, du parfait. L'infini est béant ; son abîme donne le vertige. Les philosophes grecs préfèrent ne pas trop s'y pencher.

Morale et politique : le juste milieu

Nous voulons le bonheur, rien que le bonheur !

La pensée morale d'Aristote débute par ce double constat : tous les hommes veulent être heureux, mais tous ne sont pas d'accord sur les moyens d'y parvenir. Certains pensent qu'il faut être actif dans la cité, tandis que d'autres croient qu'il vaut mieux vivre caché ; certains identifient le plaisir au bonheur, tandis que d'autres le condamnent comme mauvais, etc. Aristote n'a pas la fibre mystique, comme Platon. Son réalisme le conduit à penser une morale du possible, à partir du désir de bonheur qu'il croit universel.

Citation à retenir

Le plaisir est à l'acte ce que la fleur est à la jeunesse. Exercer librement son talent, voilà le vrai bonheur.

Aristote

Une morale du juste milieu

Bien loin de cette morale héroïque qui confine à la sainteté, la morale d'Aristote repose sur l'idée de juste moyenne également éloignée de l'excès et du défaut. Ainsi le courage, qui est une vertu, évite-t-il aussi bien la témérité (qui est un excès) que la lâcheté (qui est un défaut) ; la bienfaisance (vertu) n'est ni la prodigalité (excès) ni l'avarice (défaut), etc. Mais ce juste milieu n'est pas une faiblesse. Il représente au contraire une excellence. D'ailleurs le nom grec signifiant « vertu » veut dire « excellence ».

Le saviez-vous ?

« Une hirondelle ne fait pas le printemps » est un proverbe inventé par Aristote dans son *Éthique à Nicomaque*. De même qu'une vertu unique ne fait pas toute la moralité et qu'une seule bonne action ne suffit pas à faire de son auteur quelqu'un de bon, une hirondelle ne fait pas le printemps. On ne doit pas extrapoler à la généralité ce qui n'est vrai que d'un cas particulier.

Les brigands eux-mêmes ont le sens de la justice

Pour montrer qu'il existe une certaine nécessité de la vertu et du bien et qu'on ne saurait pas davantage y échapper qu'à la vérité, Aristote fait remarquer que les brigands eux-mêmes ont le sens de la justice lorsqu'il s'agit de la répartition de leur butin. Même un voleur n'accepterait pas de subir un partage inégal qui irait à son désavantage.

Mais si le sens de la justice ne va pas sans celui de l'égalité, il convient de distinguer entre deux sortes d'égalité : l'égalité arithmétique (tout le monde reçoit la même chose) et l'égalité géométrique ou proportionnelle (chacun reçoit en fonction de son mérite). Les philosophes scolastiques traduiront cette distinction par les expressions de justice commutative (égalité absolue) et de justice distributive (égalité relative).

La multiplicité et la contrariété des vertus

Contre son ancien maître Platon, qui croyait à l'unité du beau, du bon, de l'utile et du vrai dans l'unicité de l'idée de Bien, l'idée suprême selon lui, Aristote notait la contrariété possible entre les différentes valeurs : un bien peut être une source de dommages, comme le montrent ceux qui ont dû leur perte à leur courage ou à leurs richesses.

Même les bandits, on l'a vu, ont le sens de la justice. Ce n'est pas parce que l'on a une vertu qu'on les a toutes et il est vain, comme le tentait Platon, de chercher la vertu qui déterminerait toutes les autres. Les Américains, qui ne croient pas qu'on puisse être un homme politique honnête et un mari infidèle sont platoniciens, les Français qui le croient sont aristotéliciens.

Un peu de technique

Platon était principialiste : pour lui, le Bien est déterminé au fondement, à l'origine des actions bonnes. Aristote est conséquentialiste : pour lui, le bien qualifie certaines actions en vertu de la fin qu'elles atteignent. Ceux qui aujourd'hui sont opposés au clonage humain par principe, parce qu'il ruine la dignité humaine, sont platoniciens. Ceux qui y sont favorables ou pragmatiques (essayons et nous verrons bien si les inconvénients l'emportent sur les avantages) sont aristotéliciens.

Morale et politique de l'amitié

Alors que l'amour n'a quasiment aucune place chez Aristote, l'amitié est présentée comme une vertu à part entière, une valeur à la fois morale et politique. L'amitié, en effet, permet l'exercice de vertus comme la générosité : elle est une occasion de donner. Bien sûr, elle unit exclusivement des hommes, égaux et libres. Elle constitue, aux yeux d'Aristote, la réussite par excellence du lien humain.

Citation à retenir

Ce n'est pas un ami que l'ami de tout le monde.

Aristote

Une pensée politique modérée : Aristote vote au centre

Dans le domaine politique également, Aristote est le philosophe du juste milieu. Contrairement à Platon, il ne croit pas qu'il existe un régime politique parfait, qui soit infiniment supérieur aux autres. Chacun des trois régimes (monarchie, aristocratie, régime constitutionnel ou république) possède des vertus. Aussi le meilleur sera-t-il celui qui saura mêler les avantages de l'un à ceux des deux autres. Plus tard, un grand historien grec, Polybe, témoin de l'hégémonie romaine (il sera le premier à développer une conception universaliste de l'histoire), reprend cette idée de la supériorité du régime mixte sur les régimes simples et il lui attribue la force qui fit Rome victorieuse de Carthage (les consuls représentant l'élément monarchique, le Sénat l'élément aristocratique, les tribuns de la plèbe l'élément démocratique).

Comme Platon, Aristote distingue trois formes dégradées de régime politique, qui sont les corruptions des trois types :

- **La tyrannie est la corruption de la démocratie**
- **L'oligarchie est la corruption de l'aristocratie**
- **La démocratie est la corruption de la république**

Le critère adopté par Aristote pour différencier la forme pure et la forme corrompue est la place de l'intérêt général par rapport à l'intérêt particulier. Si l'intérêt général domine, nous avons alors la forme pure (monarchie/aristocratie/république), si c'est l'intérêt particulier qui domine, nous avons alors affaire à la forme corrompue (tyrannie/oligarchie/démocratie). On notera l'opposition implicite de la démocratie et de la république (Kant la reprendra et lui donnera un sens politique important) : si la démocratie est, aux yeux d'Aristote, une forme corrompue, c'est parce qu'elle est l'expression d'un intérêt particulier (celui de la majorité) contre l'intérêt général de la cité qui, pour Aristote, forme un tout.

Citation à retenir

> *La multitude, dont aucun membre n'est un homme vertueux, peut cependant, par l'union de tous, être meilleure que l'élite.*
>
> Aristote

Ni dieu ni bête : la sociabilité naturelle de l'homme

L'homme, dit Aristote, est par nature un être social et celui qui vit à l'écart, parce qu'il est dans l'incapacité de vivre avec les autres ou parce qu'il n'en éprouve nullement le besoin, n'est pas réellement un homme, mais soit une bête soit un dieu.

Cette théorie du fondement naturel de la société aura une influence décisive. Tous les philosophes qui auront à se prononcer sur la société et l'organisation politique se détermineront par rapport à elle, soit pour la reprendre à leur compte, soit, comme les théoriciens du contrat social, pour la rejeter.

Un attachement indéfectible à la cité

Aristote a vécu le moment historique de la décadence puis de la disparition de la cité grecque, mais il est toujours resté intellectuellement et affectivement attaché à ce cadre politique. Il n'y a selon lui que dans la cité que l'être humain peut réaliser sa fin, qui est le bonheur dans la liberté.

Cette position politique place Aristote en complet porte-à-faux vis-à-vis de son ancien élève Alexandre qui réalisera l'empire en supprimant la cité, d'abord par l'hégémonie macédonienne sur la Grèce entière, ensuite par la conquête de l'Asie, qui fera des Grecs les maîtres du monde ancien.

Cette radicale incompatibilité entre le patriotisme aristotélicien et le cosmopolitisme alexandrin n'empêchera pas le philosophe d'être inquiété et condamné après la mort d'Alexandre. Comme Socrate, il sera un bouc émissaire.

Justification de l'esclavage : Aristote politiquement incorrect

Aristote est un modéré en politique et un conservateur en matière sociale. Cet aspect ne contribuera pas pour peu à sa fortune future chez les philosophes des siècles suivants.

C'est par nature, disait-il, qu'il y a des gens qui commandent et d'autres qui obéissent, qu'il y a des maîtres et des esclaves. Et Aristote d'ajouter cette hypothèse fantastique : si les machines étaient capables, sur une simple injonction ou même en devinant ce que l'on va leur demander, d'accomplir leur travail à la manière dont les statues de Dédale se rendaient, selon la légende, d'elles-mêmes à l'assemblée des dieux, si de cette manière les navettes pouvaient tisser d'elles-mêmes, alors il n'y aurait plus de maîtres ni d'esclaves.

Le saviez-vous ?

Cette explication, déjà matérialiste, de l'histoire frappera vivement Marx. Certes, lorsqu'il songe à cette possibilité, Aristote ne la croit pas une seconde réalisable et c'est bien pourquoi, selon lui, l'esclavage est une fatalité. Il y aura toujours des esclaves parce qu'on aura toujours besoin de faire marcher les machines. Tel est en substance le raisonnement d'Aristote. Les philosophes devraient se méfier lorsqu'ils évoquent des nécessités qui ne sont pas strictement logiques.

Un héritage marquant

Le tout premier théoricien de la monnaie

Aristote est le premier philosophe à s'intéresser au sens de l'économie et de la monnaie. Certes, Platon en avait parlé avant lui, mais les problèmes philosophiques avaient été escamotés plutôt qu'exposés dans ses projets utopiques.

Aristote voit bien que, en remplaçant le troc, la monnaie (qui est de l'ordre de la loi et non de celui de la nature) permet la régularité et la comptabilité des échanges. Grâce à la monnaie, les marchandises sont mesurées, ce qui facilite l'accord entre les vendeurs et les acheteurs. À l'opposé de Platon, Aristote justifie la richesse pour des raisons morales : non contente d'interdire la vertu (comment pourrait-il aider, celui qui n'a rien ?), la pauvreté engendre tous les vices. Seulement, et son argumentation prend ici un tour on ne peut plus actuel, Aristote va jusqu'à opposer l'argent à la richesse. L'argent n'est finalement pas une bonne mesure de la richesse ; on peut avoir beaucoup d'argent et n'être pas riche, ainsi que l'enseigne la fable de Midas.

Anecdote

Midas, roi de Phrygie, est entré dans la légende à cause de son manque de réflexion. Pour le récompenser d'un service rendu, le dieu lui avait accordé une faveur de son choix. Le roi demanda alors que tout ce qu'il toucherait se change en or. Le vœu marcha si bien que le pauvre roi (si riche qu'il en était pauvre) ne pouvait même plus boire ni manger puisque le gobelet et les aliments se changeaient en or sitôt qu'il y posait la main. Risquant ainsi de mourir de faim et de soif, il supplia Dionysos de mettre un terme au terrible enchantement. Enchanté de la leçon donnée, le dieu exigea simplement de Midas qu'il se purifie dans le Pactole. C'est depuis ce temps que ce fleuve roule des pépites d'or et est devenu symbole d'incommensurable richesse.

L'argent doit rester un moyen

Aristote oppose l'économie à ce qu'il appelle la chrématistique. Derrière cette distinction, nombre d'économistes modernes repéreront la différence entre la valeur d'usage et la valeur d'échange. La chrématistique est une perversion de l'économie : elle fait de l'argent une fin en soi au lieu de le considérer comme ce qu'il est par essence, c'est-à-dire un moyen. Inutile de signaler, en notre époque de haute spéculation non philosophique, ce que peut avoir d'actuel et même de prémonitoire une telle analyse.

L'imitation est bonne et peut être belle

Platon avait condamné l'imitation comme une dégradation de la vérité. L'apparence est moins que la chose réelle, l'imitation n'est qu'un travail d'apparences. C'est pourquoi l'art, qui cultive l'imitation, doit être écarté de la cité idéale : les poètes sont des menteurs.

Dans sa *Poétique*, Aristote justifie au contraire l'imitation et, avec elle, les arts de la représentation. Loin de nous éloigner de la réalité, argumente Aristote, l'imitation nous permet de nous en approcher, de la connaître et de la maîtriser. L'homme est le plus imitateur de tous les animaux, lesquels ont l'instinct à leur disposition. C'est par l'imitation que l'enfant apprend.

Aristote se pose cette question : comment se fait-il que nous prenions du plaisir à voir sur une scène de théâtre des choses qui nous feraient horreur dans la vie courante ? La représentation rend possible une maîtrise de nos émotions. Ainsi le spectacle de la mort nous habitue-t-il à la mort et nous permet de nous libérer de la terreur qu'elle engendre communément en nous.

La terreur et la pitié

Ce sont, aux yeux d'Aristote, les deux ressorts du spectacle tragique – lequel, on le sait, avait un sens culturel dominant dans la Grèce ancienne. Un fait social total, aurait dit l'anthropologue Marcel Mauss, avec sa dimension esthétique et philosophique bien sûr, mais aussi sociale, politique et surtout religieuse. Voir sur scène un spectacle aussi terrifiant et pitoyable que l'histoire d'Œdipe qui tue son père, couche avec sa mère, se crève les yeux lorsqu'il découvre l'horrible réalité, c'est, dit Aristote, un moyen efficace de se purger des émotions violentes qui sont en nous. Après le spectacle, le spectateur se sentira comme libéré.

Cette théorie dite de la *catharsis* (« purgation » en grec) sera reprise à l'âge classique en France. Par exemple, Molière donne un sens moral à ses comédies en affirmant que les spectateurs seront conduits à se libérer de leurs vices ou de leurs tentations s'ils les voient ainsi ridiculisés sur les planches. Mais Rousseau, nous le verrons, ne l'entendra pas de cette oreille.

Les trois unités

Le saviez-vous ?

C'est d'un passage très court d'Aristote que les Italiens de la Renaissance tireront la fameuse règle des trois unités qui régira le théâtre classique en Europe :

» **Unité de temps** : l'action dramatique doit se dérouler en une seule journée (telle est la mesure du temps de l'acte).

» **Unité de lieu** : l'action dramatique doit se dérouler en un seul endroit (telle est la mesure de l'espace de l'acte).

» **Unité d'action** : l'action dramatique doit être unique.

Aristote n'a pas été aussi dogmatique et le théâtre classique lui-même aimera volontiers balader ses spectateurs dans des durées, des espaces et à travers des intrigues différents. Toujours est-il qu'Aristote sera pour les romantiques – qui rejetteront « ses » règles jugées trop artificielles et contraignantes – comme l'ennemi à abattre.

L'extraordinaire postérité d'Aristote

Un grand philosophe ne vit pas seulement à son époque. Le sens de son œuvre ne cesse de se déployer durant les temps qui lui succèdent. Comme Platon, Aristote a une histoire de presque vingt-cinq siècles et qui est loin d'être achevée.

La fin de l'Antiquité a vu le triomphe de Platon : saint Augustin, le premier grand philosophe chrétien et Plotin, le dernier grand philosophe païen (et fondateur de l'école dite justement néoplatonicienne) sont principalement marqués par Platon.

Le Moyen Âge connaît la revanche d'Aristote. D'abord avec le travail de traduction et l'assimilation effectuée par les philosophes arabes dont Averroès est le principal. Ce sont les Arabes qui font connaître les philosophes grecs à l'Europe. La scolastique chrétienne sera principalement une synthèse d'aristotélisme et de révélation monothéiste.

Thomas d'Aquin dit simplement pour parler d'Aristote: « le Philosophe », sans autre précision. Aristote est pour les scolastiques le philosophe par excellence. Le fameux « *Aristoteles dixit* » (« Aristote a dit » en latin) deviendra le symbole d'un temps qui a trouvé en ce philosophe le maître indépassable: celui qui, sans l'aide de la révélation des Écritures, a poussé le plus loin la réflexion rationnelle.

La Renaissance connaît un net retour à Platon, contre Aristote. Désormais lié à une scolastique jugée stérile et obscure, le nom d'Aristote est ensuite considéré comme le symbole de l'âge sombre de la pensée. Francis Bacon l'insulte, Descartes ne le traite guère mieux. Au XVIIe siècle, il n'y a que Leibniz, l'éclectique, le généreux Leibniz, pour continuer à trouver grande et belle cette pensée. Puis le siècle des Lumières plonge Aristote dans une espèce de nuit dont le philosophe ne sortira vraiment qu'au XIXe siècle.

DANS CE CHAPITRE

Plusieurs siècles de discussions

•

L'impossibilité d'avouer qu'on ment

•

Le doute avant tout

•

Le cynisme, une vie de chien

•

La cueillette des fleurs ou l'épicurisme

•

L'ordre des choses des stoïciens

Chapitre 6

Les grands courants de l'époque hellénistique

La torpille Socrate laisse des traces profondes dans les eaux mélangées de la philosophie grecque. La haute stature de Platon ne doit pas faire oublier tous ces courants, toutes ces écoles, tous ces hommes qui, à partir du IVe siècle av. J.-C., ont trituré les idées et les mots en tous sens.

Les Mégariques : disputailleurs mais grands questionneurs

Les sophismes mégariques

Les sophismes sont des paralogismes intentionnellement utilisés pour embarrasser ou tromper l'interlocuteur. Le sophisme est au paralogisme ce que le mensonge est à l'erreur. Il vise l'avantage sur l'autre, il est un moyen de pouvoir.

Les sophismes, comme les mensonges, se donnent l'apparence de la vérité. Ainsi empruntent-ils volontiers l'allure du syllogisme, modèle du raisonnement déductif. Dans l'exemple qui suit, le sophisme provient d'une majeure fausse, mais qu'intuitivement on accepte comme vrai : « Tout ce qui est rare est cher. Un cheval bon marché est rare. Donc un cheval bon marché est cher. » Il est faux que tout ce qui est rare soit cher (la preuve en est donnée par l'exemple même) mais comme cela semble correspondre à notre expérience quotidienne, on l'accorde imprudemment, sans examen.

En guise de plaisanterie

Le sophisme peut provenir aussi d'un changement subreptice de point de vue, masqué par l'identité de la formulation : « Plus il y a de gruyère, plus il y a de trous. Plus il y a de trous, moins il y a de gruyère. Donc plus il y a de gruyère, moins il y a de gruyère. » Les trous du gruyère sont considérés tantôt comme proportionnels à la quantité de gruyère, tantôt comme des vides absolus, les signes d'une absence de fromage. Le sophisme peut provenir aussi d'un changement subreptice de sens d'un mot, masqué lui aussi par l'identité de la formulation : « Un homme a marché sur la Lune. Je suis un homme. Donc j'ai marché sur la Lune. » Ce sophisme joue sur l'ambiguïté du mot « un » en français, qui désigne tantôt quelque chose de précis, d'unique, de défini, tantôt quelque chose d'indéfini, de quelconque. D'où la plaisanterie : « À New York, un homme est écrasé toutes les trente secondes. – Le pauvre ! »

Les sophismes les plus célèbres ont été inventés par Eubulide de Mégare, disciple d'Euclide de Mégare, le fondateur de l'école dite pour cette raison mégarique (rien à voir avec Euclide le mathématicien). Les Grecs appelaient « éristique » l'art de la dispute de mots. Les Mégariques sont également appelés les éristiques.

Le nom d'Eubulide de Milet reste attaché à l'un des sophismes les plus faisandés de l'Antiquité grecque. Le voici : « Tu possèdes un chien qui a des petits. Ce chien est donc père. Tu as donc un père dont les petits sont des chiens, tu es donc toi-même un frère de chien, tu es donc un chien. » On trouvera à la fin de cet ouvrage quatre autres sophismes mégariques.

Le mensonge est inavouable

Mais le plus célèbre de ces sophismes (ou paradoxes) est le sophisme du menteur. Qu'est-ce que je dis lorsque je dis que je suis un menteur ? Car si je suis un menteur comme je le dis, alors je ne suis pas un menteur puisque je dis la vérité, mais si je dis la vérité, je suis un menteur en disant que je mens.

L'argument aura une variante sous le nom d'Épiménide le Crétois. Il dit : « Tous les Crétois sont menteurs. » Si Épiménide dit vrai, alors il ment en disant que les Crétois mentent, mais s'il ment, alors il dit vrai en disant la même chose...

Le paradoxe prendra une grande importance dans les travaux des logiciens modernes qui, au début du xxe siècle, se pencheront sur le problème de l'autoréférence.

Le sérieux du jeu

Les sophismes et paradoxes des Mégariques vont bien au-delà du jeu de mots. Il n'y a d'ailleurs rien de plus sérieux qu'un jeu de mots, ainsi que nous l'enseignent à la fois la logique et la psychanalyse – sérieux au sens où cet amusement met en jeu, c'est le cas de le dire, des problèmes profonds.

Et d'abord celui de la coïncidence ou de l'absence de coïncidence entre la pensée et le langage, entre les idées et les mots. En grec, c'est un même terme, *logos*, qui signifie « parole » et « raison ». Les Mégariques, qui prennent leur source dans les dialogues de Socrate, insistent sur la discordance qui existe entre les choses et les mots, entre les choses et les idées et entre les idées et les mots. Le triangle équilatéral formé par le réel, le langage et la pensée est brisé. Aucune relation vraie n'est possible en dehors de l'identité pure : une chose est ce qu'elle est. Dès qu'on lui donne un attribut extérieur (ce qu'on appelle en logique un prédicat), on tombe dans la contradiction.

Le Dominateur

Un peu de technique

Un autre membre de cette école, Diodore Cronos, est resté dans l'histoire de la pensée pour avoir inventé un argument particulièrement costaud. La légende rapporte qu'il serait mort de honte pour n'avoir pas su résoudre un argument éristique proposé par un autre membre de cette école. Les philosophes ont parfois de bien curieuses manières de mourir !

L'argument de Diodore Cronos est appelé le Dominateur et a été ensuite utilisé par les partisans du fatalisme le plus sévère. Il consiste à identifier les trois modalités (le possible, le réel, le nécessaire) au nécessaire.

Un petit mot d'explication. Une chose qui est, nous disons qu'elle est *réelle*. Mais, avant d'être, nous disons qu'elle est *possible*. Par exemple, la pluie qui tombe actuellement est réelle ; avant de tomber, elle était possible (il était possible qu'il pleuve). En ce sens, le possible est moins que l'être.

Lorsque nous disons d'une chose qu'elle est *nécessaire*, nous disons à l'inverse *plus* que lorsque nous nous contentons de dire qu'elle est : ce que nous voulons dire, c'est qu'il était impossible qu'elle ne soit pas. Possibilité, existence, nécessité – et leurs trois contraires, impossibilité, non-existence, contingence – sont des modalités, c'est-à-dire des modes d'expression de la réalité. La logique qui s'occupe d'eux est dite *logique modale*.

L'inspiration des Mégariques est éléatique. L'être est. Sortis de là, nous tombons dans l'incohérence. Le cheval est un cheval, la course est la course. Dire que le cheval court, c'est relier deux mots, deux idées, qui n'ont en fait rien à faire l'un avec l'autre. Ce que ruinent les Mégariques avec leurs jeux, c'est ni plus ni moins que la logique d'Aristote qui unit les attributs au sujet pour former un jugement et les jugements au jugement pour former un raisonnement. Il n'y a pas de jugement ou de raisonnement sans contradiction puisque, sorti du principe d'identité (A = A), nous disons d'une chose qu'elle n'est pas ce qu'elle est et qu'elle est ce qu'elle n'est pas.

Aristote avait défini le possible (la « puissance ») comme ce qui est en attente d'exister : avant d'être extraite du bloc de marbre, la statue était possible. Ce qui signifie aussi qu'elle aurait pu très bien ne pas exister (il suffit d'imaginer que le sculpteur meure avant de se mettre au travail ou que le marbre se casse en deux).

Pour les Mégariques, en revanche, n'est possible que ce qui sera réel : je ne peux pas dire d'une chose qui n'arrive pas qu'elle était possible. Seul ce qui existe était possible ; ce qui n'existe pas était impossible. Si l'on admet qu'une chose possible n'arrive jamais, alors on admet que de l'impossible naît du possible, on accepte une contradiction.

Anecdote

Prenons un exemple historique (car je devine un flottement dans le regard et le cerveau du lecteur, même volontaire) : était-il possible que Hitler meure dans un attentat avant 1939, date du déclenchement de la Seconde Guerre mondiale ? Aristote aurait répondu oui : Hitler a échappé à plusieurs attentats, il était possible que l'un d'eux réussisse. Si l'on considère que Hitler est le principal facteur de déclenchement de la Seconde Guerre mondiale, alors nous admettrons qu'il était possible que la Seconde Guerre mondiale n'ait pas eu lieu. Pour Diodore Cronos, à l'inverse, puisque Hitler a échappé à tous les attentats qui ont été fomentés contre lui, cela signifie qu'un attentat réussi était réellement impossible : la réalité ne vient que du possible et il n'y a de possible que ce qui arrive nécessairement.

Le résultat de tout cela est que les trois modalités (possibilité, existence, nécessité) sont rabattues par les Mégariques sur la seule nécessité : les événements qui arrivent étaient nécessaires (il était impossible qu'ils n'arrivent pas), ceux qui n'arrivent pas étaient impossibles (il était impossible qu'ils arrivent). Le fatalisme, selon lequel tout ce qui arrive devait arriver prend appui sur cette argumentation logique des Mégariques.

Les Cyrénaïques : prendre son pied plutôt que se prendre la tête

Portrait

Aristippe de Cyrène, le fondateur de l'école cyrénaïque (Cyrène est une ville de Libye), a, comme Socrate, remis les préoccupations morales au premier plan de la réflexion philosophique. On l'a présenté tantôt comme un débauché sans scrupules (les prostituées ayant fini par faire des trous dans sa bourse, le philosophe aurait passé une bonne partie de son temps à flatter des tyrans pour obtenir de l'argent), tantôt comme un cynique (à ceux qui lui reprochaient de fréquenter la courtisane Laïs – une courtisane est une prostituée de haut vol –, Aristippe répondit par ces mots célèbres : « Je la possède mais je ne suis pas possédé », ajoutant que si l'on aimait le poisson, on ne demandait pas que le poisson nous aimât en retour...)

La philosophie cyrénaïque est un hédonisme, une morale du plaisir : le bien est ce qui fait plaisir, le mal ce qui donne du déplaisir (ne dit-on pas en français comme en grec « avoir mal », « faire le mal », « faire du bien », « faire le bien »...). Nous sommes ici aux antipodes de Platon – qui faisait du bien une Idée pour la contemplation et une réalité absolue. Nous sommes en revanche très proches d'Épicure, à cette distinction près que celui-ci préférait ce qu'il appelait les plaisirs en repos, c'est-à-dire l'absence de douleur, alors que les Cyrénaïques vantaient les plaisirs en mouvement, c'est-à-dire les plaisirs réels, dynamiques.

Portrait

Les successeurs sont des traîtres, en philosophie plus qu'ailleurs. Parmi les successeurs d'Aristippe, on notera la présence d'un certain Hégésias, dont la pensée, pourtant partie du plaisir, s'infléchit vers le plus radical des pessimismes : le bonheur est impossible, la mort vaut la vie, la vie vaut la mort, le sage est celui qui a l'idée géniale de se laisser mourir de faim. On dit que l'enseignement d'Hégésias aurait été si convaincant auprès de ses élèves qu'il aurait déclenché parmi eux une véritable épidémie de suicides...

Les cyniques : des vies de chien

Antisthène est le fondateur de l'école cynique mais c'est Diogène de Sinope qui en est le représentant le plus célèbre. Les philosophes classiques ont sévèrement jugé ces espèces de clochards provocateurs et impudiques. De Diogène, Platon disait qu'il était un Socrate devenu fou.

« Cynique » vient d'un mot grec signifiant « chien ». Pourquoi le chien ? Il y a au moins trois explications différentes que les adeptes de cette philosophie revendiquaient :

» **Les cyniques se réunissaient dans un gymnase dont le nom en grec signifiait « le chien agile ».**

» **Ils avaient du chien la vigilance hargneuse, caressant ceux qui donnaient, aboyant contre ceux qui ne donnaient rien et mordant ceux qui étaient méchants.**

» **Ils vivaient comme des chiens, libres de toute convention sociale, n'hésitant pas, par exemple, à déféquer en public.**

Il y a cynisme et cynisme

Le mot a, en effet, vu son sens presque inversé. Aujourd'hui, un cynique, c'est un ministre se moquant de la loi comme d'une guigne, ou un chef d'entreprise qui licencie pour plaire aux actionnaires. Bref, aujourd'hui le cynisme est du côté du manche. Dans la Grèce ancienne, le cynique était un homme libre qui vivait en dehors des conventions sociales jugées par lui absurdes et qui faisait la nique aux riches et aux puissants. On raconte qu'un jour Alexandre, le grand Alexandre, vint voir Diogène et lui proposa de lui donner tout ce qu'il désirerait. Il aurait eu pour toute réponse du philosophe clochard : « Ôte-toi de mon soleil ! » Imagine-t-on aujourd'hui un philosophe répondre cela à un producteur de télévision ou à un directeur de programmes ? On prête à Alexandre ce mot : « Si je n'étais Alexandre, je voudrais être Diogène ! » Et le roi de Macédoine était loin d'être le seul à être impressionné par ses paroles et attitudes de rustre.

Anecdote

Alors qu'un jeune garçon voulait devenir son disciple, Diogène lui demanda de le suivre en tenant un hareng attaché à une ficelle. Mort de honte, l'apprenti philosophe laissa rapidement le hareng et s'enfuit : « Un hareng a rompu notre amitié », se contenta de constater Diogène.

Un philosophe dans le tonneau

Un tonneau vide couché, faisant comme une espèce de grotte en bois, une niche de chien, tel était le domicile fixe de Diogène. L'autarcie, l'autosuffisance est un idéal partagé par de nombreux sages et philosophes de l'Antiquité. Se suffire à soi-même, ne pas dépendre des autres, même des plus riches et des plus puissants, surtout des plus riches et des plus puissants.

Anecdote

Un jour, Diogène vit un enfant boire à une fontaine dans le creux de sa main. Il jeta alors son écuelle, se rendant compte qu'il avait encore du superflu avec lui. Un autre jour, comme il se masturbait dans la rue, il regretta qu'il n'y eût pas de moyen aussi pratique de se faire passer la faim, par simple friction du ventre.

À bas la loi ! Retour à la nature

La mère de Socrate était sage-femme et l'on se souvient du sens philosophique qu'il convient d'attacher à cette filiation. Le père de Diogène était faux-monnayeur et l'on pourrait dire que Diogène a fait le même travail que lui. Qu'est-ce qu'un faux-monnayeur ? Celui qui, en imitant l'argent, la plus artificielle de toutes les conventions, jette sur lui le plus pénible des soupçons. Si l'on nous annonce que des faux billets de 50 euros sont en circulation, ne voudrions-nous pas aussitôt nous en débarrasser ? Dans sa vie et par ses bons mots, Diogène dévalue la monnaie sociale, ces signes de l'échange que sont les politesses, les hypocrisies, les incohérences sur lesquelles la société repose. Comme les sophistes, les cyniques pensent que la loi des hommes n'a rien à voir avec la nature des choses. À bas la loi, retour à la nature !

Un libre penseur qui n'en parle pas moins

Diogène se moquait de tout et de tous. Il appelait les concours en l'honneur de Dionysos de grands miracles de fous et les orateurs les valets du peuple. Un jour où il parlait de sujets importants et n'était pas écouté, il se mit à gazouiller comme un oiseau et il y eut foule autour de lui. Il injuria alors les badauds en leur disant qu'ils se pressaient pour écouter des sottises mais que les choses sérieuses les laissaient indifférents.

Un autre jour, un homme le fit entrer dans une riche maison et lui dit : « Surtout, ne crache pas par terre ! » Diogène, qui avait envie de cracher, lui lança son crachat au visage en lui criant que c'était le seul endroit sale qu'il eût trouvé. Voyant une femme se prosterner devant les statues des dieux et qui montrait ainsi son derrière, il se moqua de sa superstition : « Ne crains-tu pas, ô femme, que le dieu ne soit par hasard derrière toi (puisque tout est plein de sa présence) et que tu ne lui montres de cette façon un spectacle très indécent ? »

Si Platon et Aristote ont raison, si la philosophie est fille de l'étonnement, alors Diogène ne cesse de philosopher à travers ses provocations et ses bons mots. En voici quelques-uns.

Anecdote

À ceux que les songes effrayaient, il disait : « Vous ne vous souciez pas de ce que vous voyez pendant la veille, pourquoi vous inquiéter des choses imaginaires qui vous apparaissent dans le sommeil ? »

Ayant croisé un jour des gardiens d'archives religieuses emmener en prison un homme qui avait volé une coupe au trésor, il s'exclama : « Voilà de grands voleurs qui en emmènent un petit ! » Quand il avait besoin d'argent et qu'il s'adressait à ses amis, il ne leur demandait pas de lui en donner mais de lui en rendre.

Un jour qu'on écrivit à l'entrée d'une maison cette devise : « Qu'aucun méchant n'entre ici ! », il demanda : « Mais le maître de la maison, par où entrera-t-il ? »

Anecdote

Diogène assistait à un concours de tir à l'arc. L'un des candidats était si maladroit que les flèches, au lieu d'atteindre la cible, tombaient sur le public. Alors, suivant le mouvement du mauvais tireur, la foule se déplaçait tantôt à droite tantôt à gauche. Diogène sortit du groupe et se planta juste devant la cible car c'est encore là, disait-il, qu'il se sentait le plus en sécurité.

Il faisait l'éloge d'un fort gaillard qui jouait atrocement de la cithare et dont tout le monde se moquait. Comme on lui en demandait la raison, il la donna : « C'est parce que fort comme il est, pendant qu'il joue de la cithare, il ne songe pas à faire le brigand ».

Fait prisonnier et vendu sur un marché d'esclaves, il répondit à celui qui lui demanda ce qu'il savait faire : « Commander ! Qui veut acheter un maître ? »

La vanité des philosophes

Comme les Mégariques, les cyniques pensent que, en matière de jugement, on ne peut pas sortir de la relation d'identité. Les cyniques se moquent tout particulièrement de l'enseignement de Platon : je vois bien le cheval, disait Antisthène, je ne vois pas la chevalinité – allusion à la théorie des Idées conçues comme le fondement même des choses sensibles chez Platon.

Le saviez-vous ?

C'est d'un épisode de la vie de Diogène que nous vient l'expression « prouver le mouvement en marchant ». Un jour où un disciple de l'école d'Élée se mit à nier la réalité du mouvement à partir des arguments de Zénon, Diogène se leva et se mit à marcher autour de l'imprudent philosophe.

Diogène contre Platon

Diogène, à plusieurs reprises, s'en prend à Platon. Un jour qu'il mangeait des figues sèches, il le rencontra et lui dit : « Tu peux en prendre. » Platon en prit donc et les mangea, sur quoi Diogène lui fit observer : « Je t'ai dit d'en prendre, non d'en manger ! »

Platon prétendait définir les genres et les espèces par une succession de divisions logiques et aboutit à cette définition de l'homme : un bipède (il a deux jambes) sans plume (à la différence des oiseaux). Un jour, Diogène lança au milieu des élèves de Platon qui avaient écouté leur maître sans moufter, un coq qu'il avait plumé, en s'exclamant : « Voilà l'homme selon Platon ! » Platon tint compte de ce geste et ajouta à sa définition : « Et qui a des ongles plats et larges. »

Une autre fois, Diogène se promenait avec une lanterne allumée en plein jour : « Je cherche l'homme », disait-il. *L'homme*, évidemment, ne peut être rencontré dans la rue. Ce que l'on croise, ce sont *des hommes*, mais pas l'homme. Manière directe de signifier que les Idées platoniciennes ne sont que du vent.

La nature, rien que la nature !

Le chien n'est pas le seul animal qui joue un rôle chez les cyniques. Un véritable bestiaire accompagne la vie de Diogène. Ayant vu un jour une souris qui courait sans se soucier de trouver un gîte, sans crainte de l'obscurité et sans aucun désir de tout ce qui peut rendre la vie plus agréable, il la prit pour modèle et trouva ainsi le remède à son dénuement. Il marchait pieds nus sur la neige et s'endurcissait dans les canicules d'été.

Les circonstances de sa mort ont elles aussi un sens philosophique. Diogène mourut, dit-on, pour avoir disputé à des chiens un morceau de poulpe cru. La crudité des propos cyniques répond à celle des aliments consommés : la cuisine est une convention inutile, un luxe superflu.

Le saviez-vous ?

Diogène disait que c'était grâce à l'exil qu'il était devenu philosophe. L'exil, en effet, donne le sens de la relativité de toutes choses. Antisthène disait que, si pour être citoyen il faut appartenir à la cité depuis la naissance, alors les grenouilles et les sauterelles sont citoyennes. On attribue à Diogène l'invention de cette formule particulièrement glorieuse : « citoyen du monde ».

Un symbole tutélaire

Malgré ses provocations mais aussi surtout à cause d'elles, les Athéniens éprouvaient pour Diogène une certaine affection. Un jour, ils rossèrent un jeune homme qui avait cassé son tonneau et ils donnèrent au philosophe un autre tonneau en dédommagement.

Il y eut dans le Paris des années 1950 et 1960 un homme qui fit revivre Diogène. Il s'appelait André Dupont mais se faisait appeler Mouna Aguigui ou, plus simplement, Mouna. Il se promenait à bicyclette ou à pied, coiffé d'un chapeau à clochettes et revêtu d'un manteau recouvert de badges et de calicots. Tout le monde le connaissait dans le Quartier latin. Il éditait une feuille de chou qui tenait à la fois de *L'Os à moelle* de Pierre Dac et du tract politique. Quand il se présentait aux élections, c'était en qualité de « non-candidat ». Il fustigeait le « caca-pipi-capitalisme ». Il avait pour devise : « Les temps sont durs, vive le mou ! » Aux gauchistes qui lui lançaient : « Mouna, folklore ! », il répondait : « Tu préfères le chlore ? », allusion aux gaz lacrymogènes utilisés par les CRS lors des manifestations étudiantes. Mouna est mort sans héritier.

Le scepticisme : tout est relatif

Portrait

Pyrrhon, le fondateur du scepticisme ancien, a pendant longtemps donné son nom à cette école philosophique (Montaigne et Pascal parlent de pyrrhonisme). Comme Socrate, Pyrrhon n'a rien écrit, à l'exception d'un poème dédié à Alexandre. Le grand événement de sa vie fut sa participation à l'expédition de celui-ci. Elle lui permit d'aller jusqu'en Inde et d'y rencontrer les « gymnosophistes », ces sages nus, c'est-à-dire les ascètes, qui stupéfiaient les Grecs par la maîtrise de leur corps et la rigueur de leurs exercices. Ce contact entre les deux mondes, grec et indien, ne détermina sans doute pas le contenu du scepticisme, mais il explique en partie le fond de relativité qui est au cœur de cette manière de penser.

La rencontre brusque entre deux cultures étrangères peut susciter deux effets contraires : le repli farouche sur soi et la négation de l'autre d'une part, la compréhension de l'étranger et le relativisme tolérant de l'autre.

Anecdote

On raconte sur Pyrrhon des anecdotes destinées à illustrer son mode de pensée. Un jour, il passa sans sourciller près d'un marécage où était en train de s'enfoncer l'un de ses disciples. Un autre jour, au cours d'une traversée en mer particulièrement tumultueuse, Pyrrhon montre à ses compagnons qui manquaient de courage un porc qui mangeait tranquillement dans son coin, leur disant qu'un sage devait observer un semblable calme.

Indifférence, tel est le maître mot du scepticisme, aussi bien du point de vue moral que du point de vue de la connaissance.

Indifférence et suspension

Ne pas faire de différence entre ceci (appelé « bien » ou « vrai ») et cela (appelé « mal » et « faux »), voilà le mot d'ordre des sceptiques. Cet état d'indifférence est la définition même de leur sagesse. Il coïncide avec la tranquillité d'âme et d'esprit. En toutes circonstances, il convient d'opter pour une *suspension* de jugement (*épokhè*, en grec, un terme que Husserl reprendra en un sens décalé). Positivement, cette suspension sera assimilée à l'impartialité, négativement, elle sera dénoncée comme un signe de nihilisme. Avec le scepticisme, toute détermination est impossible – que l'on prenne la détermination au sens subjectif comme la capacité à se décider, ou au sens objectif comme la définition d'un terme ou d'une situation.

L'allégorie le disait bien : toute séduisante qu'elle soit, la vérité n'est pas facile à approcher. Et il s'est trouvé des amants déçus qui se sont vengés de leur mauvaise fortune en faisant courir le bruit que la vérité n'existe pas. Solution radicale et pratique, en effet : à quoi bon dès lors chercher quelque chose qui n'existe pas ?

Il y a doute et doute

Les sceptiques ont été nommés « éphectiques », car ils suspendent leur jugement. Il y a eu dans l'histoire de la pensée (Descartes) un doute critique fécond qui, loin de nier l'existence de la vérité, cherche à la garantir contre toutes les incertitudes qui peuvent l'affaiblir. Rien de tel avec le doute sceptique, radical et destructeur.

L'argumentaire sceptique

Il existe quatre arguments sceptiques fondamentaux.

La contradiction des opinions

Aucune idée n'est jamais restée seule. Dès que l'une surgit, une autre, contraire, se dresse. Il n'y a rien d'incontestable ni d'irréfutable. Il n'y a pas de raison de se ranger derrière la pensée victorieuse : la force n'est pas un critère de vérité. Comment se retrouver dans un tohu-bohu d'idées qui s'entrechoquent ? Dans la guerre des théories, le sceptique se tient soigneusement à l'écart, refusant de soigner les blessés. Il fait le compte des morts avec une jubilation certaine.

La régression à l'infini

Anecdote

Qui n'en a jamais fait au moins une fois dans sa vie la désagréable expérience ? On a une démarche pressante à effectuer, on frappe à une porte, mais le préposé dit que c'est le bureau d'à côté ; ce deuxième bureau renvoie à un troisième, et le troisième à un quatrième, dans un mouvement qui semble ne jamais devoir finir. Un lecteur de dictionnaire cherche la définition d'un mot, mais dans cette définition, il y a un terme dont il ne connaît pas le sens ; le voilà déporté vers une deuxième définition, laquelle, à son tour, peut contenir un mot inconnu, et ainsi de suite.

Les sceptiques grecs, qui ne connaissaient ni administration ni dictionnaire, avaient parfaitement compris ce mécanisme : dans un ensemble de perpétuels renvois, l'esprit ne peut s'arrêter sur rien et, proprement, il n'arrive à rien. L'argument de la régression à l'infini dit qu'un énoncé ne peut être prouvé que par un énoncé antérieur, lequel à son tour renverra à un énoncé antérieur, et ainsi de suite. Dira-t-on que toute la chaîne s'amarre à une vérité indiscutable ? Les sceptiques ne le pensent pas : un énoncé ne peut pas être accepté sans preuve car, disent-ils, il n'existe pas un signe du vrai comparable à la marque imprimée sur le corps des esclaves et qui permet de les reconnaître lorsqu'ils sont en fuite. Pourtant, il faut bien en finir, c'est pourquoi, de guerre lasse, on fixera ce repère : un postulat. Seulement, le postulat est lui-même, par définition, invérifiable.

La nécessité des postulats invérifiables

Une chaîne peut être en théorie infinie, pourtant il faut bien qu'elle soit accrochée quelque part. La chaîne des raisons ou des preuves est analogue à celle des causes : il faut un terme premier qui attache toute la série qui suit. De même que, lorsque l'on pose la cause, puis la cause de la cause, puis la cause de la cause de la cause (régression à l'infini), on finit par arriver à l'idée d'une cause première qui elle-même n'est la conséquence de rien (ainsi les théologiens du Moyen Âge accepteront-ils l'idée que Dieu, qui est la cause de l'univers, n'est lui-même causé par rien), pour prouver la vérité d'un énoncé, il faut une preuve indiscutable, une proposition qu'il n'y aura plus à prouver (c'est cette proposition considérée comme évidente, mais indémontrable, que l'on appelle postulat).

Un peu de technique

Mais rien n'assure la solidité du postulat lui-même. De fait, lorsqu'au début du XXe siècle, les logiciens et mathématiciens ont examiné les bases des mathématiques, ils se sont aperçus que celles-ci étaient loin de posséder la solidité qu'on leur prêtait. Cette découverte a suscité une crise, la « crise des fondements ». Celle-ci a fini par être résolue (les mathématiciens finissent toujours par résoudre les problèmes qu'ils se posent à eux-mêmes), mais au prix de beaucoup de renoncements.

Le cercle vicieux

Le quatrième argument sceptique est connu sous le nom de diallèle en langage technique. Reprenons les exemples de l'administration et du dictionnaire. Si le bureau A renvoie au bureau B, le bureau B au bureau C, et si le bureau C dirige le sans-papiers vers le bureau A, une boucle a été bouclée, le point d'arrivée coïncide avec le point de départ. Un dictionnaire, même bien fait, n'évite pas des fautes logiques de ce genre. Ainsi Larousse définit-il la vérité (justement !) comme le « caractère de ce qui est vrai » et vrai comme « ce qui est conforme à la vérité ». Avec la vérité, on tourne en rond, ou on perd la boule. Doit-on y renoncer ?

Citation à retenir

> *À tout raisonnement on peut opposer un raisonnement de force égale*
>
> Sextus Empiricus

Réponses au scepticisme

En mettant l'accent sur la contradiction dont ils font la loi même de la pensée, les sceptiques commettent une double erreur : d'une part, ils confondent les contradictions insolubles avec celles qui ne sont que provisoires (la confrontation entre deux théories dure tant que l'esprit ne dispose pas encore de toutes les données, elle est à la fois normale et féconde, et elle cesse lorsque la vérité, justement, est enfin découverte) ; d'autre part, ils assimilent de manière illégitime le savoir à l'opinion. Tout n'est pas affaire d'opinion. Si Galilée sauve sa tête en abjurant, c'est bien parce qu'il est convaincu que la vérité scientifique, à la différence de la foi religieuse ou de la conviction politique, n'a pas besoin de martyr. L'existence des sciences suffirait à elle seule d'objection au scepticisme.

Un peu de technique

En outre, on pourrait reprendre, contre l'idée selon laquelle tout ne serait qu'une affaire d'opinion et qu'aucune opinion n'est meilleure qu'une autre, l'argument qu'utilisait Platon contre Protagoras : si vous admettez l'idée selon laquelle toutes les opinions se valent, alors admettez l'idée selon laquelle toutes les opinions ne se valent pas puisque c'est une opinion !

Le scepticisme est-il seulement possible ?

Un peu de technique

Le scepticisme n'est pas fondé à nier l'existence de la vérité. D'ailleurs, peut-il logiquement le faire ? Un sceptique conséquent devrait douter de tout au point de douter de son scepticisme même ! Car s'il ne le fait pas (et aucun sceptique ne l'a fait), alors il accepte implicitement cette vérité qu'il prétend anéantir. Dire en effet : « La vérité n'existe pas », c'est supposer, si l'on adhère à ce que l'on a dit, que ce que l'on dit est vrai : (la vérité est que) la vérité n'existe pas. L'énoncé de base du scepticisme serait ainsi logiquement impossible car son énonciation contredit son énoncé.

On connaît l'histoire de cet orateur qui faisait de longs discours pour essayer de prouver l'inutilité des longs discours, ou le livre intitulé *Mémoires d'un amnésique* – ce sont là des exemples de ce que les logiciens anglo-saxons ont appelé les contradictions performatives. En conclusion : le scepticisme, du moins le scepticisme absolu, est impossible, aussi impossible que le pessimisme absolu. Pascal faisait remarquer que le désespéré qui va se pendre n'a pas perdu tout espoir puisqu'il croit que son sort s'améliorera avec sa mort. La vérité est comme cela : on ne s'en débarrasse pas aussi facilement.

Sur l'argument de la régression à l'infini, on pourrait répondre qu'il n'est que théorique car, dans les faits, le système des mots et des idées forme un ensemble fini. Est-ce que l'existence de postulats comme points de départ de la science ruine son objectif d'atteindre la vérité ? Non. Les axiomes en mathématiques et les principes en physique constituent les cadres logiques à l'intérieur desquels ces sciences peuvent librement se déployer.

Quant au cercle vicieux, il est évité justement par ces énoncés originaires. Il y a une chaîne de raisonnement, le savoir n'est pas une roue de la fortune. Cela dit, si l'on prend le savoir dans sa totalité – ce qui, bien sûr, ne peut être qu'une vue de l'esprit – alors se retrouve une certaine circularité qu'exprime bien l'étymologie grecque de notre *en-cyclopédie*.

L'épicurisme : cueillir le jour

C'est le poète latin Horace, de philosophie épicurienne, qui a inventé cette expression devenue célèbre : *carpe diem*, « cueille le jour », où se condense une bonne part de la sagesse épicurienne.

Les épicuriens sont-ils des porcs ?

C'est Cicéron qui a lancé l'expression « pourceaux d'Épicure ». Cet orateur et homme politique brillant et cultivé, très éclectique, accueillait toutes les philosophies (Platon, Aristote, le stoïcisme...), toutes, excepté deux : le matérialisme et le scepticisme (ce seront aussi les impossibilités de Leibniz, autre éclectique génial).

Tous les idéalismes et spiritualismes sont tombés dans ce travers : dès qu'ils entendent le mot de « plaisir », ils imaginent d'invraisemblables orgies. Épicure non seulement a mené une vie simple, et même assez fruste, mais il n'a pas cessé de prêcher la modération. Car, avant de jouir, il convient d'abord de ne pas souffrir. Or, non seulement l'être humain dans sa folie ne sait pas maîtriser sa douleur, mais il ne cesse de multiplier les occasions de souffrir. En modérant ses désirs, nous enseigne Épicure, on ne souffre pas de ne pas atteindre la satisfaction.

Un jardin ouvert à tous

Platon enseigna dans l'Académie, Aristote dans le Lycée, les stoïciens dans le Portique et Épicure dans le Jardin. Ce Jardin, symbole de l'école (on dit philosophie du Jardin, ou même le Jardin, pour parler de l'épicurisme), a également valeur symbolique de refuge contre les agitations du monde. Épicure l'avait ouvert à tous, même aux femmes, même aux hétaïres (prostituées), même aux esclaves. Ce sens de l'universalité humaine est tout à fait nouveau et révolutionnaire : Platon et Aristote ne s'adressaient qu'aux jeunes gens libres, de riche famille.

La théorie des atomes

Épicure reprend à Démocrite l'idée selon laquelle, loin d'être divisible à l'infini (comme le pensait Aristote), la matière est constituée de grains insécables, les atomes, entre lesquels il n'y a rien.

À l'origine, les atomes tombent en pluie dans le vide, parallèlement les uns aux autres. Un hasard en a fait dévier quelques-uns de leur trajectoire. Grâce à cet événement imprévu, qui brise la chaîne du déterminisme, les corps peuvent se constituer ; une première déviation en entraîne un nombre indéfini d'autres (on songe à la réaction en chaîne lors d'une explosion nucléaire).

Épicure reprend cette image d'Aristote : les atomes se groupent dans un ordre et un arrangement variés, comme les lettres qui, tout en étant en petit nombre, produisent pourtant, quand elles sont diversement disposées, des mots innombrables.

Cette déviation originaire a souvent été interprétée comme un signe et une garantie de liberté dans le monde physique. À l'opposé de leurs contemporains stoïciens, les épicuriens accordent au hasard une place centrale. Il n'y a pas de Destin ni de Providence chez eux ; tout est affaire de hasard et de nécessité.

La matérialité de l'âme, des dieux, de l'univers et des sensations

Platon avait fait de l'âme un principe immatériel, entièrement étranger au corps. Pour Épicure, l'âme est constituée elle-même de matière ; elle est simplement plus légère, plus subtile que le corps. Elle se dissout à la mort comme une forme d'argile peut se dissoudre dans l'eau. Cette disparition doit permettre à l'homme de vaincre la plus tenace de ses peurs, celle de la mort.

L'épicurisme est et restera la seule philosophie matérialiste à ne pas nier l'existence des dieux. Les dieux sont conçus comme corporels, seulement leur corps est fait d'une matière très légère et, surtout, ils coulent des jours paisibles dans des mondes éloignés du nôtre sans se préoccuper de nos misères et de nos inquiétudes. Pour Épicure, l'homme a aussi peu affaire aux dieux qu'il a affaire à la mort : entre les hommes et les dieux, la rencontre n'a jamais lieu, comme entre les hommes et leur mort.

Épicure ne croit pas à la sphère dans laquelle Aristote et Platon, après Parménide, voulaient enfermer l'univers. Puisque les atomes sont en nombre infini, les mondes qu'ils forment sont eux aussi en nombre infini. L'univers qui contient cette infinité de mondes est entouré d'un vide infini.

Un peu de technique

Pour Épicure, toute idée vient d'une sensation. Là encore, l'opposition à Platon est radicale. À chaque instant, de fines pellicules, de même forme qu'elles, se détachent des choses à la manière de fantômes et viennent frapper notre sensibilité. Voir, entendre, c'est être touché par ces fantômes à partir desquels nous nous faisons du monde une certaine représentation. Telle est la théorie des simulacres par laquelle Épicure explique la sensation et la pensée. Les songes sont les effets que les simulacres produisent en nous et non des messages menaçants ou encourageants que les dieux nous envoient en profitant de notre sommeil (comme s'ils n'avaient que ça à faire).

Quant aux sens, Épicure ne pense pas qu'ils nous trompent. Je vois au loin une tour ronde. Je m'approche : je m'aperçois qu'elle est carrée. Est-ce à dire que mon œil m'a trompé ? Non, répond Épicure. Les sens ne nous trompent pas, c'est le jugement précipité par l'habitude qui nous met dans l'erreur à partir de ce qu'ils nous fournissent. Juger, c'est interpréter. En elle-même, la sensation est toujours véridique. Quand l'eau courbe un bâton, ma raison le redresse, dira La Fontaine. Pour Épicure même les idées des fous, même les rêves sont vrais parce qu'ils sont des traces laissées en l'esprit.

Une morale du bonheur

Confucius excepté, Épicure est peut-être le premier philosophe à avoir pensé un humanisme intégral, c'est-à-dire une conception de l'existence humaine sans autres postulats qu'humains. Sa morale est un eudémonisme, c'est-à-dire une morale du bonheur. Ce n'est pas, en effet, le Bien idéal qui est pour Épicure (comme il l'est pour Platon) le but et le sens de l'existence, mais le bonheur. La sagesse est à la fois le résultat et la condition de la vie heureuse.

L'épicurisme est également un hédonisme, c'est-à-dire une morale du plaisir, et c'est cet aspect qui l'a fait connaître et condamner. Aujourd'hui encore, un épicurien n'est pas celui qui approuve les termes des lettres à Pythoclès et à Ménécée (deux textes qui nous sont parvenus du philosophe) mais celui qui aime prendre son plaisir à table et au lit.

Le quadruple remède (introuvable en pharmacie) est le nom donné aux quatre thèses résumant la morale hédoniste épicurienne :

» **Les dieux ne sont pas à craindre**

» **Il n'y a point de risque à courir dans la mort**

» **Le bien est facile à se procurer**

» **Le mal est facile à endurer avec courage**

Il y a plaisir et plaisir

En fait, Épicure ne fait pas l'apologie du plaisir en lui-même mais prend soin d'établir des distinctions. D'abord, il différencie les plaisirs en repos et les plaisirs en mouvement. Les plaisirs en repos sont jugés meilleurs : ils correspondent à un état de bien-être immédiatement signalé par l'absence de souffrance. Ce sont les plaisirs en repos qui permettent de vivre l'ataraxie, cette absence de trouble par laquelle Épicure définit l'idéal de sagesse. Les plaisirs en mouvement peuvent être recherchés et goûtés mais ils instaurent un certain déséquilibre qui nuit à cet état de paix intérieure. Cette idée, ainsi que celle de la supériorité des plaisirs de l'âme sur ceux du corps, différencie fortement Épicure des Cyrénaïques.

En second lieu, Épicure distingue trois types de plaisirs :

- **Les plaisirs naturels et nécessaires (boire quand on a soif, manger quand on a faim) :** ce sont les meilleurs, il convient de s'y adonner.
- **Les plaisirs naturels et non nécessaires (boire et manger avec raffinement ou au-delà du besoin) :** ils ne sont pas mauvais en soi, mais le sage doit s'en méfier tout de même et n'en user qu'avec modération.
- **Les plaisirs non naturels et non nécessaires (l'ambition, l'amour des richesses et des honneurs) :** ils naissent de mauvaises représentations comme l'envie de varier ou le souci de plaire et de dominer, le sage doit les éviter absolument car ils sont fauteurs de troubles.

Le saviez-vous ?

Les Grecs en général et Épicure en particulier avaient très bien deviné l'état de dépendance dans lequel le désir des plaisirs factices peut nous plonger – ce que l'on nomme aujourd'hui addiction. Le plaisir est un signe de bonheur mais il peut être aussi une solide chaîne. Ainsi Épicure est-il l'un des premiers, sinon le premier, à distinguer besoin et désir, besoin et imagination du besoin.

Citation à retenir

Grâce soit rendue à la bienheureuse nature qui a fait que les choses nécessaires sont faciles à se procurer tandis que les choses difficiles à obtenir ne sont pas nécessaires.

Épicure

Puissance de la pensée

Ce qui trouble les hommes, ce ne sont pas les choses, remarque Épicure, ce sont les jugements qu'ils portent sur les choses. Le philosophe raisonne ainsi : la mort ne nous concerne pas, nous n'avons en rien affaire avec elle puisque tant que nous sommes en vie, elle n'est pas là, et quand elle est là, nous n'y sommes plus. Il n'y a entre elle et nous aucune rencontre possible : c'est littéralement elle ou nous.

Citation à retenir

Pourquoi ne te retires-tu pas de la vie comme un convive rassasié et ne te résignes-tu pas, sot que tu es, à prendre un repos exempt de souci ?

Épicure

L'hédonisme, comme morale du plaisir, comprend deux versants : la recherche du plaisir et la maîtrise de la douleur (lorsque celle-ci ne peut pas être esquivée). Plus qu'un jouisseur, le sage épicurien est un homme qui sait maîtriser sa douleur. La puissance de la pensée du sage est supposée telle que celui-ci serait heureux jusque dans le ventre du taureau de Phalaris.

Anecdote

Phalaris était un tyran d'Agrigente, en Sicile (IVe siècle av. J.-C.) qui avait fait construire un artistique instrument de torture destiné tour à tour à faire parler et à faire taire les récalcitrants : un taureau de bronze creux à l'intérieur et sous le ventre duquel on pouvait allumer du feu. Phalaris se divertissait à entendre les cris des malheureux qu'il y avait enfermés transformés en mugissements grâce à la bouche du taureau de bronze. Kierkegaard interprétera le taureau de Phalaris comme symbole de la métamorphose de la souffrance en beauté...

Sage, mais seul à l'être ?

On a, d'un point de vue chrétien, reproché son égoïsme à la morale d'Épicure. La tranquillité d'âme, très bien, mais qu'en est-il des autres ? Lorsque Épicure nous dit que nous ne rencontrons jamais la mort et que, dès lors, nous sommes fous de la craindre, l'argument vaut pour la mort propre, personnelle. Il vacille devant l'expérience du deuil. C'est bien, en effet, la mort de l'autre qui nous fait souffrir et non la nôtre, ni la mort en général, dans l'abstrait.

Le sage épicurien serait-il voué à une radicale solitude ? Non, si l'on considère le rôle cardinal dévolu à l'amitié dans cette philosophie (on ne manquera pas de noter, dans la culture occidentale, une fois de plus, l'absence du couple, auquel notre modernité accorde une telle importance).

Livre décisif

De la nature de Lucrèce est le seul poème philosophique de toute l'histoire occidentale qui soit à la fois un chef-d'œuvre de poésie et un chef-d'œuvre de philosophie (les prétendus poèmes philosophiques de Voltaire mettent des idées de garçon coiffeur en vers de mirliton). Il s'agit d'un exposé complet de la philosophie épicurienne effectué par le poète latin Lucrèce, dont on ne connaît pratiquement rien. Saint Jérôme, plus tard, fera courir le bruit que ce philosophe, qu'il détestait pour son matérialisme, était devenu fou à cause d'un aphrodisiaque et qu'il s'était suicidé.

Comme chez Épicure, la physique matérialiste est exposée comme le moyen le plus sûr pour parvenir à l'ataraxie, cette paix de l'âme qui doit la débarrasser de ses tourments et, en particulier, du premier d'entre eux, la peur des dieux et de la mort. La religion est, aux yeux de Lucrèce, une superstition qui plonge les hommes dans l'angoisse et le désespoir. La philosophie, elle, a une fonction libératrice.

Il n'y a rien d'autre dans la nature que des atomes et du vide (livre I). Lucrèce donne des exemples géniaux à l'appui de cette hypothèse : l'usure des pièces de monnaie et le vent qui courbe les arbres prouvent qu'il existe une matière invisible dont sont constitués les corps visibles (la nature est le théâtre de mouvements et de changements incessants : rien ne naît de rien, rien ne va à rien, tout se transforme).

L'âme est faite d'atomes comme le reste, elle se disperse à la mort – laquelle n'a pas à être crainte puisqu'elle abolit toute sensation. Les châtiments de l'enfer ne sont que des fariboles. La pensée vient des sensations, lesquelles naissent à partir des simulacres que ne cessent de diffuser les êtres et les choses. Il arrive que l'on soit trompé, comme dans les rêves, par nos impressions (Lucrèce fait une analyse pertinente des pollutions nocturnes suscitées par les images érotiques pendant le sommeil). Les illusions cultivées par les philosophes comme Platon (l'amour idéal) sont de ce type. Le monde n'est pas cette perfection que les pythagoriciens et les platoniciens ont imaginée : il est le produit du hasard des rencontres d'atomes.

La préhistoire ressentie

Dans le livre V de son poème, Lucrèce dresse un tableau saisissant des premiers temps de la vie humaine : à l'opposé du mythe de l'âge d'or, très largement dominant dans l'Antiquité, il imagine des individus plus animaux qu'humains menant dans la forêt une existence sauvage et précaire. Texte remarquable, unique en son genre et en son temps, qui anticipe sur des idées et des connaissances qui ne surgiront que près de vingt siècles plus tard !

Citation à retenir

Les hommes alors vivaient dans les campagnes, plus durs, naturellement, puisqu'une terre dure les avait créés.

Épicure

Dans le sixième et dernier livre (ou chant) de son poème, Lucrèce évoque les cataclysmes que les hommes, assez ignorants pour redoubler leur terreur, attribuent aux dieux : le tonnerre, l'éclair, la foudre sont naturels, ils ont des causes naturelles. Ainsi la connaissance véritable de la nature des choses nous conduira-t-elle à cette paix de l'âme qui est à la fois liberté et bonheur.

Citation à retenir

Aucun malheur ne peut atteindre celui qui n'est plus ; il ne diffère en rien de ce qu'il serait s'il n'était jamais né, puisque sa vie mortelle lui a été ravie par une mort immortelle.

Épicure

Le stoïcisme : suivre l'ordre des choses

Le stoïcisme est le nom générique donné à une école philosophique dont la durée d'existence couvre une bonne part de l'Antiquité gréco-romaine, depuis le IVe siècle av. J.-C., date de sa fondation, jusqu'au VIe siècle, date à laquelle l'empereur de Byzance, pris d'un accès de bigoterie chrétienne, ferme les écoles philosophiques d'Athènes.

Les historiens distinguent trois stoïcismes : le stoïcisme ancien, celui des fondateurs (Zénon de Citium, Cléanthe, Chrysippe), le stoïcisme moyen (Panétios, Posidonios), marqué par un certain éclectisme (on y retrouve des thèmes platoniciens, aristotéliciens et épicuriens) et le nouveau stoïcisme ou stoïcisme impérial (Épictète, Sénèque, Marc Aurèle).

Les grandes idées du stoïcisme nous sont connues indirectement : les œuvres du stoïcisme ancien ont été perdues (ne subsistent que des fragments), les œuvres d'Épictète, de Sénèque et de Marc Aurèle ont en revanche été épargnées par les hasards de l'Histoire, mais leur inflexion exclusivement éthique ne donne pas une image juste du caractère total de cette grande philosophie.

Le saviez-vous ?

Le terme « stoïcisme » vient d'un mot grec signifiant « portique » parce que Zénon de Citium, le fondateur de l'école, enseignait sous un portique. On dit le Portique pour désigner l'école stoïcienne.

Toute la philosophie dans un œuf

Les stoïciens comparaient la philosophie à un œuf :

» **La logique est la coquille**

» **La physique est le blanc**

» **L'éthique est le jaune**

Ils la comparaient aussi au corps humain :

» **La logique est le squelette, elle traite du bien-penser**

» **La physique est la chair, elle traite du bien-ordonner**

» **L'éthique est l'âme, elle traite du bien-vivre**

Le saviez-vous ?

Ce sont les stoïciens qui les premiers ont appliqué le terme de système à la philosophie considérée dans son ensemble. Jusqu'alors, le mot désignait l'ensemble en général, ou plus spécialement la compagnie, la troupe. À aucun moment, Platon ou Aristote n'ont pensé leur philosophie comme formant système : c'est à nos yeux, lecteurs modernes, qu'il existe un système de Platon ou un système d'Aristote. Avec les stoïciens, la philosophie prend conscience d'elle-même comme d'un système, par cette tripartition de la logique, de la physique et de l'éthique.

La logique du Portique

Elle comprend la rhétorique, la grammaire (introduite par Chrysippe en son sens actuel) et la logique proprement dite. Elle traite par conséquent des éléments et des règles du langage et de la pensée.

À la différence de la logique aristotélicienne fondée sur les termes qui correspondent à une vision réaliste de la métaphysique (quand je dis que Socrate est en prison, je désigne un être situé dans un lieu objectif), la logique stoïcienne prend appui sur une métaphysique du changement, d'où le rôle central dévolu à la proposition.

Un peu de technique

Toute proposition est faite de trois éléments :

» **La parole (qui est un son)**

» **La chose signifiée (le référent)**

» **L'exprimable, c'est-à-dire le contenu de pensée induit par la parole**

Alors que la parole et la chose sont des corps (des réalités physiques), l'exprimable est un incorporel. Seul l'exprimable peut être qualifié de vrai ou de faux. Un mot n'est ni vrai ni faux, une chose non plus. Les stoïciens ont été les premiers à dégager clairement les termes de cette tripartition qui constituera, au Moyen Âge, le cadre de la célèbre querelle des universaux.

L'univers est un grand animal, pas une grosse bête

L'univers des stoïciens n'est pas une mécanique faite de matière et de mouvement – telle est l'image que nous en donnera la physique moderne – mais un grand vivant analogue à un gigantesque animal. Dans ce corps universel, tout est mélangé. Ou bien d'un mélange relatif (à la manière d'une salade auvergnate, où la verdure, le fromage, le jambon sont encore distincts – la comparaison n'est pas des stoïciens) ou bien d'un mélange total (à la manière du lait dans le café où les deux ingrédients ne sont plus distincts – la comparaison n'est pas des stoïciens non plus).

L'univers est plein de feu et d'esprit, à la manière dont le vin est mélangé à l'eau (la comparaison, cette fois, est stoïcienne). L'âme de l'homme est une étincelle du feu divin universel. Il y a donc quelque chose de divin en l'homme mais aussi dans n'importe quelle partie de la nature.

La conception stoïcienne de l'univers est donc à la fois hylozoïste (l'univers matériel est vivant) et panthéistique (il est de nature divine). Cette cosmologie et cette physique de la solidarité universelle jettent les bases d'une éthique et d'une politique elles aussi universelles.

Un peu de technique

La sympathie universelle

Les stoïciens répètent le mot d'Hippocrate que, plus tard, Leibniz reprendra à son compte : « Tout conspire. » Cet état de *sympathie* (le mot grec est ici pris en son sens exact d'affection commune) unit les hommes à l'univers entier. Avec les stoïciens, nous sommes aux antipodes de l'univers disloqué et hiérarchisé de Platon et d'Aristote. C'est dans ce contexte qu'il convient de comprendre la croyance des stoïciens en l'astrologie, si curieuse et plutôt rare chez les philosophes. S'il existe une sympathie entre l'homme et l'univers, les astres doivent avoir une influence sur son existence.

Citation à retenir

Tout ce qui arrive à chacun est utile au Tout

Marc Aurèle

Anecdote

Il y avait eu des cyniques assez provocateurs pour rejeter toutes les conventions – même celles qui interdisent la promiscuité sexuelle au sein des familles et l'absorption de chair humaine. Le stoïcien Chrysippe justifie lui aussi l'inceste et l'anthropophagie, mais pour une raison différente : puisque le mélange est la loi universelle de la nature, aucune action qu'il met en œuvre ne saurait être mauvaise... En fait, toute union est incestueuse si tous les hommes ne forment plus qu'une seule famille. Et la consommation de chair humaine, quant à elle, est une façon de recycler les corps, qui ne font que passer les uns dans les autres. (Tu reprendras bien un petit morceau de mémé ?)

Fins de mondes : la roue éternelle du temps

Puisque les parties du monde (les êtres et les choses) finissent par disparaître, le tout du monde doit lui aussi finir par disparaître. Ainsi raisonnaient les stoïciens. À la fin d'une période, le monde brûle dans une conflagration universelle, d'où surgira un autre monde semblable, sinon identique au précédent. Héraclite est l'inspirateur de cette théorie de l'éternel retour que l'on peut interpréter selon l'esprit comme le symbole de la permanence de la nature à travers ses péripéties ou, selon la lettre, comme l'expression de la répétition en tant que loi absolue des événements.

Sénèque dit qu'après la conflagration, Zeus (le dieu universel) se trouve livré à ses propres pensées (puisque le monde cesse momentanément d'exister), ce qui correspond au fait d'admettre une existence indépendante de Dieu vis-à-vis du monde. Cette idée entre en tension avec le panthéisme stoïcien qui fait de Dieu un feu artiste immanent aux choses qu'il produit et le compare à un miel coulant dans les rayons. Sur ce point les auteurs ne présentent pas de doctrine homogène et unifiée.

Citation à retenir

Tout, de toute éternité, est identique d'aspect et repasse par les mêmes cycles.

Marc Aurèle

Le Destin et la Providence

À l'opposé de l'univers épicurien gouverné par le hasard, l'univers stoïcien est dirigé par le Destin et la Providence. Le Destin est aveugle, il n'a ni visage, ni intention ; aucun temple ne lui a jamais été dédié, ni aucune prière consacrée. La Providence, elle, est intelligente et bienveillante. Ce n'est pas elle qui s'acharnerait, comme le fait le Destin, sur le malheureux Œdipe dont le premier crime, qui déclenche les autres, est d'être né. Le Destin est impersonnel, la Providence est personnelle. Le christianisme, bien sûr, reprendra l'idée de Providence et rejettera celle de Destin. Mais les deux idées coexistent chez les stoïciens, certains auteurs mettant l'accent sur l'une, certains sur l'autre.

Citation à retenir

Les destins conduisent celui qui veut, ils traînent celui qui ne veut pas.

Sénèque

Anecdote

Zénon donna le fouet à son esclave qui le volait (ce qui, entre parenthèses, prouve un certain énervement chez un philosophe qui fait profession de calme d'âme) : « C'est mon destin qui m'a poussé à voler, répartit l'esclave impertinent qui ne connaissait que trop bien les idées de son maître.– Et à être battu aussi ! » répliqua Zénon.

Entre Raison et raison

L'univers est pénétré par la Raison, qui est bonne. Dès lors, il n'y a pas de mal absolu, pas de mal objectif par rapport au Tout. Leibniz reprendra l'argument dans sa *Théodicée*. Ce que nous appelons mal, ou croyons mauvais, ne l'est que par rapport à notre petit angle de vision. Rapportée au Tout, chaque chose est bonne.

Le finalisme stoïcien, qui se présente sous la forme d'un providentialisme, n'a pas su éviter quelques excès : ainsi certains auteurs vont-ils jusqu'à souligner l'utilité colossale des puces qui ont pour fonction de nous réveiller d'un sommeil qui, sans elles, risquerait d'être trop long et celle des souris qui nous poussent par leur seule présence à veiller au bon ordre de nos affaires.

Un peu de technique

La devise stoïcienne « Vivre selon la nature » n'est simple qu'en apparence. Une équivoque analogue en grec existe en français : de quelle nature s'agit-il ? Du grand Tout (de l'ordre cosmique) ou bien de son caractère propre ? Ce n'est, en effet, pas la même chose que de vivre selon l'ordre cosmique des choses ou bien selon sa propre disposition intérieure (qui peut être comique).

Cela dit, à un niveau plus profond, les deux lectures finissent par se rejoindre. Car la nature de l'être humain, c'est la raison. L'ordre cosmique, c'est la Raison. La raison qui est en nous est une étincelle de ce feu central qu'est la Raison qui ordonne le Tout des êtres et des choses. Il n'y a donc pas de contradiction entre suivre sa nature (qui est rationnelle) et suivre la nature (qui, elle aussi, est rationnelle).

Citation à retenir

Si tu veux tout te soumettre, soumets-toi à la raison.

Sénèque

Distinguer ce qui dépend ou non de nous

La morale stoïcienne repose sur une distinction première entre ce qui ne dépend pas de nous et ce qui dépend de nous. Ne dépendent pas de nous les circonstances extérieures, c'est-à-dire tout ce qui appartient au Destin, à la société et au corps. Dépendent de nous les idées que nous nous faisons en nous-mêmes. Le fait de mourir, par exemple, ne dépend pas de nous ; la façon dont nous mourons, notre attitude vis-à-vis de la mort, en revanche, dépend de nous.

Citation à retenir

Partage des choses : ce qui dépend de nous, ce qui ne dépend pas de nous. Ce qui dépend de nous : l'impulsion, le désir, l'aversion – en un mot, tout ce qui est notre œuvre propre. Ce qui ne dépend pas de nous : la propriété, la réputation, le pouvoir – en un mot, tout ce qui n'est pas notre œuvre propre

Épictète

Épictète était esclave, Marc Aurèle était empereur : cette situation objective ne dépendait pas d'eux. Mais la façon dont Épictète vivait sa servitude, la façon dont Marc Aurèle vivait sa charge d'empereur, cela dépendait d'eux. Même si nous ne sommes pas maîtres des représentations qui sont causées par des facteurs externes, nous sommes libres de leur donner ou non notre assentiment. La souffrance, par exemple, ne dépend pas de nous, mais l'importance que nous lui donnons, si. Sur ce point, le stoïcisme est assez proche de l'épicurisme : c'est folie que de pleurer ou rire sur des choses qui ne sont pas en notre pouvoir. Nous ne pouvons en fait pleurer et rire que sur nous-mêmes.

Citation à retenir

> *Ne demande pas que ce qui arrive arrive comme tu veux. Mais veuille que les choses arrivent comme elles arrivent, et tu seras heureux.*
>
> **Épictète**

Anecdote

Pour illustrer la distinction entre ce qui dépend et ce qui ne dépend pas de nous, Chrysippe prend l'image d'un cylindre que l'on ferait rouler sur un plan incliné : son mouvement viendrait d'une part de causes externes (l'impulsion initiale, la pente), d'autre part de causes internes (la nature propre du cylindre déterminée par sa forme). De même, l'action du sage sera un mélange de liberté (la cause interne) et de destin (les facteurs externes). Le cylindre de Chrysippe figure ce mélange.

Typologie des actions

Les actions sont ou bonnes ou mauvaises ou indifférentes. Le sage s'efforcera d'accomplir les premières et de fuir les secondes. Quant aux indifférentes, il adoptera vis-à-vis d'elles une attitude indifférente aussi.

Épictète disait que les matières sont indifférentes et que c'est la manière d'en user qui ne l'est pas. Le but d'un archer, c'est la cible (symbole des valeurs matérielles) qu'il atteint ou manque, selon les circonstances. Mais la fin véritable de l'archer, et qui, elle, est toujours atteinte, est la visée même, l'action de tendre vers la cible.

L'effort sur soi en vaut la peine

Un peu de technique

Il est paradoxal que la philosophie qui a donné au Destin une telle importance ait été aussi celle qui a fait de l'effort sur soi le centre de son éthique. C'est ce travail sur soi qui va volontiers jusqu'à l'ascèse (ce mot, en grec, signifie « exercice ») qui a popularisé le stoïcisme au point que stoïque signifie « patient », « impassible » (rester stoïque dans une rage de dent).

On comprend aussi que cette dimension de la morale stoïcienne a pu séduire nombre de chrétiens plus tard.

Anecdote

Un jour, le maître d'Épictète très en colère contre son esclave le frappe violemment à coups de bâton : « Attention, dit Épictète, si tu continues à me frapper ainsi, tu vas me casser la jambe ! » Le maître continue. Il continue si bien qu'à la fin il casse la jambe d'Épictète. « Tu vois, dit celui-ci, tu m'as cassé la jambe ! Comment pourrais-je travailler pour toi à présent ? »

Éloge de l'apathie

Dans la caractérologie de Le Senne, l'apathique est celui qui n'est ni actif ni émotif. Il se distingue de l'amorphe en ce qu'il est primaire (il réagit immédiatement) plutôt que secondaire (on appelle ainsi celui qui réagit avec un temps de retard).

Le terme d'apathie en grec n'avait pas ce sens négatif. Il signifiait « absence de passion », la passion désignant tout ce qui vient toucher, affecter l'être humain sans que celui-ci y soit pour quelque chose. L'apathie est au stoïcisme ce que l'ataraxie est à l'épicurisme : un idéal de tranquillité intérieure, synonyme de sagesse acquise.

La maîtrise de la mort

La mort fait partie du destin des hommes mais ceux-ci ont la capacité de lui faire bon accueil. Les épicuriens avaient souvent dit que la crainte de la mort est une folie. Les stoïciens vont plus loin en faisant l'éloge de la mort volontaire. Le suicide que les Romains pratiqueront est l'accomplissement pathétique et spectaculaire de cet effort sur soi qui caractérise la morale stoïcienne.

Citation à retenir

La mort, qu'est-elle ? Un épouvantail. Retourne-le et tu verras; regarde, il ne mord pas.

Épictète

Anecdote

Sénèque a cette particularité d'avoir été à la fois un très grand philosophe et un très grand auteur dramatique. S'il fut aussi le précepteur de Néron, on ne peut pas dire qu'il ait réussi à inculquer une once de sagesse à son élève. Néron, devenu l'empereur fou que l'on connaît, soupçonna son ancien maître d'avoir trempé dans une conjuration dirigée contre lui et lui intima l'ordre de se suicider. Sénèque s'ouvrit les veines. Il eut donc une certaine maîtrise de sa mort, mais peut-on pour autant y voir un acte stoïcien?

Le citoyen du monde trouve cité à sa mesure

La solitude du sage n'est pas un isolement. À l'opposé de l'épicurien qui vivait caché à l'écart des agitations du monde et d'abord de celles du monde politique, le stoïcien se sent solidaire du monde de la nature et du monde des hommes. Il se vit comme citoyen du monde (cosmopolite) – une expression déjà utilisée par les cyniques mais reprise ici en une direction plus nettement positive.

Le saviez-vous ?

Le stoïcisme est apparu en cette époque dite hellénistique où l'ancien cadre étroit et protecteur de la cité grecque avait disparu au profit des empires et des royaumes de vastes dimensions. Par-delà les lois propres à chaque pays, existe une loi naturelle commune à tous les hommes, qui sont tous également des animaux raisonnables (cette définition de l'homme comme animal raisonnable est stoïcienne). C'est la toute première apparition de l'idée de droit naturel

(Cicéron), qui sera bientôt assumée par la pensée chrétienne. Le fait que l'école stoïcienne ait été représentée à la fois par un esclave (Épictète) et par un empereur (Marc Aurèle) est le symbole le plus clair de cette solidarité objective entre tous les êtres pensants, unique dans l'Antiquité.

L'empire romain constitua un cadre politique particulièrement bien adapté à cette pensée. Corollairement, le stoïcisme fut un rouage important dans l'idéologie impériale. Le monde entier est comme une cité, écrit Marc Aurèle, l'empereur stoïcien.

Portrait

Marc Aurèle fut le seul roi philosophe. S'il y eut dans l'histoire de la philosophie des philosophes qui eurent des fonctions politiques importantes (Boèce, Thomas More, Francis Bacon ont occupé des postes équivalents à celui de premier ministre dans un État moderne), seul Marc Aurèle a eu le pouvoir suprême. Et pas n'importe lequel : empereur de Rome au moment historique de son extension maximale (IIe siècle) !

Et Marc Aurèle n'a pas été un simple sympathisant du stoïcisme : les pensées qu'il a rédigées au jour le jour et connues sous le titre de *Pensées pour moi-même* sont un chef-d'œuvre de la littérature philosophique universelle. Elles témoignent d'une grandeur d'âme exceptionnelle.

Citation à retenir

Il doit nécessairement craindre beaucoup, celui qui est craint de beaucoup.

Sénèque

Une grande situation est un grand esclavage.

Marc Aurèle

De la théorie à la pratique

Cette philosophie transparaît-elle dans l'action politique ? La réponse à une telle question n'est pas évidente : d'un côté, Marc Aurèle a fait preuve d'une incontestable sagesse dans l'administration de son empire, mais cela ne l'a pas empêché de mener des guerres et de poursuivre les persécutions contre les chrétiens (c'est sous son règne que la fameuse Blandine fut martyrisée à Lyon). Mais surtout, Marc Aurèle passa le pouvoir à son fils Commode – un fou furieux, bien pire que Néron. C'était un dur cas de conscience pour Platon déjà : s'il existe une science du pouvoir, comment expliquer qu'elle ne se transmette pas de maître à disciple ou de père en fils ?

DANS CE CHAPITRE

Jérusalem substituée à Athènes

•

Les fous de Dieu : sectes et hérésies dans le sillage de la révolution chrétienne

•

Plotin, dernier philosophe de l'Antiquité païenne

•

Saint Augustin et l'invention du moi

Chapitre 7

La fin de l'Antiquité et le début du Moyen Âge

La révolution chrétienne

Formés à l'école républicaine et laïque, les historiens de la philosophie ne s'attardent pas de bonne grâce sur l'impact qu'ont pu représenter pour la philosophie l'apparition puis la domination de la religion chrétienne. Pourtant, à partir de saint Augustin, il n'y aura en Europe plus aucune pensée d'envergure qui ne se déterminera sans ce socle de valeurs et de croyances que représente le christianisme. Toute la philosophie du Moyen Âge est imprégnée par le dogme et l'esprit religieux. Et si la Renaissance desserre l'étau, il faudra attendre le XVIIIe siècle pour voir apparaître des philosophes réellement indépendants des concepts chrétiens.

L'infini devient parfait : l'esprit grec est fini !

Les Grecs avaient identifié le parfait au fini. Le mot même d'infini, qui est négatif, nous vient d'un équivalent latin du mot grec : le parfait est fini, l'infini est imparfait.

Le monothéisme chrétien subvertit cela : c'est l'infini, attribué au Dieu tout-puissant et omniscient, créateur du Ciel et de la Terre, qui devient la perfection, le fini étant ravalé au rang subordonné de limitation.

Le Verbe, puissance de l'esprit

Au commencement, dit l'Évangéliste, était le Verbe, qui était Dieu. C'est par la parole, en effet, que Dieu crée (Dieu *dit*). Et ce Dieu qui crée parle à ses créatures : Apollon et Aphrodite sont muets, ils n'ont rien à dire aux hommes. Le christianisme, dérivé du judaïsme, introduit un dialogue d'un genre inouï : Dieu parle aux hommes, les hommes s'adressent à Dieu. Jésus est l'incarnation du Verbe : c'est pour parler aux hommes qu'il est venu parmi eux, et non pour faire des miracles (on ne l'a pas attendu pour boire du vin au repas de noces).

Citation à retenir

L'esprit certes est ardent mais la chair est faible.
Je suis la voie, la vérité et la vie.

Jésus

La mort vaincue

Lors de son premier discours à l'aréopage d'Athènes, saint Paul, le véritable fondateur du christianisme, son Platon (Jésus étant son Socrate), fait rire les rares auditeurs en annonçant la résurrection du Christ.

Dans la mythologie grecque, seul Héraclès avait eu l'insigne honneur d'être élevé au rang de dieu après sa mort – il faut dire qu'il ne l'avait pas volé (les travaux, le martyre final...). Pour un Grec, l'immortalité existe mais elle n'appartient qu'à ceux qui se sont, durant cette vie, couverts de gloire. C'est une immortalité du souvenir.

Certes, il y a bien une vie après la mort, mais cette vie n'en est pas une, c'est une existence d'ombre, de fantôme, une pâle et triste copie de l'autre.

La religion nouvelle repose sur cette chose incroyable : tout homme – même le plus humble – est promis à la résurrection. Celle du Christ est un modèle, un exemple. On comprend qu'elle comble saint Paul d'enthousiasme : « Ô mort, où est ta victoire ? Ô mort, où est ton aiguillon ? »

Citation à retenir

C'est dans la foi qu'ils sont tous morts, sans avoir obtenu les choses promises, mais ils les ont vues et saluées de loin, reconnaissant qu'ils étaient étrangers et voyageurs sur la terre. Ceux qui parlent ainsi montrent qu'ils cherchent une patrie.

Saint Paul

L'éternité au-dessus du temps

La pensée chrétienne considère le temps comme une image transitoire et imparfaite de l'éternité qui est le temps de Dieu, le temps du Ciel, le temps hors du temps. Les Grecs n'avaient pas la notion de cette dimension transcendante : pour eux, l'éternité n'était qu'un temps indéfiniment prolongé dans le passé et dans le futur. Avec le christianisme, l'éternité échappe au temps ; même l'immortalité n'en donne qu'une image approximative.

Un peu de technique

Lorsqu'il est dit dans la Genèse qu'au commencement Dieu créa le Ciel et la Terre, il ne faut pas interpréter ce commencement comme une date historique, à la manière dont nous disons que la Seconde Guerre mondiale commence le 1er septembre 1939. Le monde n'a pas été créé dans le temps, insistera saint Augustin, puisque le temps implique le changement et que seules changent les choses déjà créées. Dieu restant toujours identique à soi (puisque éternel), il faut supposer que le monde et le temps commencent ensemble. En créant le monde, Dieu crée le temps.

Pareillement, l'histoire détaillée des six jours de la Création racontée dans la Genèse ne doit pas être comprise à la lettre. N'allons pas croire que Dieu a commencé un lundi comme un employé de bureau et qu'il a terminé sa semaine le samedi soir (à l'époque, on ignorait la possibilité de la semaine de cinq jours et la notion de week-end était encore inconnue). Le monde, dit saint Augustin, a été créé en une seule fois. Il ne faut pas confondre l'ordre d'exposition et l'ordre chronologique – de même que lorsque je dis que 6 vient *après* 5, je ne prétends pas dire qu'il lui succède dans le temps.

L'amour, pour la première fois

Il y a un pathétisme chrétien, une tendance chrétienne au pathos. L'amour de Dieu peut s'entendre en deux sens : l'amour que les hommes ont pour Dieu (génitif objectif) et l'amour que Dieu a pour les hommes (génitif subjectif). Ces deux dimensions sont corrélatives. Il faut même y ajouter une troisième : l'amour des hommes les uns pour les autres.

La charité a ces deux directions : horizontale, l'amour du prochain, et verticale, l'adoration de Dieu (aucune association d'idées graveleuses ne sera tolérée en un moment aussi sérieux). Avec la charité, c'est une valeur nouvelle qui entre dans le ciel de la pensée. Les Grecs connaissaient l'amitié, la philanthropie, ils ignoraient la charité.

La morale remplace l'éthique

La philosophie, depuis ses origines, a presque toujours pensé l'idéal d'humanité à travers un élitisme particulièrement réducteur. Le philosophe, le citoyen est un homme (pas une femme) et un autochtone (pas un barbare). Quant à l'enfant, il n'existe tout bonnement pas (le père a même droit de vie et de mort sur lui). Avec le christianisme, l'idée d'âme change radicalement de sens : elle perd sa dimension physique, vitale (l'animation), pour devenir principe métaphysique appartenant en tant que tel à chaque être humain (le débat sur l'âme des femmes n'est pas représentatif de l'orthodoxie). Créée spécialement par Dieu (les parents se contentant, si l'on peut dire, du corps de l'enfant), l'âme est promise à l'immortalité.

La philosophie chrétienne hérite de l'universalisme stoïcien et romain. Sous le regard de Dieu, dit saint Paul, il n'y a plus ni hommes ni femmes, ni Juifs ni Grecs, mais des hommes qui sont tous frères. Les prescriptions en termes de comportement et de mode de vie sont censées être suivies par tous. Nous sommes ici encore aux antipodes de l'éthique grecque, qui visait une excellence particulière et même singulière (le souci de soi). N'importe qui ne pouvait devenir sage ; n'importe qui en revanche peut devenir bon chrétien.

Les limitations de la raison

Un peu de technique

« Je crois parce que c'est absurde », dit Tertullien, en faisant référence aux mystères de la religion chrétienne, incompréhensibles à la seule lumière de la raison : les miracles (marcher sur l'eau), la Trinité (Dieu, un en trois), l'Incarnation (Dieu fait homme), la Résurrection (la mort puis de nouveau la vie). On a fait de cette phrase le symbole de l'abrutissement religieux. Mais il y a une manière de la sauver : ce n'est pas que l'absurde soit la cause de la croyance (sous-entendu : plus c'est idiot, plus j'y crois), mais plutôt que l'absurde ne peut être qu'objet de croyance (le reste, qui n'est pas absurde, peut être connu et compris, il n'a donc pas à être objet de croyance, on ne dira pas : *je crois que* l'homme meurt et que certains arbres perdent leurs feuilles à l'automne).

Le pessimisme chrétien

La religion de la plus grande espérance est aussi celle du plus grand désespoir. Avec le christianisme, le mal fait une entrée fracassante dans le monde. Les Grecs connaissaient l'erreur logique et la faute sociale. Ils ignoraient le péché que les chrétiens vont introduire et que Nietzsche assimilera à un poison de l'esprit. Le péché est une transgression de la loi de Dieu par l'homme, mais il est aussi beaucoup plus qu'un acte particulier : le signe, la preuve d'une espèce d'indignité existentielle qui éloigne infiniment l'homme du Dieu parfait. Le christianisme cultivera cette chose inédite : la mauvaise conscience.

Nul n'est méchant volontairement, disait Socrate. Mon Dieu, pardonnez-leur car ils ne savent ce qu'ils font, s'écrie Jésus sur la croix. Saint Paul lui répondra en écho : je vois le meilleur et je l'approuve, et pourtant je fais le pire. La conscience chrétienne est une conscience déchirée. Certes, les Grecs connaissaient le tragique, mais chez eux l'abîme était entre l'homme et le Destin. Avec le christianisme, l'opposition devient intérieure : c'est l'être en lui-même qui est et vit déchiré. Les grands philosophes chrétiens, saint Augustin, Pascal, Kierkegaard, seront pour cette raison les véritables inventeurs de l'existentialisme. Avec eux, un nouveau *sens* entre dans l'histoire de la pensée.

Citation à retenir

Nous savons que la loi est spirituelle mais moi, je suis charnel, vendu au péché. Car je ne sais pas ce que je fais : je ne fais pas ce que je veux et je fais ce que je déteste.

Saint Paul

Dieu et César : différentes pointures

L'Antiquité mêlait religion et politique : presque toujours, presque partout, le pouvoir était à la fois théologique et politique, sacré et profane, céleste et terrestre. L'empereur romain devait être vénéré comme un dieu et des temples lui étaient consacrés. Les persécutions antichrétiennes n'ont pas eu de causes à proprement parler religieuses : les Romains intégraient avec une inconsciente tolérance à peu près tous les cultes étrangers. Ce qu'en revanche ils ne pouvaient ni tolérer ni *a fortiori* intégrer, c'était l'attitude de ceux qui ne croyaient qu'en un seul Dieu, à l'exclusion de toute autre puissance.

Rendez à César ce qui appartient à César, et à Dieu ce qui appartient à Dieu, répond Jésus à ceux qui cherchent à le mettre en difficulté sur la question de savoir s'il convient de payer l'impôt à Rome, puissance occupante. La séparation des deux pouvoirs, politique et religieux, constituera la doctrine officielle de l'Église (dans les faits, il en ira tout autrement, car assez tôt cette dernière aura à cœur de détenir elle aussi le glaive de la Terre).

Jésus aurait-il ainsi inventé la laïcité ? Avec le christianisme, les idées ne sont jamais simples. Il n'y a pas d'autorité qui ne vienne de Dieu, dit d'un autre côté saint Paul. Phrase aux conséquences incalculables. Les papes s'appuieront sur cette même parole de l'apôtre lorsqu'ils prétendront dicter leur loi aux rois, aux princes et aux empereurs. Les dix siècles du Moyen Âge seront perturbés par ces querelles. L'équivoque, on le voit, était présente dès les origines, dans le Nouveau Testament.

Le grand Pan est mort

Anecdote

L'écrivain Plutarque rapporte ce cri de désolation qu'on entendait sur les côtes italiennes : les dieux de Rome disparaissent ! Le grand Pan est mort – cela signifie la mort des dieux au profit d'un Dieu unique, né en Palestine chez un petit peuple, déjà bouleversé par une longue et dramatique histoire. Mais cela signifie aussi la désacralisation de la nature, son rabaissement à l'état d'objet, de chose inerte, sa plongée dans une matière que cherchera à dominer et à connaître l'esprit.

Une religion du désenchantement

Le saviez-vous ?

Le sociologue Max Weber, au début du XXe siècle, émettra une hypothèse paradoxale promise à grand succès : le judéo-christianisme (le christianisme n'est pas séparable du judaïsme) a en réalité préparé un monde sécularisé pour les hommes. Chez les Grecs et les Romains, comme chez tous les peuples de l'Antiquité (sans parler de ceux que l'on a dit primitifs), la nature tout entière est sacrée, les bois et les rivières, les sources et les astres. Avec l'idée d'une création unique, absolue par un esprit supérieur, tout cela disparaît : le christianisme désenchante le monde, le préparant ainsi à la maîtrise technique, à la connaissance scientifique et à l'exploitation économique.

Les premières salves chrétiennes

Les apologistes et les Pères de l'Église

Dans les premiers siècles de notre ère, la pensée chrétienne se constitue. Des auteurs latins, pénétrés de culture grecque, lisent la Bible à la lumière des concepts philosophiques ou bien contestent ceux-ci à la lumière de la Bible. Lactance est particulièrement représentatif de ces apologistes qui considèrent que la véritable sagesse réside dans la foi en Dieu. Ainsi le prêtre devient-il l'incarnation idéale du sage.

Un formidable chantier intellectuel s'ouvre durant ces premiers siècles du christianisme, qui seront les derniers de l'Antiquité. De Jérusalem est venue la révélation double, celle consignée dans l'Ancien Testament qui forme le corpus de la Loi juive et celle du Nouveau Testament qui prétend le dépasser. D'Athènes sont issues la logique et la grammaire qui permettent de penser le monde et de parler sur lui. À bien des égards, ces deux traditions se repoussent. De leur choc naîtra la philosophie chrétienne.

Citation à retenir

Il y a religion dans la sagesse et sagesse dans la religion.

Lactance

Crois et tu comprendras ; la foi précède, l'intelligence suit.

Saint Augustin

Une prolifération de sectes

Les premiers siècles de notre ère ont été particulièrement riches en matière religieuse, donc en matière de pensée. Autour du christianisme, mais aussi contre lui, surgit une multitude de courants qui agitent le monde d'alors, et dont certains ont bien failli devenir des religions universelles. Qu'est-ce qu'une religion, en effet, sinon une secte qui a réussi ? Inversement, une secte est une religion qui a raté. Originellement, le bouddhisme est une secte du brahmanisme et le christianisme est une secte du judaïsme – leur triomphe final en a fait des religions. Inversement, le nestorianisme, après certaines avancées jusqu'en Chine, est resté à l'état de secte. S'il avait pu remplacer le christianisme, il serait devenu une religion.

Le temps des hérésies

Un peu de technique

Dans l'immense corps de doctrine que représente une religion, certains croyants, pour des raisons diverses, peuvent choisir tel ou tel point et le mettre au tout premier plan. L'hérésie prélève une partie dans le tout de pensée et lui accorde une prééminence symbolique. Ainsi, sur la question de la nature du Christ, alors que l'orthodoxie affirme que les deux natures, divine et humaine, sont mêlées en lui (mystère de l'Incarnation), des hérésies affirmeront ou bien que les deux natures sont séparées ou bien que le Christ n'avait qu'une seule nature (deux possibilités : seulement divine ou seulement humaine) :

» **Le nestorianisme distingue dans la personne du Christ ses deux natures.**

» **Le monophysisme ne reconnaît au Christ que la nature divine.**

» **L'arianisme, au nom de l'absolue unicité de Dieu, nie le caractère divin du Fils et du Verbe, qui sont les premières créatures (cette secte fut assez puissante pour constituer une religion).**

C'est autour et contre la Trinité que prolifère le plus grand nombre de sectes ; leur nom barbare pourrait faire croire à une pathologie grave :

» **Le subordinatianisme ramène la Trinité à un processus d'émanations successives qui privilégient le Père.**

» **Le monarchianisme, voulant lutter contre toute trace subsistante de polythéisme, nie l'existence indépendante du Fils et du Saint-Esprit.**

» **L'adoptianisme module l'intensité du caractère divin de Jésus, personne purement humaine à l'origine et qui finit par être admise comme son Fils privilégié par Dieu.**

» Le modalisme considère que le Père, le Fils et le Saint-Esprit ne constituent pas trois personnes distinctes mais trois aspects, modalités ou noms du même être unique envisagé selon ces opérations : Père en tant que créateur du monde, Fils en tant que rédempteur incarné, Saint-Esprit en tant que sanctificateur des âmes.

Des fous de Dieu : les gnostiques

Le saviez-vous ?

La gnose, d'un mot grec signifiant « connaissance », est un mouvement de pensée religieux à tendance mystique qui s'est développé en marge des religions monothéistes (il existe une gnose chrétienne, une gnose juive qui s'exprimera dans la Kabbale et une gnose musulmane). On distingue parfois le gnosticisme hérétique de la gnose orthodoxe mais le terme de gnose (et l'adjectif dérivé « gnostique ») englobe tous ces courants.

Les gnostiques mêlent les intuitions les plus sublimes aux idées et aux pratiques les plus triviales. Nul doute qu'aujourd'hui la moitié d'entre eux serait en prison et l'autre moitié à l'hôpital psychiatrique. Pourtant, la philosophie ne peut que se sentir concernée par leurs excès et leurs délires, comme elle a pu l'être par les outrances des cyniques grecs.

Le monde immonde

Le jeu de mots, répercuté par nombre d'auteurs chrétiens, sera poussé jusqu'à son extrême par les gnostiques : ce monde est si mauvais qu'il n'a pas pu être créé par un Dieu bon. En fait, il est la création d'un esprit foncièrement mauvais, un diable, un anti-Dieu (parfois identifié au Dieu de l'Ancien Testament) qui a usurpé la place du vrai Dieu. Dans ce monde voué au mal et à la douleur, Dieu n'est, en toute rigueur, pour rien.

Pour les gnostiques, comme pour Platon, l'âme n'est pas seulement incarnée dans le corps, elle y est incarcérée. Les gnostiques trouvent donc particulièrement absurde la croyance chrétienne en la résurrection des corps. Entre Dieu et l'homme s'interposent un grand nombre de puissances célestes, les éons, qui forment une hiérarchie d'esprits descendant du principe suprême : le Dieu créateur de la

Bible et le Christ sont considérés comme des puissances inférieures et subordonnées à lui. Au sommet de la pyramide, il y a le Plérôme, la plénitude que s'efforcent d'atteindre les sectateurs de la gnose. Ces entités, où il est difficile de se reconnaître, sont caractéristiques des courants gnostiques. Bien des mouvements ésotériques ultérieurs y puiseront leurs mots et leurs idées.

Drôles de paroissiens

Le saviez-vous ?

Les gnostiques se considéraient comme une race séparée des autres hommes – constituant une manière d'îlot lumineux dans cet océan de ténèbres qu'est notre terre. À l'extrême opposé des stoïciens qui se définissaient comme des citoyens du monde, partout chez eux, les gnostiques se disaient étrangers au monde : le monde, s'exclamait l'un d'eux, est un repère de bêtes sauvages. Je suis au monde, je ne suis pas du monde, allaient répétant les gnostiques. Inutile de fuir dans le désert, comme les anachorètes, puisque c'est le monde tout entier qui est une ordure et qu'il faut fuir.

Animal symbolique

Les gnostiques se divisent en une ribambelle de sectes, lesquelles constituent un invraisemblable capharnaüm. La secte des Ophites a pris le serpent pour emblème, car le serpent qui se mord la queue (l'*ouroboros* égyptien, plus tard assimilé par les alchimistes) symbolise le devenir de l'univers, le cycle continuel qui verse les éléments les uns dans les autres. Une autre secte, les Séthiens, voyait dans le ventre arrondi d'une femme enceinte l'image en réduction de l'univers.

Les premiers satanistes

Les Caïnites, autre secte gnostique, prenaient pour héros le premier assassin de l'histoire. Avant Sade, la gnose nous offre sans doute le catalogue le plus achevé des perversions humaines : lors de réunions rituelles secrètes, les dévots communiaient avec le sperme et les menstrues (bon appétit !). Les Barbélognostiques faisaient encore plus fort : un embryon était extirpé (avec les doigts évidemment) du corps d'une femme enceinte, puis il était pilé dans un mortier avec du miel, du poivre et divers autres ingrédients. Cette pâtée d'avorton était ensuite mangée en guise de communion.

Certes, il convient de faire la part du fantasme, car les témoignages de semblables scènes sont rares et tous orientés. Il n'en reste pas moins vrai que la rumeur très répandue à Rome que les chrétiens dévoraient les petits enfants lors de leur repas de communion (les chrétiens, quant à eux, colportaient la même rumeur sur le compte des juifs) venait d'un fait réel ; seulement, les gnostiques étaient confondus avec les chrétiens (pour les Romains, il n'y avait guère de différence à faire entre ces insensés).

Le manichéisme : le monde changé en ring

Le saviez-vous ?

La religion manichéenne doit son nom et son existence à son prophète, Manès (ou Mani). Elle représente une synthèse d'éléments perses (le mazdéisme), chrétiens et même indiens. Comme Zoroastre, le fondateur du mazdéisme, Manès était perse et comme Zoroastre il concevait le monde comme un champ de lutte entre deux principes : l'un bon, symbolisé par la lumière, l'autre mauvais, symbolisé par les ténèbres. Le principe bon est identifié à l'esprit, le principe mauvais est identifié à la matière : la division en l'homme reproduit celle du monde.

Certes, le christianisme accorde lui aussi une place centrale au Mal, qu'il a incarné sous la figure de Satan, le Malin. Seulement, le Diable est un esprit bon qui s'est perverti et non une puissance qui dès le départ était indépendante de Dieu. D'après la tradition chrétienne, Lucifer (dont le nom latin signifie « qui porte la lumière ») était un ange qui s'est rebellé contre Dieu ; sa chute représente en plus grand celle de l'homme en même temps qu'elle la préfigure. Dans le manichéisme, Ahriman, le principe du Mal, est aussi originaire qu'Ormuzd, le principe du Bien.

La guerre entre les deux principes éclata le jour où la matière, ayant subi le rayonnement de la lumière, devint ivre au point de vouloir s'élever jusqu'à elle. C'est pour s'opposer à cette tentative que le Dieu bon créa l'homme primitif. Seulement celui-ci, vaincu par les puissances des ténèbres, fut emprisonné par elles, dans la matière. L'homme actuel est donc une création du Dieu mauvais.

À l'instar du christianisme, le manichéisme se pensait comme une religion universelle. Comme lui, il était organisé en Église. Saint Augustin fut d'abord tenté par le manichéisme avant de se convertir. Au Moyen Âge, les cathares seront influencés par lui.

Anecdote

Aujourd'hui, il ne reste de cette pensée qu'une injure : un esprit manichéen est celui qui est incapable de comprendre la réalité autrement qu'en termes de Bien (d'un côté) et de Mal (de l'autre), bref un esprit obtus, qui n'est ni aigu ni droit.

Dernier sursaut païen : Plotin et le néoplatonisme

Avant de disparaître, la philosophie antique fut illustrée par un grand courant éclectique connu sous le nom de néoplatonisme à cause de l'esprit platonicien qui semble le dominer. En fait, Plotin, le chef de cette école, s'est inspiré d'une pluralité de traditions de pensée : outre Platon, le pythagorisme, Aristote, le stoïcisme, sans oublier les pensées orientales qu'il semble avoir connues.

Portrait

Issu du milieu alexandrin ouvert au cosmopolitisme, Plotin fit de nombreux voyages en Asie et dans le bassin méditerranéen. Il projeta de fonder une cité philosophique du nom de Platonopolis, en l'honneur de son modèle Platon mais il n'obtint pas l'agrément de l'empereur. Son disciple Porphyre réunit ses textes en six groupes de neuf (d'où le nom d'*Ennéades* qui leur fut donné, d'un mot grec signifiant « neuf »). À la mort de Platon, on disait que des abeilles étaient venues se poser sur ses lèvres ; à la mort de Plotin, on a dit qu'un serpent s'est échappé de sa bouche, le serpent symbolisant à l'époque la sagesse.

Citation à retenir

Mourir, c'est changer de corps comme l'acteur change d'habit.

Plotin

Par-dessus tout, l'Un !

La philosophie néoplatonicienne est une philosophie de l'Un, en ce sens qu'elle fait tout dériver de lui.

Un peu de technique

Mais qu'est-ce que l'Un ? Le fait qu'il soit affublé d'une majuscule aggravera son cas aux yeux des lecteurs les plus réalistes. L'idée d'Un remonte aux présocratiques, donc à l'origine de la philosophie. Qu'est-ce que chercher la nature des choses, sinon réduire une multiplicité (les êtres, les éléments...) à l'unicité d'un principe (l'eau chez Thalès, le feu chez Héraclite) ? Après tout (c'est le cas de le dire), penser, c'est trouver l'unité. Un concept, comme celui d'oreille, est un élément unique capable de renvoyer à un nombre infini de choses sensibles (le mot « oreille », l'idée d'oreille renvoie à toutes les oreilles, qu'elles soient d'âne, de lapin ou de cochon).

On peut donner à l'Un une existence séparée, comme le font les platoniciens, y voir une Idée transcendante. Un peu comme le Dieu des religions monothéistes – à cette différence capitale que l'Un n'est pas une personne mais un principe.

Aux yeux de Plotin, il y a davantage d'être dans l'unité que dans la séparation. Le degré de réalité dépend du degré d'intégration : une maison, par exemple, a une existence supérieure à celle du tas de pierres, parce que ses pierres à elle constituent une unité fortement intégrée. Un organisme animal est doté d'une existence supérieure à celle de la maison parce que ses différentes parties sont liées les unes aux autres par des liens de nécessité (on peut casser un mur sans détruire la maison, on ne peut couper une tête sans tuer un organisme).

Pour Plotin, l'unité qui existe dans les choses spirituelles est plus forte que celle qui existe dans les choses matérielles : un théorème de mathématiques, par exemple, contient virtuellement les autres. Ainsi, il existe une hiérarchie qui va de la matière à la vie et de la vie à la pensée – et cette hiérarchie suit le degré, de plus en plus fort, d'intégration. L'unité d'un corps suppose un principe supérieur à ce corps, qui est l'âme, l'unité d'une science suppose un principe supérieur à cette science, qui est l'intelligence. D'unité en unité, de principe en principe, on parviendra à un terme ultime (ultime dans notre recherche mais en réalité premier selon l'ordre ontologique, qui est celui de l'existence), l'Un.

De l'Un, tout dérive mais lui ne dérive de rien. Sans lui, il n'y aurait rien ; grâce à lui, il y a tout. L'Un est un absolu. Il a tout de Dieu, excepté le fait qu'il n'est pas Dieu.

L'émanation, pas la création !

Comme les anciens Grecs, les néoplatoniciens refusent l'idée de création au nom de la logique (de rien, rien ne saurait naître). Mais l'argument principal qu'ils donnent est d'ordre métaphysique : si Dieu crée le monde à un moment donné, cela suppose qu'il est resté inactif pendant une éternité. Donc, cela revient à dire qu'il n'est pas parfait (un dieu qui bulle dans l'infini du temps manque de sérieux).

La théorie de l'émanation garde, à l'inverse, intacte la perfection de l'absolu : la production du monde est un résultat nécessaire et éternel de la nature divine. Le monde émane d'elle à la manière dont la lumière du soleil est diffusée par lui : de manière continue.

Les trois hypostases

Un peu de technique

Il faut bien que de l'Un émane ce qui n'est pas lui pour que se déploie la richesse du monde. Une hypostase est un principe métaphysique placé au fondement de toute réalité. En grec, le mot signifie l'action de placer au-dessous, d'où le sens de support et ceux de substance et de personne (en théologie chrétienne, l'hypostase désigne chacune des trois personnes divines considérées comme substantiellement distinctes, il y a en Dieu trois hypostases : le Père, le Fils et le Saint-Esprit).

Plotin reconnaît trois hypostases. L'Un, la première hypostase, est au-dessus de toutes choses et on ne peut rien en dire sinon qu'il est ; le qualifier »

»

Les trois hypostases *(suite)*

serait introduire une différence en lui et donc une division qui le détruirait. L'Intelligence est la deuxième hypostase, elle émane, procède de la première, c'est elle qui contient les types éternels, les Idées au sens où Platon l'entendait. Enfin, l'Âme, qui procède de l'Intelligence est la troisième hypostase ; c'est elle qui produit le monde sensible d'après les Idées de l'Intelligence et par la médiation de l'Âme du monde et des âmes individuelles. Les hypostases constituent toutes les trois le monde intelligible.

Évidemment, toute cette construction peut sembler bien artificielle, mais il s'agissait pour Plotin de rendre compte à la fois de l'unité du monde et de la diversité et de la hiérarchie de ses composantes. La philosophie doit pouvoir rendre compte de tout. D'où cette impression de mythologie conceptuelle, dans laquelle les entités remplaceraient les dieux et les héros de légende.

Tout se complique

Les néoplatoniciens se servaient du terme de complication pour désigner l'état originaire qui précède tout développement, tout déploiement, toute explication. La complication enveloppe le multiple dans l'un et affirme l'un du multiple. Ainsi l'éternité ne paraît plus comme l'absence de changement ni même comme la prolongation d'une existence à l'infini mais comme l'état compliqué du temps lui-même à la manière de ces petits papiers pliés japonais dont Proust se sert pour illustrer le travail de la mémoire et qui, minuscules tas repliés, se déplient au contact de l'eau et déroulent des figures d'étoiles et de rosaces.

La sympathie universelle dont Plotin trouve l'idée chez les stoïciens explique à ses yeux l'efficacité de la prière et des pratiques magiques, qu'il compare à la vibration de la corde d'une lyre, qui se communique aux autres cordes et se propage dans l'univers entier.

De l'Un à l'autre : aller et retour

À la procession qui est le passage de l'Un à l'Intelligence et de l'Intelligence à l'Âme, mouvement qui finit par tomber dans le monde sensible où nous vivons, fait pendant le mouvement inverse de conversion, qui est une remontée vers l'Un.

Un peu de technique

Plotin ici s'inspire directement de la dialectique ascendante de Platon telle qu'elle a été évoquée dans *Le Banquet*. À partir du monde sensible, l'âme s'élève jusqu'à l'absolu de l'Idée. Mais l'Un est pour Plotin encore au-delà de l'Idée, fût-elle l'Idée de Bien, car elle est l'absolu sans détermination. Nombre d'interprètes (et la plupart d'entre vous sans doute) n'ont pas manqué de faire le rapprochement avec le *brahman* des Upanishad de l'Inde.

Une piqûre de mystique : l'arbre de Porphyre

Plotin disait qu'il s'efforçait de faire remonter le divin qui est en nous vers le divin qui est dans le Tout. L'originalité de sa pensée tient dans ce mariage paradoxal du panthéisme d'origine stoïcienne et de la transcendance platonicienne où plus d'un auteur chrétien ou musulman se reconnaîtra plus tard.

Le saviez-vous ?

C'est dans un texte de Porphyre, disciple de Plotin, que les philosophes médiévaux trouvèrent l'arbre de Porphyre, diagramme logique figurant par dichotomies (divisions en deux) successives la série des genres et des espèces, depuis le genre suprême (la substance) jusqu'à l'individu (l'épicier du coin). L'idée vient de Platon qui avait illustré ce travail logique dans ses derniers dialogues. C'est par ce moyen, on s'en souvient peut-être, que Platon était parvenu à cette estomaquante découverte : l'homme est un bipède sans plume. L'idée vient aussi d'Aristote, qui avait fixé la hiérarchie des genres et des espèces par ordre d'extension décroissante.

Le terme premier, le plus général, est la substance (ce pourrait être l'être ou la réalité). Une substance est soit corporelle soit incorporelle (il n'y a pas de troisième possibilité : la dichotomie repose sur le principe du tiers exclu). L'épicier du coin est évidemment une substance corporelle. Une substance corporelle peut être ou bien animée, vivante, ou bien inerte : l'épicier du coin est une substance corporelle vivante, jusqu'à plus ample informé. Le vivant peut à son tour être divisé en deux : il y a, d'un côté, le sensible (l'animal), de l'autre côté, le non-sensible (la plante). L'épicier est sensible (du moins on l'espère). Enfin, dernière dichotomie, l'animal peut être ou bien raisonnable ou bien non raisonnable. Notre épicier est raisonnable (du moins peut-on le supputer). Ainsi est-on passé du genre suprême (la substance) à l'individu (l'épicier du coin) par une série de déterminations qui seront autant d'attributs de celui-ci.

Le premier terme, la substance, a l'extension la plus grande (il peut s'appliquer à n'importe quoi) mais la compréhension la plus petite (il peut difficilement être défini sans tautologie). Inversement, le dernier terme, raisonnable, a l'extension la plus restreinte (il y a relativement peu d'êtres raisonnables par rapport à l'ensemble des êtres) mais la compréhension la plus riche (puisque pour être raisonnable, il faut être sensible, animé, corporel).

Figure 7-1

L'arbre de Porphyre.

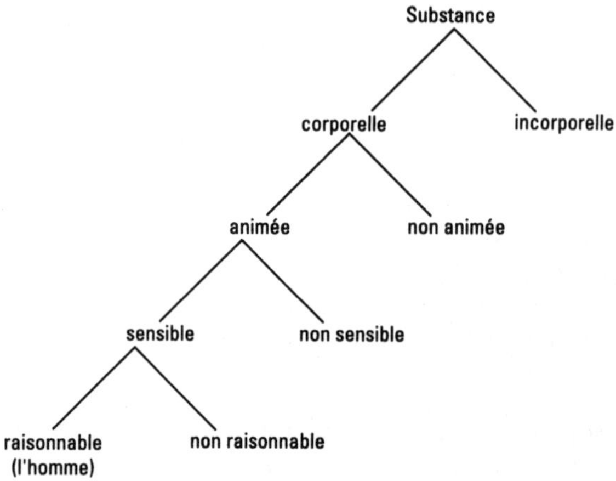

Un peu de technique

L'extension d'un concept (substance, corporel, animé, etc. sont des concepts) est l'ensemble des êtres auxquels ce concept s'applique : l'extension d'animal est tous les animaux (de la mouche à la baleine). La compréhension d'un concept est l'ensemble des caractères qui le définissent (un homme a le caractère d'être raisonnable, sensible, animé, corporel, substantiel). Au XVIIe siècle, Arnauld et Nicole énonceront la célèbre loi logique dite loi de Port-Royal : la compréhension et l'extension d'un concept varient en sens inverse l'une de l'autre, plus l'une est grande, plus petite est l'autre, et inversement.

L'arbre de Porphyre permet également de visualiser immédiatement la relation de subordination des genres et des espèces : dans le genre corporel, il y a l'espèce animée et l'espèce inanimée. Corollairement, le corps animé est l'espèce par rapport au genre substance.

Saint Augustin, l'inventeur du moi

Croire pour comprendre, comprendre pour croire. Avec le christianisme, la croyance change de sens en prenant une intensité inédite : elle devient *foi*, une expérience intérieure inconnue des Grecs et des Romains. On ne peut avoir, en effet, la foi que dans le cadre d'une religion transcendante (on ne dira pas que les Grecs avaient la foi en Apollon). Avec la foi, la sagesse change de sens aussi. Elle devient l'intelligence de la foi. Alors l'inquiétude, que les épicuriens et les stoïciens voulaient chasser comme un malheur, se transforme en vertu.

Le sens du péché

C'est à travers la double expérience du déchirement et de l'écrasement que le *moi* s'est introduit dans la pensée philosophique. Le « connais-toi toi-même » de Socrate, rappelons-le pour les malentendants, n'avait pas le sens d'introspection. Avec saint Augustin, l'intime fait son entrée dans les lettres. L'intime, l'étymologie latine le dit, est ce qu'il y a de plus intérieur. Si les Grecs ne nous ont pas fait part de leur intimité, c'est qu'ils n'en avaient pas.

Il est significatif que l'examen de la conscience par elle-même soit venu d'une part du sentiment du péché, d'autre part sur le mode de la confession. Je n'aimais pas encore et j'aimais à aimer, écrit saint Augustin. Dévoré du désir secret de l'amour, je m'en voulais de ne pas l'être plus encore. La mesure de l'amour, c'est d'aimer sans mesure.

Pour la première fois dans l'histoire de la pensée, le plaisir sexuel est associé à la faute. La chose est décisive, car saint Augustin, qui littéralement *invente* le péché originel (dont la notion est absente de la Bible), devine la dimension sexuelle du tout premier péché, celui commis par Adam et Ève au paradis.

Pourquoi le sexe serait-il objet de honte ?

Saint Augustin pensait que la honte des rapports sexuels (avec le désir de secret qui l'accompagne) est due au fait que la convoitise de la chair est tellement indépendante de la volonté que l'être humain ne l'accepte pas. Notre corps agit et réagit à notre insu, il fomente des désirs sans nous prévenir et nous met parfois dans de beaux draps. Certes, nous en tirons gloriole parfois aussi, mais c'est sans doute pour donner le change.

L'âme désobéissante

Saint Augustin tombe sur ce paradoxe : l'âme donne ses ordres au corps et elle est obéie sur-le-champ – il suffit d'avoir l'idée de lever le bras pour le faire sans difficulté. En revanche, lorsque l'âme se donne des ordres à elle-même, elle rencontre aussitôt des résistances. Il ne suffit pas de vouloir comprendre un problème de mathématiques pour le comprendre, il ne suffit pas de vouloir saisir les passages les plus difficiles de cette *Philosophie pour les Nuls* pour y arriver. L'âme est mieux obéie de ce qui est de nature tout opposé à elle tandis qu'elle est incapable de se commander elle-même. D'où vient ce prodige ?

L'âme est déchirée. Lorsqu'elle veut, elle ne veut pas d'une volonté totale : ce qui signifie que lorsqu'elle veut, il y a en elle une force qui ne veut pas. Cette idée est nouvelle. Les Grecs, eux, distinguaient ce qui est fait « volontiers » et ce qui est fait « malgré soi », mais ils n'avaient pas le concept d'une volonté comme force de décision à l'intérieur du moi. Ils ne disposaient d'ailleurs d'aucun mot pour la désigner. Bien plus tard, la psychanalyse retrouvera le sens de l'enseignement profond de saint Augustin. Le premier philosophe de la volonté est aussi le premier philosophe de la résistance.

La morale augustinienne part de la distinction entre ce dont il faut jouir et ce dont il faut user. Il faut user de toutes choses en vue de jouir de la Béatitude, qui est Dieu. Ceux qui jouissent de ce dont il ne faut qu'user sont perdus. L'âme aime le mal.

Anecdote

Un épisode célèbre des *Confessions* raconte avec quel plaisir le jeune Augustin avait un jour avec des galopins de son âge volé des poires. Le sens de cet acte n'était pas, analyse l'auteur devenu évêque entre-temps, le plaisir de manger des bons fruits, mais la jouissance de voler, celle de commettre une faute. C'est l'âme qui pèche, et non le corps. Une interprétation psychologique de cet épisode ne manquera pas de relever son caractère anodin.

Il y a dans les *Confessions* de Rousseau – qui a évidemment repris le titre d'Augustin – quelque chose de semblable : l'épisode du ruban volé. Freud parlera de souvenirs-écrans : certains souvenirs ont pour fonction de *masquer* des représentations autrement plus déplaisantes pour la conscience. Ainsi, les fautes les plus lourdes que nous nous reprochons, au point qu'elles nous suivent notre vie durant (comme une relation abandonnée avec lâcheté), ne sont jamais celles qui sont objectivement les plus graves. Inversement, nous nous pardonnons généreusement plus d'une fois en notre for intérieur des fautes très lourdes (sans doute avons-nous déjà tous *tué*, mais nous ne le savons pas car nous ne voulons pas le savoir).

D'un regard amer, la puissance de l'envie

Saint Augustin raconte qu'étant petit enfant, il regardait d'un regard amer son jeune frère téter sa mère. La force de *l'envie* a été quelque peu perdue au cours des siècles – au point qu'elle a fini par acquérir une valeur positive, à l'instar d'ailleurs de tout ce que la tradition chrétienne condamnait sous le nom de péché (les sept péchés capitaux sont de formidables moteurs de croissance en régime capitaliste et des incitations puissantes à la consommation). D'après l'étymologie latine, l'envie est l'action de *regarder dans*, de jeter non pas un œil (action passablement distraite) mais son œil – avec l'idée confuse, inconsciente, de mort. L'envie du jeune saint Augustin était mortelle : c'est la mort de son petit frère qu'il désirait, car ce rival accaparait sa mère.

D'où cette interrogation en abîme : que s'est-il passé pour qu'un jeune enfant ait ainsi en lui des pensées aussi malignes ? L'idée de péché originel que saint Augustin introduit dans la pensée chrétienne et, au-delà d'elle, dans la civilisation occidentale doit être comprise en fonction de cette expérience du mal chez l'enfant, et pas seulement d'après l'histoire racontée par la Genèse.

Un peu de technique

Le précurseur de Descartes

Certains ont vu en saint Augustin l'inventeur du *cogito*. Contre les platoniciens, saint Augustin considère en effet que la perception de l'apparence peut constituer un point d'appui à la certitude (alors que les platoniciens conçoivent cette perception comme une illusion) : je ne peux, argumente saint Augustin, douter que je perçois – et quand bien même je serais dans l'illusion et le mensonge, il faut que j'existe pour l'être. Je suis trompé, donc je pense.

La Trinité en nous

Quelque chose dans notre âme répète la Trinité divine. De même que Dieu est trois tout en restant un, l'âme est triple tout en restant une. Quand elle s'aime, dit saint Augustin, l'âme est deux choses : elle-même et son amour. Quand elle se connaît, l'âme est deux choses, elle-même et sa connaissance. Donc, l'âme elle-même, son amour et sa connaissance sont trois choses et ces trois choses sont une.

À cette Trinité intérieure se superpose une autre : la mémoire, l'intelligence et la volonté – une tripartition des facultés que la plupart des philosophes garderont dans la suite des siècles (certains remplaçant la volonté par l'imagination). On peut comprendre cette trilogie en rapport avec les trois dimensions du temps : l'intelligence comprend dans le présent, la mémoire se souvient du passé tandis que la volonté tend vers le futur.

Le palais de la mémoire

Saint Augustin a laissé une œuvre considérable et pourtant il n'a pas *écrit* ses livres : il les a dictés. Cette pratique suppose que les textes sont d'abord composés dans l'esprit et mémorisés. Une fois appris, ils étaient dictés à un secrétaire.

Saint Augustin, comme nombre d'auteurs de l'Antiquité, disposait de procédés mnémotechniques pour se rappeler une quantité phénoménale d'informations. Il comparait la mémoire à un palais avec des couloirs et différentes pièces. Se souvenir, c'est parcourir en imagination les différentes salles de ce palais comme si on les visitait. Cette transposition des contenus de pensée en espace imaginaire a été observée chez ceux qui présentent des capacités extraordinaires, voire pathologiques, de mémorisation.

Livre décisif

En reprenant le titre d'Augustin, *Les Confessions*, Jean-Jacques Rousseau lui a fait perdre sa dimension religieuse. Lorsque de nos jours nous lisons les « confessions » d'une actrice ou d'un footballeur, nous n'y voyons qu'un témoignage d'existence, sans le sens du péché qui fut si prégnant chez saint Augustin. Mais *Les Confessions* de saint Augustin sont adressées à Dieu plutôt qu'au lecteur : l'auteur prie

Dieu et avoue les fautes de sa jeunesse avant de retracer l'histoire de sa conversion. C'est aussi une prière, et également une méditation.

La profondeur de ce livre vient de ce qu'il témoigne pour la première fois dans l'histoire de la philosophie de la prise de conscience par un moi de son abîme intérieur. Il n'est pas excessif de dire que c'est seulement avec saint Augustin que le moi fait irruption dans la pensée philosophique. Cette subjectivité, dont on peut soutenir, par conséquent, qu'elle est d'invention chrétienne, ou plus exactement judéo-chrétienne, est posée en même temps en relation avec ce qui la dépasse infiniment : la transcendance et la perfection divines.

Le péché marque la vie humaine dès le départ. L'âme de l'enfant est déjà corrompue, nous l'avons vu avec l'épisode du vol de poires et celui de l'envie envers son frère. Plus tard, saint Augustin adolescent connaît les désirs et les tourments de la chair. Il note que c'était l'amour de l'amour qui le poussait et non l'amour d'une personne. Comme le mal, l'amour est pour lui-même son propre contenu.

Les désordres de l'intelligence font écho à ceux du corps : saint Augustin raconte quelle influence il reçut du manichéisme (qu'il a rejeté ensuite avec sévérité comme orgueilleux et insensé) et du néoplatonisme (qui lui a enseigné le caractère éternel de Dieu). Puis c'est le moment de la conversion, sanctifiée par le baptême et qui marque la véritable naissance.

À cette partie autobiographique (livres I à IX) succède une partie plus proprement spéculative (livres X à XIII). Augustin parle de la mémoire comme d'un palais qui contient la totalité des expériences passées. De façon très profonde, et qui anticipe sur une thèse freudienne, Augustin établit qu'il ne saurait y avoir d'oubli absolu. Il reste toujours quelque chose de ce que nous avons su ou vécu quand bien même nous croirions l'avoir perdu en entier. Cette conception de la mémoire est elle aussi très moderne : saint Augustin invente la psychologie.

Un peu de technique

Cela dit, la finalité apologétique (exalter la religion chrétienne) n'est pas laissée de côté. Malgré ses exploits, la mémoire est bien inadéquate pour nous faire accéder à Dieu. Pareillement, le temps humain est bien inconsistant pour nous donner image de l'éternité de Dieu. Si l'on ne me demande pas ce qu'est le temps, dit saint Augustin, je crois savoir ce qu'il est, mais, dès qu'on me le demande, je ne le sais plus. Nous disons qu'il y a le passé, le présent et le futur, mais il serait plus juste de dire qu'il y a le présent du passé, le présent du présent et le présent du futur, si bien qu'il n'y a que le présent pour faire le temps. Qu'est-ce qu'un souvenir, en effet, sinon la représentation *actuelle* du passé et qu'est-ce qu'un projet, sinon la représentation *actuelle* du futur ? Dieu est la seule réalité consistante, il a créé l'univers et sa nature échappe à notre intelligence. Les *Confessions* sont aussi, et peut-être d'abord, un acte de confiance en Dieu.

Les deux cités

Anecdote

En 410, un événement traumatise l'empire romain : Rome est prise et pillée par des barbares, les Wisigoths d'Alaric. Nombreux sont ceux alors qui accusent la religion nouvelle d'avoir été à l'origine de la catastrophe. L'abandon des dieux et des coutumes traditionnelles est considéré comme la cause principale. D'autres font remarquer que si le Dieu des chrétiens était aussi puissant que ceux-ci le prétendent, il n'aurait pas permis un tel drame.

Par *La Cité de Dieu*, saint Augustin répond à ces objections. Ainsi va-t-il être amené à composer une véritable théologie de l'histoire. Il existe une Providence divine mais cela ne signifie pas que tous les événements sont directement voulus par Dieu. Jésus avait dit de rendre à César ce qui est à César et à Dieu ce qui est à Dieu. Dans ce sillage, saint Augustin distingue deux cités : celle de l'homme, dont Babylone est le symbole, et celle de Dieu, dont Jérusalem est le nom.

Cette doctrine des deux cités sera gauchie au Moyen Âge lorsque les papes affirmeront la prééminence du pouvoir spirituel sur le pouvoir temporel et tendront à identifier Église et cité de Dieu d'une part, État et cité du diable de l'autre. Pour saint Augustin, il ne s'agissait pas de réaliser la cité de Dieu sur terre, surtout pas par les moyens temporels qui seront ceux de la hiérarchie religieuse !

Citation à retenir

Deux amours ont constitué deux cités : l'amour de Dieu jusqu'au mépris de soi, l'amour de soi jusqu'au mépris de Dieu.

Saint Augustin

Animal symbolique

Saint Augustin ne fut pas seulement un psychologue hors pair, un métaphysicien génial ou un observateur attentif aux plus petits détails. Il a été également à l'origine de légendes dont l'une sera répercutée durant les siècles du Moyen Âge. Dans *La Cité de Dieu*, il raconte que la chair du paon a la propriété d'être imputrescible. On croira l'évêque d'Hippone sur parole. Il n'en faudra pas plus pour faire du paon un symbole du Christ...

Partie 2

La période médiévale (V^{e}-XIVe siècles) et la Renaissance (XVe-XVIe siècles)

Dans cette partie...

La religion n'empêche pas forcément de penser. Nous allons partir ici à la rencontre de croyants qui ont beaucoup apporté à la philosophie. Au sein de chacune des trois religions monothéistes, de façon parallèle, une pensée se développe et enrichit la pensée philosophique jusqu'à la Renaissance, porte de sortie de la période médiévale et entrée fracassante dans la modernité.

DANS CE CHAPITRE

Dix siècles de philosophie
•
La théologie sans sacristie
•
Le Moyen Âge loin de l'idée de barbarie
•
Abélard le pathétique
•
Thomas d'Aquin, le bœuf tranquille
•
Duns Scot, le docteur subtil
•
Maître Eckhart, l'allumé
•
Et bien d'autres

Chapitre 8

Pour la plus grande gloire du Dieu chrétien

Un nouveau monde : l'universalisme chrétien

Saint Augustin est le plus ancien philosophe chrétien, saint Thomas d'Aquin le plus célèbre. Pendant mille ans (du vᵉ au xvᵉ siècle), les philosophes chrétiens ont développé une pensée originale dont la caractéristique essentielle est la synthèse faite entre, d'une part, la philosophie antique (Platon, Aristote) et, d'autre part, la révélation chrétienne. Comment concilier la raison (appelée lumière naturelle) avec la foi (lumière surnaturelle) ? L'une déduit, argumente, critique ; l'autre approuve, admet, accepte sans espérer même comprendre (les miracles, les mystères par exemple). Presque tous les philosophes chrétiens ont considéré la raison (donc la philosophie, donc la philosophie grecque) comme une aide nécessaire pour la foi : comprendre pour croire fut leur mot d'ordre à presque tous. Les philosophes juifs (Maïmonide) et arabes (Averroès, Avicenne) ont eu à débattre de problèmes analogues.

L'Antiquité n'a pas laissé place au vide. Le Moyen Âge a repris le flambeau. Certes, le Dieu unique fait sentir son poids infini sur les consciences et bien des cerveaux comprimés en ont subi des dommages irréversibles. Mais la pensée s'envole lorsqu'elle est pressée par l'infini et lorsque le saint remplace le sage comme figure accomplie d'humanité. Il n'est pas certain que l'humanité perde au change.

La philosophie antique – sauf rares exceptions – laissait de côté les trois quarts de l'humanité. Ni les femmes, ni les esclaves, ni les enfants ne comptaient. Avec la religion nouvelle, un nouveau sens de l'universel apparaît : l'universel dans le cœur. Héritière de l'empire romain dont elle a très tôt investi le centre (aujourd'hui encore, le pape occupe littéralement la place de César et d'Auguste – certaines mauvaises langues disent même César de carnaval et Auguste de cirque). La chrétienté s'est aussi conçue comme empire universel : la Jérusalem terrestre n'est pas seulement l'envers de la céleste, elle en est aussi l'image.

En théorie, le message évangélique s'adresse à tous et la promesse de salut est délivrée à tous. Le « tout à tous » par lequel saint Paul désigne la promesse du Christ fut considéré par les autorités comme tellement indiscutable qu'un moine du IXe siècle, Gottschalk, fut flagellé et emprisonné pour avoir soutenu, à partir de la doctrine de la prédestination, que Jésus n'était pas mort pour tous les hommes. Toutes les religions antiques et traditionnelles avaient un usage limité au territoire où elles avaient pris naissance. Le christianisme fut, après le bouddhisme, la première religion à s'être pensée comme universelle. Cela ne pouvait manquer d'avoir sur la philosophie des répercussions considérables.

Foi et savoir

Un bon chrétien doit-il lire tous les livres ?

Jamais époque ne fut aussi divisée sur la nature de la pensée et du savoir : ce qui nous donne accès aux splendeurs de la Création risque aussi de nous détourner du Créateur. D'un côté, saint Paul prévoit la disparition de la connaissance (les langues se tairont, la science sera abolie, dit-il), mais d'un autre côté les hérésies menacent, le démon veille dans la nuit. Mieux vaut se donner des armes et des outils. Et puis la Création est belle et Dieu n'a jamais demandé aux hommes d'être des moutons broutant l'herbe sans penser.

Un peu de technique

La question des relations entre la foi et le savoir, entre le savoir sacré et le savoir profane, bute sur ce dilemme : si l'homme, créature de Dieu, peut tout savoir, alors il égale son créateur ; si, en revanche, c'est Dieu qui détient ce savoir total, alors l'homme en sa liberté est menacé.

Sur les relations entre la foi (qui est un mode de croyance spécifique des religions monothéistes car elle implique un rapport *personnel* à un Dieu lui-même personnel) et le savoir (qui est d'abord conçu comme la possession par l'esprit des Idées permettant à celui-ci de se retrouver dans les choses du monde), le Moyen Âge a connu toutes les solutions possibles. À une extrémité, qui est celle de l'obscurantisme, un Pierre Damien flaira l'odeur du cul du diable derrière toute science qui n'est pas divine et considéra qu'un moine doit en connaître juste assez pour comprendre ce qu'il lit. Les fondamentalismes modernes ont poursuivi jusqu'en notre temps cette conception d'abruti et l'ont même d'une certaine manière aggravée : ceux qui dans les écoles coraniques d'Asie et d'Afrique font ânonner aux enfants les versets du Coran n'exigent même pas d'eux, comme Pierre Damien le faisait des moines, de comprendre ce qu'ils récitent...

À l'autre bout de l'arc, la religion a favorisé le projet encyclopédique d'un savoir qui savait ne s'arrêter à aucune spécialité. Puisque Dieu est l'auteur de toutes choses, n'est-ce pas le louer de somptueuse manière que de rendre compte de leurs beautés et d'abord, pour ce faire, d'en prendre connaissance ? Et puisque l'homme a été créé intelligent, n'est-ce pas honorer la bonté et la puissance de son créateur que de faire de cette intelligence le meilleur usage possible ?

Entre ces deux extrêmes, la divine ignorance et la connaissance sublime, il y a place pour toute une série de conceptions intermédiaires : savoir, penser, oui, à condition que ce travail soit au service de la foi.

Citation à retenir

Je ne veux pas être si philosophe que je résiste à Paul ni si aristotélicien que je me sépare du Christ.

Abélard

Nul n'entre au ciel sinon par la philosophie.

Jean Scot Érigène

Le péché de connaître

Saint Augustin avait distingué trois désirs, trois concupiscences entraînant l'homme dans le péché : l'orgueil (le désir de dominer), la volupté (le désir sensuel) et la curiosité (le désir de savoir). Dans cette trilogie, la curiosité est à la fois la condition et le produit des deux autres concupiscences. N'allons pas oublier que l'arbre auquel appartenait le fruit défendu du Paradis terrestre était l'arbre de la connaissance du Bien et du Mal.

Le saviez-vous ?

Pourquoi la pomme ? C'est au Moyen Âge, à la faveur d'un assez extraordinaire jeu de mots (*malum* signifiant à la fois « le mal » et « la pomme » en latin) que le fruit défendu du jardin d'Éden et croqué à belles dents par Adam et Ève, fut assimilé à une pomme. Donc, le péché originel est nommément le désir de connaissance. De plus, le désir de savoir est à la fois la condition et le produit de l'orgueil, et la condition et le produit de la volupté.

De là à conclure que toute connaissance est un péché, il s'est trouvé quelques hommes de religion pour sauter le pas. Ainsi avons-nous vu que Pierre Damien estimait que le moine doit en savoir juste assez pour comprendre ce qu'il lit ; aller au-delà est inutile et dangereux. On songe à cette espèce de coït minimum que certains pères et théologiens recommandaient pour la seule finalité de la procréation. De la même manière que le bon chrétien ne s'épanchera pas en baisers ou caresses inutiles, il ne se dispersera pas en lectures et pensées gratuites. Dieu, disait Pierre Damien, n'a pas besoin de grammaire ; un autre imbécile dira, sept siècles plus tard, au moment de la Révolution française, que la République n'a pas besoin de savants.

Pour répandre les semences de la foi, argumente Pierre Damien, Dieu a envoyé des pêcheurs et des simples et non des philosophes et des orateurs. Samson a tué mille Philistins avec une simple mâchoire d'âne – symbole de l'humilité que Dieu attend de ses prédicateurs. D'ailleurs, le tout premier grammairien de l'histoire, n'est-ce pas Satan en personne qui, en s'adressant à Adam et Ève pour les tenter, a décliné le mot « Dieu » au pluriel (« Vous serez comme des dieux ») ? On ne peut manquer d'être anéanti par une telle démonstration !

Si le Moyen Âge chrétien voit comme le monde musulman fleurir de grandes encyclopédies, celles-ci étaient surtout de nature théologique : ainsi faisait-on le répertoire exhaustif des animaux et des plantes mentionnés dans la Bible. Mais il y eut de vastes esprits comme Albert le Grand, gourmands de connaissances et pas seulement bigotes.

Citation à retenir

Étudiez comme si vous deviez vivre toujours ; vivez comme si vous deviez mourir demain.

Thomas d'Aquin

L'encyclopédie médiévale : les arts libéraux

Un haut magistrat romain du nom de Varron avait dressé la liste des disciplines non techniques, intellectuelles, qui constituent l'encyclopédie du savoir : la grammaire, la dialectique, la rhétorique, la géométrie, l'arithmétique, l'astronomie, la musique, la médecine, l'architecture. Par opposition aux arts mécaniques (les métiers) exigeant un travail manuel, donc contraint, sinon servile, ces disciplines sont appelées arts libéraux. Ils sont divisés en deux groupes, le *trivium* (« trois voies ») et le *quadrivium* (« quatre voies »).

Le *trivium* comprend :

» **La grammaire (art d'exprimer)**
» **La rhétorique (art de dire)**
» **La dialectique (art de penser)**

Le *quadrivium* englobe :

» **L'arithmétique**
» **La géométrie**
» **L'astronomie**
» **La musique**

La philosophie est conçue tantôt comme seule dialectique tantôt comme ce qui permet de penser les arts libéraux dans leur unité.

Comprendre pour croire ou croire pour comprendre ?

Saint Augustin disait qu'il ne faut pas comprendre pour croire mais croire pour comprendre. C'est dans cette perspective que s'inscrira saint Anselme six cents ans plus tard : la foi en quête d'intelligence. La religion met la philosophie à son service : la philosophie servante de la théologie est la formule canonique de cette relation inégale. Mais, pour que la foi cherche l'intelligence, il faut bien qu'elle l'ait perdue. À moins qu'elle ne l'ait jamais rencontrée !

Cette subordination de l'intelligence prendra des formes variées selon les auteurs. Il y a des maîtres qui se plaisent à maltraiter leur domestique, tandis que d'autres en prennent grand soin. Il en va de même avec les théologiens dans leurs rapports avec la philosophie.

Une logique renversante

Saint Paul déjà avait prévenu : ce qui est folie aux yeux des hommes est raison aux yeux de Dieu. De là à voir dans la déraison un signe de religion… La source de l'irrationalisme chrétien est Tertullien : que le fils de Dieu soit mort, disait-il, c'est tout à fait croyable, car c'est inepte. Et qu'enseveli il soit ressuscité, cela est certain, car c'est impossible.

Le saviez-vous ?

C'est Pierre Damien, dont on a déjà traversé les brumes, qui fut l'inventeur de l'expression de la philosophie comme servante de la théologie. Une servante que le chrétien se doit de traiter sans ménagement ainsi que l'enseigne la Bible au sujet des captives : s'il tient à épouser cette maritorne, qu'au préalable il lui rase les cheveux et lui coupe les ongles… Pierre Damien, évidemment canonisé (saint Pierre Damien), fut opposé à l'idée d'une *philosophie chrétienne* comme Ghazali en Orient fut opposé à l'idée d'une philosophie islamique.

Une conception analogue se trouve chez saint Bonaventure qui n'admet la raison que dans la mesure où elle peut servir à réfuter les adversaires de la religion et à raffermir les croyances. Bernard de Clermont, le prédicateur de la deuxième croisade, évidemment canonisé lui aussi (sans les fous et les fanatiques, le peuple des saints catholiques eût été d'assez petite taille) est allé plus loin encore : tout doit s'ordonner à la science des saints qui a pour thème fondamental Jésus crucifié. Mais tous les auteurs ne l'ont pas toujours entendu de cette oreille de sourd.

La légende au service de l'intelligence

Un peu de technique

Dans les premiers siècles du christianisme, les Pères de l'Église étaient convaincus qu'il y avait eu des échanges constants entre Athènes et Jérusalem. Saint Ambroise croyait que Socrate avait lu Moïse et que Platon connaissait Isaïe. Clément d'Alexandrie présentait la philosophie grecque comme une préparation à l'Évangile et comparaît l'utilisation par les chrétiens des pensées des philosophes grecs à l'épisode de l'Exode qui vit les Hébreux emporter les vases d'or des Égyptiens lorsqu'ils quittèrent le pays de leur servitude.

Sans abonder dans le sens de cette belle confusion, le Moyen Âge fut un âge éclectique en philosophie : toutes les grandes doctrines de l'Antiquité, à l'exception notable de l'épicurisme, y ont pris place en se mêlant à la révélation judéo-chrétienne et même en se mêlant les unes aux autres.

La vérité voit-elle double ?

Une façon habile d'éviter le conflit entre la foi et la raison, la religion et la philosophie (transposé sur le plan politique, ce conflit sera celui du pape et de l'empereur, du pouvoir spirituel et du pouvoir temporel) sera de prétendre qu'il n'y a pas une, mais *deux* vérités : une vérité pour la raison et une vérité pour la foi.

En fait, nul n'a jamais défendu explicitement la doctrine de la double vérité, si l'on entend par là la possibilité d'une contradiction entre la vérité religieuse et la vérité philosophique ; tout le monde sait trop bien que la vérité ne saurait accepter une telle contradiction.

Un peu de technique

Cette doctrine est donc davantage un épouvantail qu'une réalité historique. Il n'en reste pas moins vrai qu'on a parlé d'un averroïsme latin (Averroès est le philosophe arabe auquel cette doctrine a été attribuée) et qu'on trouve chez certains auteurs comme Siger de Brabant l'idée qu'il existe deux sphères : la sphère de la foi, qui englobe l'ordre surnaturel, et la sphère des raisons, qui recouvre l'ordre de la nature. Ainsi, selon la doctrine de la double vérité, notera-t-on que l'âme est immortelle pour le croyant mais mortelle pour le philosophe. Si la philosophie établit que tous les hommes sont mortels, la foi nous enjoint de croire que le Christ est ressuscité.

Anecdote

Des gravures de l'époque représentent un homme nu à quatre pattes, le mors aux dents, chevauché par une femme nue comme lui. L'homme est Aristote en personne et la femme, Campaspe, la plus célèbre courtisane (nom noble de la prostituée) de son temps. Les mœurs étaient lestes au Moyen Âge et l'on n'hésitait pas à appeler un chat un chat et une chatte une chatte (ou le lapin appelé *via* le latin *conil*, d'où est issu notre très fameux « con »). La gravure d'Aristote et de Campaspe ne servait tout de même pas, on l'imagine bien, à quelque revue pornographique échangée entre moines désirant se rincer l'œil sous la bure. Elle avait un sens allégorique qui ne donnait pas à la philosophie le beau rôle : Aristote représentant la raison et Campaspe les sens, l'image signifiait le peu de pouvoir de la pauvre raison humaine face à l'appel des sens. Elle pouvait donc être lue en un sens apologétique.

Penser Dieu : un défi philosophique

Peut-on parler de Dieu en termes humains ?

Pendant des siècles, on a cru que *La Hiérarchie divine*, *Des noms divins*, *La Théologie mystique* avaient été écrits par Denys l'Aréopagite, le premier Athénien converti par saint Paul lors de son discours sur le Dieu inconnu (l'aréopage était la cour criminelle d'Athènes, Denys en était membre). On sait désormais que ces ouvrages ont en réalité été écrits par un anonyme des ve et vie siècles. D'où le nom de pseudo-Denys que l'on donne à cet auteur inconnu.

La mode des pseudos

Le saviez-vous ?

Le Moyen Âge ne connaissait évidemment pas les exigences de la critique scientifique des textes. Aussi attribuait-il volontiers à des personnages fameux ou légendaires des ouvrages qui avaient été composés par des anonymes. Ainsi les *Vers dorés*, un court texte poétique qui eut sur les ésotérismes (l'alchimie en particulier) une influence décisive, étaient-ils attribués à Pythagore, les *Oracles chaldéens* à Orphée, etc.

Mais il arrivait également qu'un auteur inconnu ou discret signe d'un nom prestigieux les textes et les ouvrages dont il était en réalité l'auteur. Le Moyen Âge n'avait pas comme nous le culte de l'originalité et le processus d'individualisation n'avait pas encore marqué les esprits (nombre de cathédrales ou de fresques parmi les plus célèbres sont restées sans signature). Bien à l'inverse, alors que la modernité, à partir du XIXe siècle, verra nombre d'auteurs médiocres signer de leur nom des œuvres outrageusement plagiées, au Moyen Âge, bien des auteurs géniaux attribuaient à des noms réputés des idées ou des textes dont ils étaient en réalité les auteurs. On appelle pseudépigraphes ces écrivains qui ont triché par excès de modestie. Mais aussi par excès d'orgueil, car c'est signe d'orgueil que de mettre un grand nom sous un texte !

Le pseudo-Denys est un chrétien, de tendance mystique, qui a tenté de réaliser le mariage du message évangélique et de la philosophie néoplatonicienne. Il fond l'Un transcendant de Plotin dans le Dieu de la révélation judéo-chrétienne.

Un peu de technique

Mais sa plus grande originalité est ailleurs : elle tient dans l'idée que les mots (humains, forcément humains) sont incapables de traduire la transcendance et l'infinité de Dieu. Dieu dépasse tous les attributs que l'on peut lui donner car ils sont finis et lui est infini, ils sont relatifs et lui est absolu. Même si l'on porte les attributs jusqu'au superlatif (tout-puissant, suprêmement bon, omniscient, etc.), on ne peut éviter ce piège que constitue la finitude de la langue.

Conclusion : on ne peut évoquer Dieu que de manière négative. Dieu n'est ni ceci ni cela – ni fini ni imparfait. La négation a cet avantage sur l'affirmation qu'elle découpe un espace infini de sens : on dit davantage en disant que Dieu n'est pas limité qu'en disant qu'il est illimité. Spinoza établira que toute négation est une détermination. Le pseudo-Denys pense, à l'inverse, que la négation laisse libre l'indétermination et c'est pourquoi, selon lui, elle convient particulièrement bien à Dieu.

Silence ! On pense !

Le saviez-vous ?

La théologie négative du pseudo-Denys inspirera nombre de courants mystiques. L'un d'eux, l'hésychasme, fut particulièrement représenté chez les Byzantins. Le terme vient d'un mot grec signifiant le repos. L'hésychasme est une doctrine mystique caractérisée par le silence de la méditation : le moine ne parle plus que dans le fond de son âme (où, par exemple, il invoquera de façon incessante le nom de Jésus).

La valeur mystique du silence est connue de toutes les religions, et pas seulement de celles de la transcendance. Face à l'absolu, se taire peut paraître plus juste que parler. Tous, évidemment, ne l'entendront pas de cette oreille. Les pouvoirs établis, qui sont volontiers de grands bavards quand il ne s'agit pas de se taire sur leurs nœuds stratégiques, ont toujours regardé d'un mauvais œil ces mystiques qui, tout en se taisant et parce qu'ils ne pipaient mot, n'en pensaient par moins.

La querelle des images

Ceux qui voient dans la parole humaine un instrument bien faible pour saisir la grandeur de Dieu sont aussi tentés de contester aux images leur pouvoir de représentation. Les plus fanatiques de ces critiques vont même jusqu'à voir dans les images des mensonges et des illusions qui détournent l'âme du vrai chemin.

La méfiance et l'hostilité à l'encontre des images puisent leur argumentaire philosophique chez Platon et renouvellent l'interdiction rigoureuse que les Juifs avaient déjà prononcée. La querelle des images fut dans l'empire byzantin une crise à la fois religieuse et politique (l'empereur étant revêtu lui-même de ces deux fonctions). Platon disait que l'image nous éloigne des Idées, Aristote y voyait à l'inverse un moyen efficace d'apprentissage et de maîtrise. L'image nous détourne-t-elle de Dieu ou bien nous y conduit-elle ?

Saint Germain de Constantinople distingue le culte absolu, réservé à Dieu seul, et le culte relatif, celui que les images doivent recevoir. Les images sont de simples moyens, elles n'ont pas à devenir des fins en soi. Ce n'est pas parce qu'un chrétien semble avoir le même comportement qu'un païen devant une image que leur culte a le même sens : l'essentiel réside dans le sentiment intérieur qui dicte l'acte accompli. Ce n'est pas Dieu que l'image circonscrit, souligne saint Germain : dans la figure de Jésus, c'est la forme de l'homme de chair qui est retracée mais pas sa nature divine.

Les religions iconoclastes comme le judaïsme et l'islam n'accepteront jamais cette concession : pour elles, une icône (image sainte) est nécessairement une idole, c'est-à-dire une fiction qui a usurpé la place de Dieu.

La matière réhabilitée

Saint Jean Damascène (VIIe-VIIIe siècles), le dernier grand penseur chrétien dans une région conquise par l'islam, alla plus loin que la défense des images contre ceux qui les accusaient de corrompre l'âme : il prit le contre-pied d'une ancienne et vénérable tradition philosophique et religieuse en réhabilitant la matière.

À l'exception des matérialistes qui furent toujours minoritaires et marginalisés, les philosophes de l'Antiquité avaient presque tous subordonné la matière à un principe supérieur : l'Idée, l'esprit (Platon) ou la forme (Aristote). La théologie chrétienne se reconnut dans cet abaissement raisonné de la matière. Tantôt celle-ci était assimilée au manque, à l'imperfection (Aristote), tantôt elle allait jusqu'à être identifiée au mal (Plotin). Les gnostiques ont été le plus loin qu'il est possible dans cette répugnance, dont le corps sera évidemment la première victime.

Pas de révélation religieuse sans matière !

Sans tomber dans ces excès, les penseurs chrétiens ont accompagné et renforcé la tendance. La réaction de Jean Damascène n'en est que plus intéressante. Qu'est-ce que l'incarnation, interroge le père syrien, sinon l'insertion de Dieu dans la matière ? Qu'est-ce que la Création, que les textes sacrés s'accordent à reconnaître pour belle, sinon une matière chatoyante ? Et la croix, et l'hostie, qui jouent un rôle essentiel dans les mystères chrétiens, que sont-elles, sinon de la matière ? Il n'y aurait ni existence ni résurrection sans la matière. Celle-ci ne peut par conséquent pas être dite mauvaise.

Boèce, l'inventeur de la personne au destin pathétique

Portrait

Moins connu que Socrate et que Thomas More, Boèce fait partie de cette longue cohorte des philosophes martyrisés par le pouvoir. Après être parvenu à la fonction de consul (sorte de premier ministre), il fut emprisonné et torturé à mort sur l'ordre de l'empereur Théodoric qui l'accusait de comploter contre lui.

Le saviez-vous ?

Boèce eut une influence considérable sur la philosophie des siècles suivants. Non seulement il leur transmit Platon et Aristote, mais il leur légua le nom des disciplines et la clarification de nombreux concepts. C'est Boèce qui fut le premier à donner à la *personne* son sens actuel en la définissant comme réalité individuelle et rationnelle. Le mot latin *persona* renvoyait au masque de théâtre que portaient les acteurs pour symboliser tel ou tel rôle (esclave, roi, etc.). Puisque l'essentiel chez un acteur est le rôle qu'il joue (son personnage) et non le visage qu'il a, il faut recouvrir ce visage apparent pour exprimer la fonction. Boèce appelle donc personne ce qui fait le fond de l'individu humain.

Livre décisif

Écrit en prison, *Consolation de la philosophie* est un dialogue pathétique, en prose et vers mêlés, entre l'auteur et sa visiteuse, la Philosophie. Alors qu'il cherchait dans l'activité poétique un soulagement à son infortune, Boèce voit la philosophie lui apparaître sous la forme d'une femme vénérable, aux yeux étincelants et douée d'une intelligence surhumaine des choses. Sa robe, faite d'un tissu précieux, est marquée en bas de la lettre P et en haut de la lettre T. Pendant tout le Moyen Âge, il sera d'usage de représenter la philosophie sous cette apparence.

P signifie « Pratique » et T signifie « Théorie ». T est en haut. Le sens symbolique est clair : il faut aller de la pratique à la théorie, c'est-à-dire parcourir le chemin de la contemplation. Donc, la philosophie apaise son disciple que la proximité de la mort a plongé dans le désarroi. Celui-ci provient de l'ignorance : que Boèce se connaisse en tant qu'homme et il lui sera désormais possible de comprendre son origine et son destin. Il ne suffit pas de croire abstraitement en un Dieu créateur et maître du monde, l'essentiel est de savoir comment il est possible de s'unir à lui. Espèce de synthèse entre le *Phédon* de Platon et les Évangiles, *Consolation de la philosophie* plaide en faveur de la conciliation de la philosophie grecque et de la révélation chrétienne.

Jean Scot Érigène : la division de la nature

Jean Scot Érigène est le grand philosophe de ce IXe siècle carolingien que nombre d'historiens saluent comme un sommet culturel, avant l'extraordinaire explosion de l'âge scolastique (XIIIe siècle). Il est vrai que, comparée à la riche moisson de l'islam qui vit alors son âge d'or, l'Europe chrétienne fait alors un peu pâle figure. Du moins aurait-elle fait très pâle figure s'il n'y avait pas eu des esprits de l'envergure de Scot Érigène.

Le grand œuvre de ce grand Irlandais repose sur la division entre quatre natures :

» **La nature créatrice non créée :** Dieu (il a créé l'univers mais lui-même n'a pas été créé).

» **La nature créatrice créée** : ce sont les Idées archétypes, les modèles, dont la notion vient de Platon (pour Scot Érigène, les Idées en tant que modèles, les paradigmes, créent littéralement les choses sensibles : par exemple, c'est l'Idée de cercle qui produit les choses rondes, car sans elle, il n'y aurait pas de ronds ; ces Idées sont créées parce qu'elles dérivent de Dieu créateur de tout, selon une thèse entièrement opposée au platonisme).

» **La nature non créatrice créée** : ce sont les choses qui sont issues des Idées (les ronds dérivent des cercles).

» **La nature non créatrice non créée** : c'est Dieu *après* l'acte de création (Dieu est un artiste à la retraite : il a produit son chef-d'œuvre une fois pour toutes, d'où gros problème…).

Qui est Dieu ?

Dieu n'est-il qu'un paresseux infini ?

Les théologiens et les Pères de l'église se sont retrouvés confrontés à une foule de questions logiques et métaphysiques à cause de l'idée de Création. Car *avant*, il s'est écoulé un temps infini (puisque Dieu est lui-même infini) : pourquoi la Création a-t-elle été décidée à un moment donné et non pas avant ? Il faut répondre à cette question pour clouer le bec aux esprits malveillants qui seraient tentés de penser : « Eh bien, Il en a mis du temps ! »

À l'autre bout de la question, l'énigme ne tue pas moins : car, *après* la Création, que fait Dieu ? Il se repose, comme un chef d'entreprise épais qui peut voir arriver après avoir touché de grosses indemnités de départ ? Est-il bien digne de Dieu de le supposer aussi inactif ?

Un peu de technique

Une façon radicale de répondre à ces questions est d'établir qu'elles n'ont pas de sens. Dieu, à la différence des hommes, n'est pas dans le temps, mais dans l'éternité. L'*avant* et l'*après* n'ont de sens que par rapport aux hommes et au monde des choses sensibles, mais pas par rapport à Dieu. Il n'y a pas d'avant la Création puisque la Création est ce à partir de quoi l'avant (comme l'après, d'ailleurs) existe.

Une autre théorie, dite de la Création continuée, que défendra Malebranche à l'âge classique, établira que la création divine ne peut se réduire à une pichenette : en fait, Dieu est constamment actif dans l'univers, les lois de la nature sont la manifestation actuelle de cette présence.

Les Idées sont-elles éternelles ou créées ?

Une autre difficulté rencontrée par la pensée chrétienne (mais aussi juive et musulmane) est celle de la relation entre les Idées et Dieu.

Les Idées sont les modèles des choses. Elles sont parfaites et échappent au devenir du monde sensible. Platon les supposait éternelles : pour lui, l'Idée de Bien a toujours existé, et c'est grâce à cette Forme qu'il y a des actions que nous pouvons qualifier de bonnes. Pour Jean Scot Érigène, nous l'avons vu, les Idées sont créées par Dieu. Cette thèse est logique puisque, d'un point de vue religieux, seul Dieu est éternel.

Un peu de technique

Seulement, si Dieu crée les Idées, donc les vérités, il aurait pu les imaginer autrement, puisqu'il est souverainement libre. Par exemple, Dieu aurait pu faire que 2 fois 2 ne fassent pas 4. Des auteurs n'ont pas admis cette possibilité qui semble ravaler la volonté créatrice de Dieu au caprice et la vérité à la contingence. Si l'Idée est absolue, elle doit pouvoir s'imposer à Dieu lui-même (Dieu ne pouvant que reconnaître que 2 fois 2 font 4). Mais admettre cela, c'est admettre que Dieu ne peut faire autrement que de reconnaître des vérités qui échappent à sa volonté infinie, laquelle, du coup, n'est plus infinie...

Dieu seul est infini

Le saviez-vous ?

En faisant de l'infini un attribut de Dieu, le christianisme a bouleversé le sens que la philosophie ancienne avait donné à cette notion. Si le terme d'infini est négatif, c'est parce que le concept qu'il désignait était négatif (*apeiron* en grec, ce qui est sans limites, a été traduit par *infinitum* en latin, d'où est issu notre infini). Pour les Grecs, le beau, le parfait, l'achevé est nécessairement fini. L'infini est du côté de l'inachevé, de l'imparfait. Le cosmos, qui désigne le monde en son harmonie, ne pouvait être pensé que fini – d'où le modèle de la sphère considérée comme la plus parfaite des figures.

Un peu de technique

Par ailleurs, Aristote avait décrété impossible l'infini actuel, c'est-à-dire effectif : seul existe, à ses yeux, l'infini potentiel, c'est-à-dire la réitération sans fin d'une opération comme l'addition (on peut toujours ajouter 1 à un nombre, aussi grand qu'on voudra) et la division (on peut toujours partager en deux une quantité aussi petite qu'on voudra).

En faisant de l'infini un attribut de Dieu, le christianisme lui accorde une positivité qu'il n'avait pas. Du coup, c'est le fini qui se trouve dégradé. Ainsi, face à l'intelligence infinie de Dieu, l'intelligence humaine sera dite finie.

Par définition, l'infini ne peut et ne doit être limité par rien. Par conséquent, il est nécessairement seul. Il n'y a pas d'autre infini que Dieu. Ce qui signifie, entre autres choses, que l'infinité de l'univers est inacceptable dans ce cadre de pensée : ni le temps, ni l'espace, ni la matière ne peuvent être dits infinis, puisqu'il y a une Création et qu'il y aura une fin, et puisque l'infini est déjà occupé par Dieu.

Ainsi faut-il comprendre l'espèce d'élan avec lequel les philosophes du Moyen Âge ont accepté et intégré la conception finitiste de l'univers que les Grecs (épicuriens et stoïciens exceptés) avaient développée. La sphère de Parménide, de Platon et d'Aristote convenait tout à fait : la forme est assez parfaite pour rendre compte de la splendeur de la Création et son caractère fini ne saurait faire d'ombre à son créateur.

Les dilemmes de la toute-puissance divine

Dieu est tout-puissant, il peut tout. Qu'est-ce à dire ? Peut-il vouloir le mal, l'absurde, l'impossible ? Par exemple, peut-il faire s'entre-tuer les hommes ? Transgresser toutes les lois de la logique comme fabriquer un cercle carré ? Ou faire en sorte que le passé n'ait pas eu lieu ? Dieu peut-il se contredire ? Peut-il cesser d'être tout-puissant ? Créer un autre être tout-puissant ? Créer un être plus puissant que lui ? Si l'on répond non à de telles questions, c'est la puissance de Dieu qui en prend un coup, mais si l'on répond oui pour sauvegarder la puissance, c'est la perfection et la bonté qui sont anéanties. Dans son traité sur la toute-puissance divine, Pierre Damien établit que les limites logiques et physiques de la raison humaine ne valent plus pour Dieu. Celui-ci aurait pu faire que le mal eût été le bien et que 2 plus 2 eussent pu faire 5. De telles thèses ont généralement paru impossibles à défendre, la plupart des auteurs considérant la puissance de Dieu comme rationnelle et bienveillante. Est-ce que Dieu se soucie des bœufs, demandait saint Paul ? Après tout, un grand roi n'a pas à surveiller une à une les choses de l'intendance et si un marmiton renverse un plat, son supérieur ne peut être tenu pour responsable. Déjà Platon avait disculpé Dieu du mal qui peut exister dans l'univers.

Les plus graves questions finissent par prendre un tour burlesque. L'idée de toute-puissance poussée à son comble conduit à des choses insensées : on demandera si Dieu est capable de créer une pierre si lourde qu'il soit incapable de la soulever. Si l'on répond oui à la question, alors la toute-puissance de Dieu est limitée puisqu'il ne peut soulever la pierre, mais si l'on répond non, cette puissance est limitée aussi, puisque Dieu se montrerait alors incapable de créer au moins une chose.

La réponse à ces dilemmes sera de bon sens : à l'impossible lui-même, Dieu n'est pas tenu. D'ailleurs, si l'impossible était réalisé, il serait possible, donc il ne serait plus impossible. Et puis, que signifie la possibilité ? Dieu, disait Guillaume de Conches, peut d'un tronc d'arbre faire un veau. Mais l'a-t-il jamais fait ? Dieu n'est pas un saltimbanque, un cracheur de feu, un artiste de music-hall. Avec la question de la possibilité, on n'est plus très loin de la plaisanterie fameuse : « Il peut le faire ! »

Pouvoir et vouloir de Dieu

Un peu de technique

Abélard dit que Dieu ne peut faire que ce qu'il fait ; pas de possible fuyant hors du réel. La raison qu'il en donne est que Dieu ne peut faire que ce qu'il veut ; or, il ne peut pas vouloir faire autre chose que ce qu'il fait parce qu'il est nécessaire qu'il veuille tout ce qui est convenable ; d'où il s'ensuit que tout ce qu'il ne fait pas n'est pas convenable, qu'il ne peut pas vouloir le faire et par conséquent qu'il ne peut pas le faire.

À l'impossible, même Dieu n'est pas tenu

Comment Dieu pourrait-il transgresser les lois logiques ou physiques qu'il a lui-même établies ? Autant se demander s'il peut se tirer une balle dans le pied. Thomas d'Aquin résout la question en distinguant avec rigueur la possibilité logique et la puissance. Si Dieu ne peut pas faire quelque chose, cela ne signifie pas une limitation de sa puissance, mais une impossibilité objective. De plus, la toute-puissance impliquant la perfection, ce n'est pas une limitation mais, à l'inverse, une expression de la toute-puissance que de dire par exemple que Dieu ne peut pas pécher. Il y a des pouvoirs qui entravent la puissance au lieu de l'entraîner. Jean de Mirecourt a été condamné en 1347 pour avoir affirmé que Dieu veut le péché du pécheur. Autant vaudrait l'affirmation que c'est Dieu qui pèche à travers le pécheur : solution évidemment inacceptable.

Dieu est-il responsable du mal ?

Les termes du dilemme, ou plus exactement du « tétralemme » (choix entre quatre solutions paraissant également impossibles), ont été exposés avant même l'émergence du christianisme. De quatre choses l'une :

» Ou bien Dieu ne peut empêcher le mal qu'il ne veut pas – auquel cas il n'est plus tout-puissant ;

» Ou bien Dieu ne veut pas empêcher le mal – auquel cas il n'est pas suprêmement bon.

- Ou bien il ne veut ni ne peut empêcher le mal, et alors il n'est ni tout-puissant ni suprêmement bon.
- Ou bien il veut et il peut empêcher le mal, mais alors d'où vient le mal ?

Anecdote

Kant rapportera la conversation qu'un missionnaire chrétien eut avec un Iroquois au sujet du mal que Satan introduit dans la Création et de ses constantes entreprises d'anéantissement. « Mais pourquoi Dieu ne tue-t-il pas le diable ? » demanda l'Iroquois. Question qui laissa le missionnaire coi.

Les cathares, héritiers des gnostiques, sépareront le Bien et le Mal comme deux principes dérivés de deux puissances distinctes. L'orthodoxie catholique considérera comme hérétique un tel point de vue.

Les dilemmes de l'ubiquité divine

Dieu est tout en tous, disait saint Paul. Dieu est partout ; il emplit le Ciel et la Terre. Mais le monothéisme n'est pas le panthéisme : il est hors de question d'identifier Dieu et l'univers, car ce serait briser la transcendance. Dieu n'est pas dans tous les êtres, argumente Thomas d'Aquin, puisque les démons sont des êtres et que Dieu n'est pas dans les démons. De plus, lorsque nous disons que Dieu est partout dans le monde, ce n'est pas au sens où l'huile s'est étalée sur toute la table : Dieu n'a pas de parties. Dieu est partout dans le monde à la manière dont l'âme est partout dans le corps : cela ne veut pas dire qu'il y ait un bout d'âme dans l'auriculaire ou dans toute autre extrémité corporelle.

Citation à retenir

Dieu est une sphère dont le centre est partout et la circonférence nulle part.

Livre des XXIV philosophes

Les dilemmes de l'omniscience divine

Dieu connaît tout. Mais connaît-il le futur qui n'existe pas encore (il n'y a, semble-t-il, de connaissance que de ce qui existe déjà) ? Il n'y a de connaissance que du général, disait Aristote. Dieu, qui connaît tout, connaît-il les choses singulières ? Sait-il le nombre de cheveux sur ma tête ? Pierre Lombard, qui décidément n'en manquait pas une, prétendait que oui : Dieu connaît le nombre total des puces qu'il y a dans le monde. Il tient le compte de celles qui naissent et de celles qui meurent ; il sait que certaines, qui ont une patte cassée, n'en ont plus pour longtemps. C'est nécessaire puisque Dieu sait tout.

Des esprits au service de Dieu

Saint Anselme prouve l'existence de Dieu !

Les preuves de l'existence de Dieu sont une illustration spectaculaire de cette volonté typiquement médiévale de mettre la raison au service des « vérités » religieuses (ce que l'on appelait ainsi, on l'aura compris).

Un peu de technique

Saint Anselme est l'inventeur de ce que l'on nomme depuis Kant la preuve ontologique de l'existence de Dieu. Le raisonnement est le suivant : si l'on se représente quelque chose de tel que rien ne peut être pensé de plus grand, il y aurait diminution pour l'être qui ne serait que pensé sans exister, car l'être qui existe est plus grand que l'être qui n'est que pensé. Donc Dieu existe.

Vous n'êtes pas convaincus ? Ne vous affolez pas : vous êtes loin d'être les seuls. En fait, les preuves de l'existence de Dieu, et en particulier la preuve ontologique, la plus abstraite de toutes, n'ont jamais converti personne. D'ailleurs, elles ne sont pas des preuves – tout au plus des *arguments*. S'il y avait réellement des preuves de l'existence de Dieu, cela voudrait dire que les athées et les agnostiques sont bêtes ou fous.

Philosophiquement parlant, la preuve ontologique consiste à déduire l'existence (Dieu est) de l'essence (la grandeur suprême). Mais, dès le départ, Dieu est posé comme existant (comme grandeur suprême). Dieu sort comme un lapin blanc du chapeau du prestidigitateur. On devine que Dieu, comme le lapin, est déjà là. Par ailleurs, chacun sait que quand on pose un lapin, il n'y a personne.

Un peu de technique

Plus tard, Kant présentera une réfutation sophistiquée de la preuve ontologique : l'existence, remarquait-il en substance, n'est pas un prédicat (un attribut) qui vient s'ajouter à un sujet mais la condition de la liaison des prédicats dans le réel. Plus simplement, car je devine dans les yeux du lecteur un flottement, l'existence n'est pas prouvable par le raisonnement, elle est éprouvable dans l'expérience. Faites-en le test simple : essayez donc de démontrer à l'aide du seul raisonnement que vous, vous existez. Vous n'y parviendrez pas. Cela ne signifie pas, bien entendu, que vous n'existez pas, cela signifie que l'existence n'est pas de l'ordre de la preuve. Saint Anselme a cru prouver l'existence de Dieu, il n'a fait que prouver l'ingéniosité de la raison humaine.

Abélard, héraut tragique

L'œuvre d'Abélard représente le plus clair démenti à la thèse qui voudrait que la vie d'un homme fût nécessairement exprimée dans sa pensée. Il n'y a, en fait, rien dans les livres de logique, de philosophie et de théologie de ce grand intellectuel qui exprime le sombre drame d'un amour-passion interrompu, mais non achevé, par la mutilation.

Portrait

Dans l'extraordinaire histoire d'amour-passion qui lia Abélard à Héloïse, le philosophe n'eut pas le beau rôle : la faiblesse et la lâcheté sont de son côté, tandis que la force et le courage sont du côté de la figure féminine qui, entre Antigone et Hildegarde de Bingen, suffit à ébranler le dogme de la domination masculine. Héloïse disait à son amant préférer le nom d'amie ou même celui de prostituée à celui d'épouse. Abélard l'épousa tout de même pour leur malheur à tous deux. Croyant que le philosophe projetait de se débarrasser de sa nièce, le chanoine Fulbert le fit émasculer une nuit par des hommes de main. Héloïse se réfugia dans un cloître et s'imposa toute une vie de rigueur pour un homme qui était loin de la valoir, mais qui avait payé cher pour ses velléités.

Un peu de technique

La philosophie d'Abélard est résolument antiréaliste : les universaux (le genre et l'espèce comme « l'homme », « le cheval », « l'arbre ») sont seulement des prédicats communs à plusieurs sujets et non des réalités indépendantes. Ils sont donc d'abord des mots. Si, par exemple, on dit de la grenouille et du raton laveur qu'ils sont des animaux, ce n'est pas parce qu'ils participent d'une animalité abstraite et idéale, comme le croient les platoniciens, ni parce que l'idée d'animal s'incarne en eux. C'est parce qu'ils possèdent assez d'éléments communs pour qu'on puisse les désigner par le même terme.

Abélard sépare rigoureusement l'être et le dire, la chose et le mot. Une proposition ne dit pas une chose mais un certain état de la chose. Il s'ensuit que la vérité nécessaire ne s'énonce pas à travers une proposition catégorique (du type « la grenouille est un animal ») qui reste valable même si les choses que ces termes désignent n'existent pas (il est possible de formuler des énoncés vrais à propos d'êtres imaginaires comme : « une licorne a une corne au milieu du front »).

L'influence d'Abélard se fera sentir au-delà de la logique. Un ouvrage, *Sic et non* (*Oui et non*), présente une forme qui sera ensuite adoptée par nombre d'auteurs du Moyen Âge : on dit le *pour* d'une question en argumentant avec des citations et des raisons déduites des citations, puis on dit le *contre*, et enfin on donne la solution. La pensée ainsi éclatée évite de donner à la doctrine un aspect systématique. Les grandes sommes scolastiques sont en préparation dans ce texte.

La querelle des universaux

Les universaux sont les concepts dont le premier caractère est justement l'universalité. Les philosophes de cette époque se sont rangés en trois camps au sujet de cette question. Il y a en effet trois façons de concevoir la relation entre le concept et la chose :

- **Ou bien le concept précède la chose, comme chez Platon (platonisme ou réalisme des Idées)**
- **Ou bien le concept est dans la chose**
- **Ou bien le concept est après (d'après) la chose**

Soit le rond, c'est une chose, et le cercle, c'est le concept. Première solution : le concept de cercle existe de toute éternité, il précède ce rond que je viens de dessiner sur une feuille de papier. De plus, c'est parce que j'ai déjà dans ma tête l'idée de ce qu'est un cercle que je peux reconnaître comme rondes les choses qui ont cette forme. Deuxième solution (ce fut celle d'Aristote) : il n'y a pas d'un côté les idées et d'un autre côté les choses, il n'y a pas, comme chez Platon, un monde intelligible d'une part et un monde sensible d'autre part, mais, de même que la forme achevée, parfaite, finie de la statue existe déjà potentiellement dans le bloc informe du marbre, le concept est dans la chose concrète. Il n'y a pas de cercle sans chose ronde puisque ce sont les choses rondes qui *réalisent* (au sens propre : lui donnent la réalité) le cercle. Penser, ce n'est pas découvrir, comme chez Platon, une Idée éternelle, antérieure aux choses, c'est reconnaître la présence de l'idée dans le monde.

Un peu de technique

Une troisième solution est possible : le concept n'est ni avant ni dans la chose, mais après elle, dans l'esprit de celui qui le forge. S'il n'y avait pas de choses rondes (le soleil, la pleine lune, la section de l'arbre, la fesse, etc.), l'homme n'aurait pas pensé au cercle – mais cela ne signifie pas que le cercle *est* dans la lune ou dans la fesse : la pensée a abstrait le concept de cercle du monde des sens (on voit le rond, on pense le cercle), elle l'a dégagé. Si l'on accorde une plus grande autonomie à la pensée, par rapport à la réalité sensible, on peut même aller jusqu'à dire qu'elle forge ses concepts exactement comme le forgeron forge le fer à cheval, ou comme l'architecte bâtit sa maison.

Les scolastiques et leurs cathédrales de mots

Le terme de scolastique a d'abord été un adjectif (théologie scolastique, philosophie scolastique) avant d'être un substantif (la scolastique). Il renvoie à la théologie et à la philosophie chrétiennes enseignées dans les écoles du Moyen Âge et caractérisées par la rationalisation des dogmes et articles de foi et par leur systématisation sous forme de sommes. Le XIIIe siècle fut l'âge d'or de la scolastique.

Ces cathédrales de l'esprit que sont les sommes et qu'ont bâties pierre à pierre Albert le Grand, saint Bonaventure, Thomas d'Aquin, entre autres, ne vont pas sans contrefort ni arc-boutant. Elles ont beau avoir des proportions colossales, elles sont loin d'avoir le caractère complet et fermé des traités de l'âge classique qui suivra. Dans les sommes, rien n'est conclu, car les mains qui les ont écrites ont effacé leurs propres empreintes. Une raison de fond l'explique : la synthèse systématique conférerait à la doctrine théologique une structure trop décidément rationnelle. Aussi peut-on dire qu'elle fut évitée comme fut évité (et non déterminé par les circonstances extérieures) l'achÈvement des cathédrales. La perfection n'appartient qu'à Dieu.

Thomas d'Aquin ne termina pas sa *Somme théologique*. Pris d'une vision extatique, le Docteur angélique (tel fut son surnom) n'eut plus le désir de terminer son ouvrage : tout ce que j'ai écrit, dit-il, me paraît de la paille en comparaison de ce que j'ai vu...

Thomas d'Aquin, le Docteur angélique

Le bœuf tranquille

Portrait

On se demande comment un homme qui n'avait pas cinquante ans quand il mourut a pu produire une œuvre aussi considérable. Il eut pour surnom le Docteur angélique, car aucun des secrets célestes ne semble lui avoir échappé. Mais ses condisciples moines l'appelaient le bœuf tranquille, à cause de son embonpoint et de son mutisme. Thomas d'Aquin ne disait rien : il pensait et il écrivait.

Après l'avoir récusé (plusieurs thèses de Thomas d'Aquin furent solennellement condamnées), l'Église le canonisa une cinquantaine d'années après sa mort. Inquiète de son déclin, l'Église, au XIXe siècle, fera du thomisme sa doctrine officielle, si bien qu'aujourd'hui encore le catholicisme est philosophiquement thomiste. C'est pourquoi il n'est pas exagéré de dire que, Marx excepté, aucun philosophe n'eut sur l'histoire institutionnelle une influence aussi profonde que Thomas d'Aquin.

Sa pensée est, comme celle d'Averroès chez les musulmans et celle de Maïmonide chez les juifs, une reprise par la raison des dogmes et des mystères de la révélation religieuse. Elle apparaît comme une synthèse de la philosophie grecque (Platon, mais surtout Aristote appelé simplement le Philosophe dans la *Somme théologique*), de la religion chrétienne et des commentateurs arabes. Selon Thomas d'Aquin, la raison ne se réduit pas à la foi mais elle lui donne une assise et une structure logiques. Lorsqu'il y a conflit ou aporie, c'est la foi qui doit l'emporter en dernier ressort : si Aristote dit que le monde est éternel et que la Bible affirme que le monde a été créé, c'est la Bible qui doit l'emporter sur Aristote.

Les cinq preuves de l'existence de Dieu

Prouver l'existence de Dieu, c'est en même temps prouver que la raison a raison de s'appuyer sur la foi pour comprendre, et que la foi a raison d'avoir foi dans la raison pour croire.

Dans la *Somme théologique*, Thomas d'Aquin énonce cinq preuves :

» **La première est que tout est en mouvement dans l'univers, qui est lui-même en mouvement.** En remontant la série des moteurs, il est nécessaire d'aboutir à un moteur qui met en mouvement sans être lui-même mû : ce premier moteur immobile est Dieu. Cet argument vient d'Aristote.

» **La seconde preuve est analogue à la première ; seulement, au lieu de moteur, il est question de cause.** En remontant la série des causes (la cause de la cause, la cause de la cause de la cause, etc.), il est inévitable d'aboutir à une cause première, qui cause (cause toujours !) sans être elle-même causée. Cette cause non causée est Dieu.

» **La troisième preuve part de l'idée de contingence du monde.** Le monde est contingent : il existe, mais il aurait pu ne pas exister (son inexistence n'enferme pas d'impossibilité logique). Seul un être nécessaire (Dieu) peut expliquer l'existence d'un monde contingent.

» **La quatrième preuve de l'existence de Dieu prend appui sur l'idée de perfection.** Il y a des degrés de perfection (l'être est plus ou moins bon, plus au moins beau, etc.). Ces degrés n'existeraient pas sans un critère de perfection idéale, absolue. Cet être qui est tel qu'aucun autre plus parfait que lui n'eût pu être imaginé est Dieu.

» **La cinquième et dernière preuve repose sur la finalité de l'univers.** Sans un ordonnateur suprême, les choses iraient à vau-l'eau dans le plus grand désordre. Kant appellera téléologique cette preuve par l'idée de cause finale.

La Somme théologique

Livre décisif

Une somme est un résumé organisé de manière logique – c'est le mot que nous retrouvons dans « sommaire ». La plupart des auteurs du Moyen Âge, qui étaient à la fois philosophes et théologiens, ont écrit des sommes censées résumer l'ensemble des connaissances en un domaine donné. Si la *Somme théologique* de Thomas d'Aquin, la plus célèbre de toutes, n'est pas aussi lourde que celle d'Alexandre de Halès (les reliures et parchemins du Moyen Âge étaient épais), sa traduction en français, en quatre volumes, frôle les 4 000 pages sur double colonne...

Que le lecteur enhardi devenu momentanément féroce comme ce qu'il lit (pour reprendre les premiers mots des *Chants de Maldoror* de Lautréamont) ne se décourage et ne se résigne pourtant pas : il peut ouvrir au hasard l'un des volumes de la *Somme théologique*, il tombera la plupart du temps sur des analyses tout à fait claires et passionnantes.

Une architecture de mots

Le grand historien et philosophe de l'art Erwin Panofski a comparé le plan de la *Somme théologique* à la structure d'une cathédrale. L'ouvrage comprend une introduction (le porche d'entrée) consacrée à la théologie comme science et trois parties (nef, chœur, bas-côtés) consacrées respectivement à Dieu, à l'homme et au Christ – lequel est le médiateur entre Dieu et l'homme. Comme les cathédrales, la *Somme théologique* est inachevée : Thomas d'Aquin est mort à 45 ans.

Un peu de technique

Chacune des trois *parties* de la *Somme théologique* est subdivisée en *questions* (plusieurs dizaines à chaque fois : par exemple, l'éternité de Dieu, le mouvement local des anges, la divination, la nature du baptême...). À son tour, chaque question est divisée en un certain nombre d'*articles* (de 2 à 16, 3 ou 4 la plupart du temps) qui traitent de problèmes particuliers : la volonté n'a-t-elle pour objet que le bien ? Le choix convient-il aux bêtes ? A-t-on raison de distinguer amour, amitié, amour de convoitise ? Ces articles constituent les chapitres de la *Somme théologique*.

Chaque article comprend à son tour trois parties :

» **Des objections qui exposent la conception commune ou celle qui est délivrée par des auteurs ou encore qui paraît conforme à la lettre de la Bible.**

» **Une réponse qui contredit les objections précédentes – Thomas d'Aquin s'appuie sur « le Philosophe » (Aristote) et l'Écriture (la Bible) pour la formuler.**

» **Les solutions, c'est-à-dire les arguments qui justifient la réponse donnée précédemment.**

Après avoir défini la théologie comme science divine, Thomas d'Aquin traite de Dieu et de sa création. Dieu a des attributs (unicité, simplicité, perfection, infinité, éternité) qui ne sont pas connaissables entièrement par la raison – la grâce est nécessaire.

Puis, en suivant une échelle descendante, Thomas d'Aquin traite des anges, du monde et de l'homme. Bien que pécheur et mortel, l'homme est un être libre, donc responsable de ce qu'il pense et de ce qu'il croit : la Providence divine n'a pas le caractère brutal et aveugle du Destin.

La seconde partie s'ouvre sur la béatitude, qui est la véritable fin de l'homme. La liberté humaine implique une volonté capable de discerner le bien et le mal. Puis vient l'analyse des passions, c'est-à-dire de tout ce qui ballotte l'âme indépendamment de la volonté (l'amour et la haine, le plaisir et la douleur, la crainte et la colère). Puis Thomas d'Aquin analyse les manières habituelles d'agir (les *habitus*) qualifiées de vertueuses et de vicieuses. C'est ici qu'intervient la typologie célèbre des trois vertus théologales (la foi, l'espérance et la charité) et des quatre vertus cardinales (la prudence, la justice, la force et la tempérance). Les vertus théologales sont celles qui concernent le rapport de l'homme à Dieu, les vertus cardinales, celles qui concernent le rapport de l'homme à son prochain. C'est Cicéron qui, mêlant Aristote à Platon, avait établi la liste des quatre vertus cardinales.

La seconde partie de la *Somme théologique* s'achÈve sur la prééminence de la vie contemplative sur la vie active.

La troisième partie est consacrée aux médiations qui permettent à l'homme de s'unir à Dieu : le Christ (d'où l'analyse des mystères de l'Incarnation et de la Résurrection) et les sacrements (au nombre de 7, comme il se doit, 7 étant le nombre sacré par excellence) – seuls le baptême, la confirmation, l'eucharistie et la pénitence sont traités.

Après l'avoir condamnée, l'Église a fait de la pensée de Thomas d'Aquin sa doctrine officielle. Elle lui a assuré à la fois une gloire sans égale mais l'a aussi enfermée dans une espèce d'enfer dogmatique dont il n'est pas sûr qu'elle soit aujourd'hui sortie.

La justification de la guerre

Thomas d'Aquin établit, à partir d'indications données par saint Augustin, une théorie de la guerre juste. Le dilemme est bien connu : en théorie, le christianisme prêche une absolue non-violence. Par ses paroles et par ses actes, Jésus a incarné cet idéal, auquel on n'a pas manqué de rapprocher le bouddhisme. Le culte du martyre, dans les premiers siècles du christianisme, dérive au moins en partie de ce refus inconditionnel de la violence, que même la nécessité de se défendre ne saurait entamer.

Cela dit, dès que l'Église s'est elle-même retrouvée à la tête d'un État temporel, elle a mené des actions en tous points semblables à celle menées par n'importe quel autre État. Sur un plan strictement moral, la politique des papes du Moyen Âge ne peut pas être dite meilleure que celle des rois et des empereurs – elle pourrait même être à bien des égards déclarée pire, parce que beaucoup plus hypocrite (ainsi l'Église, qui ne devrait pas verser le sang, laissait-elle le soin au pouvoir séculier de la débarrasser par le feu des hérétiques que ses tribunaux condamnaient).

La justification de la guerre par saint Augustin puis par Thomas d'Aquin représente évidemment une inflexion décisive dans la doctrine. Jésus disait : si on te frappe sur la joue, tends l'autre. À présent, la légitime défense lave la guerre du soupçon de meurtre. Mais il y a plus et pire : Thomas d'Aquin déclare juste une guerre menée par un roi légitime (lequel est censé détenir son pouvoir de Dieu lui-même, selon la doctrine de saint Paul). On comprend qu'une telle dialectique ait attiré l'attention de plus d'une tête couronnée dans la suite des siècles !

La justification du vol

Le saviez-vous ?

Il serait néanmoins erroné de faire de Thomas d'Aquin le chien de garde des riches et des puissants de la terre. Les pages qu'il consacre au vol sont à cet égard étonnantes et instructives. Certes, il y a le « Tu ne voleras pas » qui, comme le « Tu ne tueras pas », sonne comme un principe intangible. Mais, dans les cas de grande pauvreté, dit Thomas d'Aquin, la loi est comme suspendue, car alors on se retrouve dans un état de nécessité naturelle. Un pauvre qui vole pour manger ne commet pas de péché, car son état de nécessité signifie suspension de l'obligation de ne pas voler. La nécessité ne connaît pas de loi, avait dit saint Augustin.

Il y a de nos jours dans nos sociétés démocratiques bien des tribunaux qui sont loin d'être arrivés à ce degré de compréhension...

Les sept péchés capitaux

C'est Abélard qui distingua le vice, qui est un penchant mauvais, du péché, qui est le consentement de la volonté au mal. Un péché, par définition, est volontaire, alors qu'un vice peut être irréfléchi. La théologie chrétienne a, durant le Moyen Âge, distingué et hiérarchisé avec beaucoup de soin les différents péchés. La distinction la plus connue est celle des péchés véniels (qui éloignent le pécheur de Dieu sans le séparer de lui) et des péchés mortels (qui marquent une séparation entre le pécheur et Dieu).

Le saviez-vous ?

Ont été dits capitaux les vices ou les péchés qui ont la capacité d'en engendrer d'autres. C'est la raison pour laquelle la série des péchés capitaux n'est pas une liste de délits ou de crimes. Les péchés capitaux sont la source, la cause, la condition des péchés les plus nombreux et les plus graves. Ils sont au nombre de sept, comme les vertus : l'orgueil, l'avarice, la luxure, l'envie, la gourmandise, la colère et la paresse. Soit le meurtre, ou la guerre – en cherchant, on verra qu'ils sont effectivement la résultante d'un ou de plusieurs de ces péchés.

On remarquera avec une certaine dose d'ironie que non seulement ces péchés n'en sont plus, mais que l'avarice exceptée (et encore, elle favorise l'épargne !), ils sont tous valorisés par les sociétés démocratiques de consommation de masse au point d'apparaître pour la plupart d'entre eux (la luxure surtout) comme des vertus.

Roger Bacon, le Docteur admirable

Portrait

Il est anglais, comme son nom l'indique, et a vécu en même temps que Thomas d'Aquin – bien que nettement plus longtemps (quatre-vingts ans). Ses attaques contre les dominicains (lui-même est franciscain) lui ont valu quinze ans de prison. Dans un monde intellectuel marqué par la spéculation livresque, il tranche par la sagacité de son observation et par la façon presque scientifique (au sens moderne du mot) de comprendre la réalité.

Il est le premier à s'apercevoir que le calendrier en usage depuis Jules César (et appelé pour cette raison julien) est en décalage croissant avec la réalité astronomique (il faudra attendre encore trois siècles pour qu'un nouveau calendrier, dit grégorien, le remplace). Il remarque également que le système de Ptolémée censé rendre compte de la position et du mouvement du soleil et des planètes contient des anomalies. Il précède Descartes de 400 ans avec ses travaux d'optique et sa théorie de l'arc-en-ciel. Il imagine des machines volantes avant Léonard de Vinci. Il trouve la formule de la poudre (qu'il a peut-être empruntée aux Arabes). Quatre siècles avant Pascal, qui s'est inspiré de lui, il renverse la perspective traditionnelle avec sa foi dans le progrès des connaissances : ceux que nous appelons les Anciens sont en réalité la jeunesse du monde ; il n'y a par conséquent pas à montrer un respect excessif à leur endroit.

Dans la querelle des universaux, il tient pour la solution conceptualiste : les idées générales sont le produit de l'abstraction opérée par l'intelligence humaine. Comme son homonyme et compatriote Francis Bacon, qui viendra trois siècles après lui, il est considéré à juste titre comme le chantre de la science expérimentale. Quand on vous disait que tout n'était pas mort au Moyen Âge !

Cela dit, pas d'anachronisme. N'allons pas imaginer quelque esprit des lumières égaré au XIIIe siècle. Roger Bacon croyait à l'astrologie (alors même que la plupart des philosophes de l'Antiquité et du Moyen Âge n'y voyaient, à juste titre, qu'un tissu de sornettes), à la pierre philosophale des alchimistes, et il prend pour argent comptant les légendes colportées par Pline l'Ancien sur le diamant qui serait dissout par du sang de bouc...

Citation à retenir

La science expérimentale ne reçoit pas la vérité des mains de sciences supérieures ; c'est elle qui est la maîtresse et les autres sciences sont ses servantes.

Bacon

Duns Scot, le Docteur subtil

Sa pensée marque, contre la scolastique de la génération précédente fortement structurée par l'aristotélisme (Thomas d'Aquin) et contre un certain retour à l'esprit du platonisme et du néoplatonisme (saint Bonaventure), un certain désir de réalisme. Beaucoup le considèrent aujourd'hui comme le plus grand philosophe du Moyen Âge. Sa pensée, difficile, est en effet d'une rigueur telle qu'elle lui a valu le surnom de Docteur subtil.

Un peu de technique

Pour Duns Scot, l'objet propre de l'intelligence humaine n'est ni l'essence abstraite de la réalité matérielle comme le prétend Thomas d'Aquin à partir d'Aristote, ni Dieu lui-même comme le soutiennent les augustiniens inspirés par Platon, mais l'être même entendu de manière univoque (lorsque nous disons de la pierre, de l'animal, de l'homme et de Dieu qu'ils *sont*, c'est en un sens unique). Les choses ont une essence qui leur appartient en propre et qu'elles ne doivent ni à la matière ni à la forme. Les disciples de Duns Scot ont créé le terme d'*haeccéité* pour traduire cette essence singulière des choses, sur laquelle l'intelligence humaine doit se porter.

Par ailleurs, Duns Scot a tiré toutes les implications logiques de l'idée d'une volonté divine infinie. Dieu n'est limité dans sa volonté de créer par rien d'extérieur à lui, pas même par les prétendues Idées éternelles. Dès lors, le monde qu'il a créé aurait pu être autre qu'il n'est : la nécessité de la volonté divine ne peut que déboucher sur la contingence du monde. La créature humaine bénéficie d'un semblable pouvoir de choix – une thèse dont Descartes, malgré sa répugnance pour la scolastique, ne manquera pas de se souvenir.

Guillaume d'Occam et le rasoir critique

Principal représentant du nominalisme au Moyen Âge, Guillaume d'Occam est considéré comme un précurseur de l'empirisme classique (la théorie selon laquelle nos idées et connaissances viennent de l'expérience et sont par conséquent acquises). Selon le nominalisme, les idées générales désignées par des mots ne sont que des moyens commodes pour saisir en une unité ce que la réalité sensible nous offre de manière dispersée : grâce au seul mot de serpent, la pensée saisit l'ensemble des serpents sans crainte de se faire piquer.

Le saviez-vous ?

On appelle rasoir d'Occam le principe nominaliste, adopté plus tard par les empiristes et selon lequel il ne convient pas de multiplier les entités sans nécessité. Dit également de parcimonie, ce principe vise à éliminer les abstractions auxquelles ne correspond aucun fait réel et qui ne servent que pour des explications fictives : si, pour rendre compte d'un phénomène, on peut le faire sans recourir à une nouvelle entité, alors il convient de s'en tenir aux facteurs déjà connus.

Le rasoir d'Occam fait donc passer sous la joue (le joug) de sa pensée une lame critique. Lorsque, plus tard, Stahl imaginera, pour rendre compte du feu, un phlogistique contenu dans les corps qui brûlent et se libérant lors de leur combustion, lorsque des physiciens supposeront, pour expliquer la chaleur, l'existence d'un calorique en plus ou moins grande quantité, ils transgresseront le principe de parcimonie en inventant des entités fictives et en croyant qu'en les exhibant comme des miracles, les choses seraient enfin expliquées. S'il suffisait de baptiser une difficulté pour la résoudre, cela se saurait ! (En politique, on dit « créer une commission »).

Un peu de technique

Aristote pensait qu'il n'y a de science que du général. Guillaume d'Occam pense, à l'inverse, qu'il n'y a de science que du particulier. Au reste, l'absolue irréductibilité des choses singulières permet à Guillaume d'Occam de préserver la toute-puissance de Dieu : s'il y avait des modèles éternels (les universaux), ils auraient limité la volonté divine en la forçant à créer des individus qui auraient eu leur essence dans un pot commun.

Guillaume d'Occam est par ailleurs l'un des premiers à fonder une théorie de la causalité sur l'induction (mode de raisonnement qui conclut à l'universel à partir du singulier) : on constate qu'après avoir ingéré telle plante, un fiévreux recouvre la santé, on en conclut que cette plante est la cause de la guérison.

À l'opposé de Thomas d'Aquin, Guillaume d'Occam sépare la philosophie et la théologie. Les grandes notions d'unité, d'infinité, de Trinité de Dieu sont des articles de foi impossibles à établir en raison. Cette distinction métaphysique entre le domaine de la foi et celui de la raison aura, grâce à un courant de pensée issu du philosophe anglais et représenté par Jean Buridan et Nicole d'Oresme, des implications politiques particulièrement décisives : la séparation des deux pouvoirs, ecclésiastique et civil.

La vie risquée des philosophes

Portrait

Le nom de Jean Buridan n'est plus célèbre aujourd'hui que pour l'âne qui reste attaché à son nom. En son temps (le XIVe siècle), Buridan, disciple d'Occam, était célèbre. Dans sa *Ballade des dames du temps jadis*, le poète François Villon se demande où est la reine qui commanda que Buridan fût jeté en un sac en Seine. Jeanne de Navarre, femme de Philippe le Bel roi de France, menait une vie assez libre : elle faisait amener dans ses appartements du Louvre les écoliers qui lui plaisaient et après avoir tiré le service qu'elle souhaitait d'eux, elle les faisait jeter dans la Seine par les fenêtres de sa chambre pour cacher les désordres de sa vie. Seulement l'histoire dit, contre Villon, que Buridan fut épargné et que son fameux dilemme : « Irai-je ou n'irai-je pas ? » persuada ses étudiants de ne pas céder aux invitations de la sirène royale...

Animal symbolique

Un âne (celui de Buridan donc), également tenaillé par la faim et la soif, est placé à égale distance d'un seau d'eau et d'un sceau d'avoine. Incapable de se décider pour un chemin plutôt que pour l'autre, il demeure immobile et meurt de faim et de soif. Une variante remplace le seau d'eau par un second seau d'avoine (c'est la version de Pierre Bayle) ou par un sceau de picotin. Leibniz, quant à lui, préférera placer la malheureuse bête entre deux prés.

Un peu de technique

L'âne de Buridan illustre la différence censée exister entre les bêtes dépourvues de libre arbitre et les hommes qui en sont munis. Dans un état d'indifférence, comme celui de la bête – indifférence signifiant littéralement : absence de différence – un être humain se déciderait pour l'un des deux partis, parce qu'il possède cette force, la liberté, lui permettant de sortir de cet état. L'âne, lui, n'a pas de raison (en quelque sens que l'on entende le mot) pour se décider en un sens ou en l'autre.

Nicole d'Oresme, le plus grand inventeur de mots français

Le saviez-vous ?

Qui sait, à part les spécialistes, qu'un évêque de Lisieux, disciple de Guillaume d'Occam, fut sans doute celui qui introduisit, à partir du latin, le plus grand nombre de mots courants, et pas seulement philosophiques, dans la langue française ? C'est Nicole (ou Nicolas) d'Oresme qui inventa « civilité » et « immanent », c'est lui qui définit le premier l'« objet » (terme forgé en latin par Duns Scot) comme ce qui touche la sensibilité (on dit : « objet de perception » à partir de là).

Nicole d'Oresme eut l'intuition que c'est la terre qui bouge et non le ciel. Il en donne une raison métaphysique : puisque le mouvement est moins parfait que le repos (un axiome que l'on pourrait comprendre en éthique : un type agité nous paraît moins sûr qu'un homme tranquille), il est logique de penser que c'est la Terre qui tourne autour du Soleil.

Les brûlés de l'absolu

Les mystiques intéressent au plus haut point la pensée philosophique parce que, précisément, ils prétendent la dépasser ou l'esquiver. Le temps qui édifia les cathédrales et conduisit des centaines de milliers d'hommes dans l'épopée des Croisades n'est évidemment pas seulement celui des grammairiens, des logiciens et des métaphysiciens. La philosophie vit aussi de ce qui la récuse.

Portrait

Hildegarde de Bingen fut peut-être, avec Héloïse, la femme sublime du Moyen Âge. Ses visions furent représentées dans des cosmogrammes (des images de l'univers construites à partir de cercles et de carrés) dont les seuls équivalents au monde sont les mandalas de l'Inde. Elle composa un nombre considérable de pièces musicales, qui sont parmi les plus belles de son temps, et écrivit sur la Trinité un texte dont Dante s'inspirera pour sa *Divine Comédie*. Elle rédigea également un traité de médecine. Et puisqu'elle ne fut ni seulement une grande mystique, une grande artiste, un grand écrivain, elle doit être considérée comme une grande philosophe. Ne faut-il pas, en effet, être philosophe pour n'être pas seulement ce que l'on fait ?

Ce mystique suscita l'admiration des communistes

Joachim de Flore fut l'un de ces grands ardents révoltés par les abus du pouvoir religieux. Il élabora une théorie des trois âges qui fit sentir son influence sur le millénarisme de Thomas Müntzer durant la Renaissance. L'histoire mystique de l'humanité est divisée en trois temps, chaque temps correspondant à un Testament et à une Personne. Le premier âge, celui de la Loi, dérive de l'Ancien Testament et du Père. Le second, l'âge de la Grâce, dérive du Nouveau Testament et du Fils ; le dernier, l'âge de la plus grande Grâce, dérivé de l'Évangile éternel (correspondant à la claire compréhension des deux Testaments), est celui de l'Esprit. L'âge du Père est aussi celui de la famille, l'âge du Fils, celui de la foi et des clercs, celui de l'Esprit verra le règne des moines, débarrassés des préoccupations doctrinaires. On devine chez Joachim de Flore un passage du millénarisme religieux à l'utopie politique : ce mystique italien accordait un rôle tout particulier aux petites gens – d'où son influence sur l'utopisme de la Renaissance.

Un autre grand mystique, Maître Eckhart fut un créateur fécond de mots en langue allemande, l'équivalent de Nicolas d'Oresme outre-Rhin. Il n'est pas de philosophe allemand postérieur qui ne lui sera redevable de quelque pensée. Il avait le sens du tout de la nature et aussi une conception presque phénoménologique des états existentiels.

Raymond Lulle, infatigable planteur d'arbres

Ce Catalan, dont le nom s'écrit Ramon Llull, est l'un des plus vastes esprits de l'histoire universelle. Il a écrit en trois langues (le catalan, le latin et l'arabe) quelque 300 ouvrages sur tous les sujets possibles. Il eut l'idée de répartir les sciences dans des cercles et dans des arbres, chaque science occupant un secteur des premiers ou représentant les racines et les branches des seconds. Dans l'esprit de Raymond Lulle, les principes de la science générale englobent ceux des sciences particulières à la manière dont une grammaire énonce des règles qui peuvent être appliquées à un nombre indéfini de phrases.

Un peu de technique

Raymond Lulle eut le projet, à des fins apologétiques, d'un grand art (*ars magna* en latin) qui eût exposé l'ensemble des idées possibles et permis de fournir tous les arguments et de répondre à toutes les questions. Leibniz, plus tard, reprendra à son compte cette utopie de logique universelle, qui serait à la pensée ce que le dictionnaire est aux mots et l'encyclopédie aux connaissances.

Raymond Lulle, qui quitta femme et enfants après avoir eu la vision du Christ en croix, était un grand illuminé. Il cherchait la conversion des musulmans et son propre martyre. Il mourut probablement des suites d'une lapidation.

DANS CE CHAPITRE

Une période charnière entre le Moyen Âge et l'époque moderne

•

La naissance de l'humanisme

•

Machiavel

•

La Réforme protestante

•

Montaigne et le doute

Chapitre 9
La Renaissance

Du monde clos à la terre entière et l'infini

On a dit du Moyen Âge qu'il était toujours l'Antiquité tandis que la Renaissance était encore le Moyen Âge. Certes, le terme de Renaissance n'a pas été inventé par elle mais les contemporains eurent bien conscience du brusque élargissement de leur monde. Jérôme Cardan, médecin, mathématicien et philosophe italien de la Renaissance à qui l'on doit l'invention d'un dispositif destiné à soustraire la boussole au mouvement des navires et une formule mathématique (dite formule de Cardan) permettant de calculer une équation du troisième degré, écrit dans son autobiographie que, parmi les prodiges naturels, le premier et le plus rare, c'est d'être né dans le siècle où toute la terre a été découverte alors que les Anciens n'en connaissaient guère plus du tiers.

La Renaissance est gourmande et même boulimique. Dans tous les secteurs de la culture se manifeste et s'illustre la volonté d'embrasser la totalité : Pic de la Mirandole dans la connaissance, Brueghel en peinture, Rabelais en littérature font ce que fait Magellan : le tour du monde. Il semble même que l'époque ignore jusqu'à la catégorie de l'impossible : elle accorde sans méfiance à Nostradamus et à Faust un savoir et un pouvoir fantasmatiques, elle fait de l'alchimie et de la magie des disciplines par excellence à cause de la connivence secrète que celles-ci supposent entre l'homme et la nature.

Mais l'inachÈvement ne caractérise pas moins la Renaissance que la totalité : Magellan justement n'eut pas le temps d'achever son tour du monde, il fut dévoré avant. Nous ne sommes jamais chez nous, constata Montaigne avec une inquiétude que le Moyen Âge n'avait pas connue.

Du monde clos à l'univers infini, tel est le titre d'un ouvrage, devenu célèbre, qu'Alexandre Koyré consacra à la révolution astronomique à laquelle Tycho Brahé, Copernic et Kepler lièrent leur nom. La Renaissance ne fut pas seulement le temps de la géographie enfin terrestre, elle fut aussi celui d'un univers à la fois décomposé et recomposé. À partir du XVIe siècle, en effet, la pression des observations et des idées fait sauter le couvercle de la marmite monde : le cosmos limité des Grecs perd de sa consistance, l'univers prend à Dieu son infini (Dieu qui, puisque nous en parlons, n'en a plus pour longtemps, du moins en philosophie).

Nicolas de Cues : une nouvelle pensée de l'infini

Enveloppez, développez !

Un peu de technique

Nicolas de Cues reprend à la théologie négative l'idée selon laquelle Dieu, l'absolu, est ineffable et étend cette méthode à l'ensemble de la philosophie (pour saisir les sens d'une chose, il convient de dire ce qu'elle n'est pas au lieu de tâcher de déterminer ce qu'elle est). Il effectue une considérable révolution de (et dans) la pensée en faisant de l'infini l'attribut de la création (pour réserver l'infini à Dieu, la scolastique avait repris la tradition d'un monde fini).

Pour Nicolas de Cues, Dieu est toutes choses à l'état compliqué, le monde est toutes choses à l'état expliqué. On peut dire « enveloppement » pour la complication et « développement » pour l'explication. L'enveloppement représente le monde de l'unité, le développement, celui de la multiplicité. Dieu *enveloppe* l'univers, inversement l'univers *développe* Dieu (si vous ne pensez pas vélo, vous êtes sur la bonne voie). Dans l'enveloppement, qui dépasse la logique et le langage de la raison humaine, les opposés coïncident au lieu de diverger.

Les opposés se rencontrent : quelle coïncidence !

Un peu de technique

La règle de non-contradiction qui dit qu'une chose ne peut être à la fois une chose et son contraire est valide dans le seul monde humain et pour la seule raison humaine, dit Nicolas de Cues. Dans l'infini, qui est la nature de Dieu, les extrêmes finissent par se fondre l'un dans l'autre et par coïncider. C'est ce que le philosophe appelle la coïncidence des opposés.

Seule l'intelligence, qui n'a pas les limites logiques de la raison, peut la reconnaître. Nicolas de Cues donne une image géométrique de cette coïncidence des opposés où Hegel, vous l'avez très certainement deviné, reconnaîtra une idée dialectique : lorsque le rayon du cercle grandit, le rayon de courbure se réduit. Si l'on imagine un rayon de cercle tendant vers l'infini, comme un soleil pris de folie, un segment de circonférence sera tellement détordu qu'il finira droit. Ainsi, à l'infini, le courbe et le droit (qui sont des contraires au regard de la raison, j'espère que vous l'avez compris) deviennent identiques. Nicolas de Cues appelle docte ignorance (bel oxymore) la conscience que l'intelligence prend du non-savoir de la raison. La docte ignorance est connaissance de la non-connaissance (avouez que la philosophie est un voyage !).

Pic de la Mirandole : un puits de science mirobolant

Le nom de Pic de la Mirandole est devenu synonyme d'homme de gigantesque culture.

Portrait

Doté d'une phénoménale mémoire, Pic de la Mirandole a publié un recueil de 900 thèses qu'il projetait de soutenir publiquement. Mais, inquiètes (on l'aurait été à bien moins), les autorités religieuses l'en empêchèrent. Poursuivi pour hérésie, Pic, qui était italien, se réfugia en France, où il fut enfermé au donjon de Vincennes (notre cher et vieux pays a toujours eu un sens un peu spécial du droit d'asile...). Rentré en Italie, le savant homme mourut empoisonné par son secrétaire à l'âge de 31 ans.

Comme la plupart des grands philosophes érudits, Pic était éclectique et œcuménique. Le Moyen Âge avait opposé Aristote à Platon, les jouant l'un contre l'autre. Pic de la Mirandole visait une paix philosophique en projetant une gigantesque dispute à laquelle auraient participé tous les grands esprits de son temps. Puisque la connaissance est partout, la vérité doit être partout aussi.

Le saviez-vous ?

Sur le plan moral, Pic donne à la *dignité* une valeur toute nouvelle qui fonde l'idéal humaniste. Dans les sociétés d'Ancien Régime, la dignité était une fonction privilégiée, liée au rang (en ce sens, le terme était volontiers utilisé au pluriel : les dignités). Avec Pic, la dignité devient une valeur proprement humaine, et donc universelle.

Dans sa *Fable de l'homme*, Vivès, philosophe espagnol, imagina Jupiter offrant aux Olympiens le spectacle du théâtre du monde. Parmi les acteurs, le plus général, donc le plus génial, est l'homme, sans conteste : pantomime accompli, il interprète tous les rôles (plante, animal, être humain, dieu). Il joue même le rôle de Jupiter, si bien que les dieux, après avoir hésité, l'invitent à leur festin céleste. C'est Pic de la Mirandole qui avait développé cette idée qui inspira Vivès : la nature de l'homme consiste en fait à n'avoir pas de nature. Une pierre est déterminée par ses qualités physiques, un animal a une forme et des instincts déterminés qui le font être de telle ou telle manière. Seul l'homme n'a pas de nature fixée à l'avance.

Animal symbolique

Aux yeux de Pic, la nature de l'homme n'est pas déterminée, même pas comme animal raisonnable. C'est pourquoi le caméléon le symbolise assez bien : avec lui, tout est possible. C'est en cela que consiste la dignité de l'homme, à laquelle Pic consacre un traité. Qui n'admirerait ce caméléon que nous sommes ? s'exclame-t-il. Ni céleste ni terrestre, ni immortel ni mortel, il peut, s'il le veut, dégénérer en formes inférieures, comme celles des bêtes ou, régénéré, atteindre les formes supérieures, qui sont divines.

Qu'est-ce que l'humanisme ?

L'homme à la place de Dieu

L'homme n'a évidemment pas attendu le xve siècle européen pour savoir qu'il existe, il n'a pas non plus attendu cette époque et ce lieu pour avoir une petite idée de lui-même. Cela dit, c'est réellement à partir du xve siècle européen que l'homme commence à se placer lui-même au centre d'un monde jusqu'alors gouverné par ces puissances non humaines, surhumaines, voire inhumaines, que sont la Nature, le Destin ou Dieu. L'humanisme est d'abord cela : la conviction que l'homme est au centre des représentations et qu'il constitue la valeur la plus haute.

Cette conception représente par rapport au Moyen Âge une révolution profonde. Le Moyen Âge plaçait l'homme sous le regard de Dieu ; la Renaissance le place sous son propre regard. L'invention de la perspective en peinture en est peut-être le meilleur signe. Car, si cette technique est fondée sur le projet de rendre le plus fidèlement possible une troisième dimension qui n'existe pas sur une surface (mur, toile ou papier), elle a pour sens essentiel la priorité donnée au regard horizontal, humain, sur le regard vertical, qui est idéalement celui que Dieu poserait sur notre monde. La perspective est l'humanisme en peinture parce qu'elle met un sujet en position de spectateur d'une certaine scène qui devient de fait son monde.

Le saviez-vous ?

Et si, à la même époque (le XVe siècle), les peintres commencent à signer de leur nom leurs œuvres, cela veut dire que, à la différence de leurs prédécesseurs et ancêtres peintres d'église, ils ne se placent plus d'abord sous la loi et la garde de Dieu, mais sous celles d'un prince mécène. Le héros comme idéal d'homme remplace désormais le saint.

Citation à retenir

Rire est le propre de l'homme.

Rabelais

La culture humaniste

Le saviez-vous ?

C'est Cicéron qui fut le premier à dégager la notion de culture de ce qu'elle pouvait avoir de littéralement infantile (la *paidéia* grecque traduite en *cultura* par les Romains venait d'un mot signifiant « enfant » et la culture était avant tout l'apprentissage). Avec Cicéron, la culture n'est pas seulement ce qu'un individu encore jeune peut apprendre mais l'ensemble des valeurs qu'un être humain se doit de conserver et d'illustrer pour mériter son nom d'être humain. En d'autres termes, cette culture, qui est à l'esprit ce que le travail des champs est à la nature (le même double sens existe en latin), ne va pas sans la reprise du passé dans ce que celui-ci a laissé de plus beau et de plus grand.

Au Moyen Âge, la culture avait été prioritairement ordonnée par le pouvoir et l'esprit religieux. La Renaissance coïncidera avec un formidable mouvement de retour à l'Antiquité d'avant le christianisme, aussi bien en art qu'en littérature. D'où cette idée (évidemment illusoire) d'une renaissance après des siècles de sommeil.

Des génies universels

Les hommes de la Renaissance sont des conquérants en tous les domaines. Les valeurs de l'action se substituent à celles de la contemplation tant louée au Moyen Âge. Rabelais se moque des moines qui ne font rien. Le travail commence à être une valeur positive.

La Renaissance a cultivé l'idéal d'homme universel – que des artistes comme Alberti ou Léonard de Vinci, maîtres en tant d'activités diverses, ont incarné de somptueuse façon. Désormais, les sommes et les encyclopédies du Moyen Âge sont considérées comme des fatras. Un nouveau don apparaît : le don d'observation. Tout se passe comme si les hommes voyaient les choses et les êtres de la nature pour la première fois.

Portrait

Érasme fut le plus célèbre des humanistes. Il poussa la charité chrétienne jusqu'au point de ne pas porter le nom de son père, qui était prêtre. Une psychanalyse noterait que ce bâtard n'en conçut aucune amertume : Érasme détestait les dogmatismes et les fanatismes. Les certitudes de Luther le désolaient tout autant que les abus de l'Église catholique.

Citation à retenir

Suivant la définition des stoïciens, la sagesse consiste à prendre la raison pour guide ; la folie, au contraire, à obéir à ses passions ; mais pour que la vie des hommes ne soit pas tout à fait triste et maussade, Jupiter leur a donné bien plus de passions que de raison.

Érasme

Des amis du monde

Les médiévaux se voulaient des amis de Dieu et leur existence était tendue vers cet objectif : le salut de l'âme. Les hommes de la Renaissance sont les amis du monde et de l'humanité. En ce XVIe siècle déchiré par les guerres de religion, nombre de penseurs désirent avec ardeur la paix universelle et l'unité des croyances.

Portrait

Connaisseur du grec, de l'hébreu et de l'arabe, comme s'il s'agissait pour lui d'autres langues maternelles, Guillaume Postel rêve de l'unité religieuse de la terre, chose qu'il croit possible grâce au caractère rationnel des vérités révélées : hostile aux protestants qui rompent l'unité chrétienne non moins qu'au catholicisme autoritaire qu'établit le concile de Trente, celui de la Contre-Réforme, il ne voit de salut que dans l'origine oubliée de toutes les religions, qui, selon lui, est la raison.

Une utopie : la communauté des croyances

Dans un ouvrage, Jean Bodin fait se rencontrer et discuter ensemble à Venise, ville ouverte sur le monde s'il en fut, sept savants : un catholique, un luthérien, un calviniste, un juif, un musulman, un partisan de la religion naturelle et un sceptique. Le but de la conversation (Jean Bodin reprend une situation imaginée par Raymond Lulle et Nicolas de Cues avant lui) est de savoir quelle religion est la meilleure. Le résultat est qu'il n'y en a aucune et que toutes sont des avatars d'une même religion naturelle. Profession de foi typiquement humaniste : il existe une croyance naturelle, commune à tous les peuples, qui transcende les formes particulières où, pour leurs malheurs, les hommes demeurent accrochés et qui constitue l'unité morale de l'univers. On peut, selon Bodin, extraire de toutes les religions un contenu commun qui serait la religion universelle. Le programme du déisme qui caractérisera le siècle des Lumières est donc déjà mis en place : suppression des dogmes, affirmation de l'existence de Dieu, pratique des vertus morales, au premier rang desquelles la tolérance.

Francisco de Vitoria, l'inventeur du droit universel

Avec Suárez, Francisco de Vitoria est le principal représentant de ce que l'on a appelé la seconde scolastique et qui a correspondu à un renouveau de la pensée scolastique à la Renaissance, au moment où l'humanisme l'emporte sur la philosophie médiévale. Mais l'importance de Francisco de Vitoria tient moins à une réhabilitation hypothétique de la pensée antérieure qu'à l'invention de l'idée de droit universel qui, elle, pointe directement en direction de notre modernité. Avec l'effondrement de la chrétienté médiévale et du projet implicite, jamais abouti mais constamment présent, d'un empire chrétien unifié sous l'autorité de l'Église, l'Europe entrait alors dans une période historique nouvelle, caractérisée par la naissance des États et par la valeur inhérente de souveraineté. Le schisme qui cassait la chrétienté en deux et la conquête du monde mettaient par ailleurs les penseurs de cette époque devant des défis entièrement nouveaux.

L'idée de droit universel présentée par Francisco de Vitoria s'oppose aussi bien aux ambitions impériales de Charles Quint, fier de ce que le soleil ne se couchait jamais sur ses terres, qu'aux menées théocratiques du pape. Par ailleurs, la conquête violente du Nouveau Monde, avec les massacres et la mise en esclavage qui l'accompagnèrent et la suivirent, suscita par réaction chez certains intellectuels une redéfinition élargie de l'humanité dont les frontières n'étaient désormais plus celles de l'Europe blanche et chrétienne.

Francisco de Vitoria affirme qu'il existe une communauté humaine antérieure et supérieure aux États et donc une universalité de droit. Ce qui sauve croît avec ce qui perd, dira le poète. L'idée moderne des droits de l'homme commence à apparaître avec les premiers crimes mondiaux. Contre la valeur naissante de souveraineté dont nombre de philosophes feront l'alpha et l'oméga de la pensée politique, Francisco de Vitoria affirme que si une guerre est utile à une province ou à un État mais porte préjudice au monde ou à la chrétienté, elle est injuste par le fait même. Nul, depuis les stoïciens, n'avait parlé de société universelle comme le fit Francisco de Vitoria.

Machiavel : la fin justifie les moyens

Aux antipodes d'un Guillaume Postel ou d'un Francisco de Victoria campe Nicolas Machiavel dont le seul nom, dans les siècles suivants, en fera trembler et pâlir plus d'un.

La légende noire du penseur florentin

Dans les termes qui ont été tirés de ce nom (machiavélisme, machiavélique) flotte un parfum de satanisme qui a séduit quelques-uns et répugné au plus grand nombre. Même Frédéric de Prusse, qui ne fut pas en politique exactement une rosière, se crut obligé, pour cacher le cynisme réel de son action, d'écrire un *Anti-Machiavel* pour prouver ses bonnes intentions. En quoi il se montra, à l'inverse, très machiavélique. La sulfureuse réputation de l'Italien est moins venue de sa vie et de ses mœurs que d'un petit écrit, *Le Prince*, et des thèses percutantes qui y sont exposées.

Le saviez-vous ?

Le caractère proprement révolutionnaire de la pensée de Machiavel tient en une idée simple : alors que depuis les Grecs (Platon, Aristote) la philosophie politique était subordonnée à la morale (et, depuis le christianisme, à la religion), l'Italien considère la politique comme un domaine autonome, indépendant à la fois de la morale et de la religion. D'où le scandale d'une pensée qui apparut à la fois comme immorale et athée.

Pour Platon et Aristote, la meilleure politique est celle qui organise du mieux qu'il est possible le bien collectif. Au Moyen Âge, un bon roi est un roi chrétien qui obéit (ou fait semblant d'obéir, mais ceci est une incise typiquement machiavélienne) aux préceptes de la religion chrétienne. Pour Machiavel, la politique est l'art d'acquérir le pouvoir qu'on n'a pas et celui de conserver celui qu'on a. Dès lors, les valeurs politiques sont les valeurs pragmatiques d'utilité et d'efficacité, mais pas les valeurs morales du bien et du juste, et encore moins les valeurs religieuses.

Alors que le point de vue des philosophes politiques de l'Antiquité était de type moral, celui de Machiavel est purement politique, et il n'est que cela. C'est ce réalisme qui vend la mèche qui a tant choqué (les cyniques au pouvoir n'aiment rien tant que le sirop de la morale pour faire avaler leur potion). Dire que la franchise peut être la forme la plus raffinée du mensonge, ce n'est pas seulement annoncer le constat désabusé d'un La Rochefoucauld, c'est aussi du même coup décrire l'action politique et pointer son champ d'efficacité possible. Machiavel va jusqu'à dire que le prince (on appelle ainsi, depuis son livre, le détenteur du pouvoir) se trouve obligé d'agir *contre* les règles de la morale et même contre celles de la religion. Ainsi conseille-t-il au prince de ne pas tenir ses promesses lorsque cet accomplissement lui serait nuisible et que les raisons qui l'ont conduit à les faire n'existent plus.

Animal symbolique

Cicéron avait écrit que l'on peut être injuste de deux manières, par violence ou par ruse. La ruse est l'affaire du renard, la violence, celle du lion. Machiavel reprend ces images mais les détourne à son profit. Le prince doit être tantôt lion tantôt renard, user tantôt de force, tantôt de ruse. Car s'il est vrai, concède Machiavel, que la manière de combattre par la force est propre aux bêtes, la manière de combattre par les lois, qui est propre aux hommes, bien souvent ne suffit pas.

Le jeu de la fortune et de la vertu

Ce que Machiavel appelle fortune n'est ni le Destin antique, force stupide, ni la Providence chrétienne, intelligence suprême, mais un mélange de hasard et de nécessité, d'événements inopinés et de force des choses. La vertu n'est pas à entendre en son sens moral de qualité opposée au vice mais, conformément à son étymologie latine, comme une force d'action et de caractère. Le grand prince est celui dont la vertu tire parti de la fortune.

Anecdote

Diodore de Sicile raconte cette histoire sur Denys, le tyran de Syracuse. Denys était injuste et cruel et les habitants de Syracuse le haïssaient. Or, l'opinion des autres avait du prix pour lui, il voulait tout contrôler, tout savoir. Aussi aimait-il se poster en dehors de la ville à un endroit des carrières, les Latomies, où le moindre son des alentours parvenait amplifié : c'était un trou, une entrée de grotte comme un énorme pavillon d'oreille en pierre (on appelait ce lieu l'oreille de Denys et il existe encore, on peut le visiter). Denys découvrait les pires horreurs murmurées sur son compte : elles étaient méritées. Évidemment, il ne manquait pas de s'en venger.

Un jour pourtant, le tyran entendit pour la première fois une petite vieille dire du bien de lui et lui souhaiter prospérité et longue vie. Stupéfait, Denys la fit venir dans son palais et l'interroge : « Je t'ai entendu me souhaiter la santé et la richesse. Penses-tu ce que tu dis ?
– Certes oui, répond la vieille.
– Alors, tu me considères comme un bon roi ?
– Oh ! Pas du tout », répliqua aussitôt la vieille.

Denys était intrigué : « Je ne comprends pas, explique-moi.
– Eh bien, fit la vieille, c'est très simple. Lorsque j'étais jeune, j'ai connu ton grand-père, qui était méchant. Alors j'ai adressé des prières aux dieux pour qu'il disparaisse de la terre et c'est ce qui est arrivé. Son fils, ton père, lui succéda alors sur le trône : c'était pire encore ! Alors j'ai fait les mêmes prières et elles ont été aussi exaucées. Tu es arrivé et c'est toi qui, de loin, es le plus méchant des trois ; c'est pourquoi à présent je fais des prières nuit et jour aux dieux pour qu'il te conserve à nous. »

L'utilité ponctuelle de la violence

Si Machiavel justifie la violence occasionnelle, il n'en fait pas l'apologie. Il remarque seulement que le prince fait preuve de plus de clémence en étant cruel de temps en temps qu'à laisser pourrir une situation, car les désordres continus dérangent la société tout entière tandis que les sévérités ponctuelles ne touchent que les particuliers.

Machiavel est trop fin observateur pour ne pas voir qu'une cruauté arbitraire ou permanente finirait par se retourner contre celui qui l'exercerait. Puisque le premier objectif de l'action politique est l'efficacité, mieux vaut une violence rapide et éphémère qui impressionne les esprits plutôt qu'une violence installée qui exaspérerait tout le monde. Si l'auteur du *Prince* n'était pas démocrate, c'est le moins qu'on puisse dire, il fut peut-être le premier dans l'histoire de la pensée politique à tenir autant compte de cette force centrale dans les démocraties modernes, qu'on appelle l'opinion publique.

Thomas More, l'inventeur de l'utopie

Portrait

Après être parvenu au poste de chancelier qui faisait de lui le second personnage du royaume juste après le roi, Thomas More fut emprisonné et exécuté sur ordre d'Henri VIII pour avoir désavoué celui-ci dans l'affaire de son divorce et du différend consécutif avec le pape.

Thomas More fut l'un des rares philosophes à avoir eu une expérience directe du pouvoir. Comme Boèce, il la paya de sa vie. La pensée politique de la Renaissance a produit deux chefs-d'œuvre : *Le Prince* de Machiavel et *L'Utopie* de Thomas More. Rien de plus opposé que ces ouvrages : alors que Machiavel décrit la réalité du pouvoir en rabattant le possible sur le réel, Thomas More imagine une société idéale en élargissant le réel jusqu'à l'impossible.

Livre décisif

En écrivant *L'Utopie*, sous-titrée *De la meilleure république*, Thomas More n'invente pas seulement une fiction, il introduit dans l'histoire des idées un nouveau concept. Le titre du livre de Thomas More a eu, en effet, le privilège de devenir un nom commun. « Utopie », terme forgé par l'auteur, vient de deux mots grecs signifiant « non » et « lieu ». « Utopie » signifie littéralement « non lieu », « absence de lieu ».

Dans la première partie, l'auteur fait une critique en règle des différents maux dont souffre la société anglaise de son époque : le despotisme du pouvoir politique, la servilité des gens de cour, la vénalité des charges, la soif de luxe des privilégiés et l'injustice dont eux et les moines profitent. La propriété personnelle est dénoncée comme la source de tous les désordres. Dans la seconde partie, Thomas More décrit par contraste une société idéale dans une île, Utopie, située très loin dans l'océan. Ainsi les idées, au lieu d'être abstraitement exposées comme elles l'eussent été dans un programme, sont-elles présentées comme déjà réalisées.

Le saviez-vous ?

En inventant un concept, Thomas More inaugure du même coup un genre : l'utopie, en effet, apparaît historiquement comme l'héritière des eschatologies religieuses (conceptions de l'au-delà et des fins dernières de l'homme) avec cette différence décisive qu'il n'y a plus transcendance ni sacré, donc plus de religion dans ce monde présenté comme parfait et en activité. C'est pourquoi l'idée d'utopie est représentative de l'humanisme de la Renaissance : l'homme n'attend plus son salut dans un au-delà après la mort comme au Moyen Âge mais ici-bas, dès cette vie.

L'Utopie a fécondé les utopies qui ont été ensuite écrites et pensées. Elle en présente les espérances (la croyance en un monde enfin meilleur qui soit le nôtre et pas celui de Dieu) mais aussi les risques (dans les utopies, la sécurité anéantit la liberté, l'individu n'existe qu'en tant que membre anonyme du groupe).

Jean Bodin : la république et la souveraineté

Avant d'être défini comme le régime politique opposé à la monarchie, la république est, conformément à son étymologie latine, l'État lui-même en tant qu'il organise politiquement la chose publique. Pour montrer que la république n'est ni un lieu ni un peuple mais ce que l'on appellerait aujourd'hui une structure, Jean Bodin se sert de l'image du bateau de Thésée.

Anecdote

Sur l'acropole d'Athènes, dans l'Antiquité, était conservé le bateau que la tradition disait être celui du héros Thésée. Les années, les décennies puis les siècles passant, le bateau dut être restauré pièce à pièce si bien que, dans sa dimension matérielle, plus rien du bateau d'origine ne subsistait. Les Athéniens continuaient néanmoins à parler du « bateau de Thésée ». En quoi consistait donc l'identité de ce bateau ? Non pas dans ses pièces de bois, puisque celles-ci avaient été remplacées plusieurs fois, mais bien plutôt dans la forme, l'agencement et, ajouterions-nous, le nom.

Bodin se sert de l'anecdote du bateau de Thésée pour dire que la république n'est pas un ensemble d'individus mais désigne bien plutôt la façon dont leur vie collective est organisée. Ce sont les lois qui font la république, de même que c'est la disposition des différentes pièces de bois qui faisait le bateau de Thésée.

La Boëtie : c'est l'obéissance qui fait le pouvoir !

Livre décisif

Le *Discours sur la servitude volontaire* est l'un des grands textes de la philosophie de la Renaissance. L'ami cher de Montaigne y lÈve un lièvre de belle taille : les hommes courbent l'échine devant le pouvoir des rois sans se rendre compte que c'est leur obéissance qui fait la force de ceux-ci : soyez résolus à ne plus servir, écrit crânement La Boëtie, et vous voilà libres ! Le pouvoir, en effet, a toujours été considéré comme une force qui coulait de haut en bas, mais sans l'obéissance qui lui répond, quelle consistance aurait-il ? L'idée d'une servitude volontaire ne manqua pas d'apparaître comme paradoxale, voire scandaleuse. Il fallut attendre la psychanalyse pour en pénétrer l'énigme.

De la révolution protestante à l'esprit du capitalisme

Ce qui est resté dans l'Histoire sous l'appellation de Réforme est infiniment plus profond et violent que ce que ce terme désigne comme un simple aménagement d'un état de choses existant. Le schisme qui eut lieu au sein de la chrétienté au XVIe siècle avec Luther et Calvin eut des conséquences autrement plus importantes que celui qui détacha l'Église d'Orient (Byzance) de Rome au XIe siècle. Cette fois, ce n'étaient pas seulement quelques points de dogme et du rituel qui étaient en question, mais bien une nouvelle philosophie de l'homme et de l'Histoire.

En contestant frontalement le pouvoir et les institutions du clergé catholique, le protestantisme entendait supprimer les écrans entre l'homme et Dieu, et revenir à l'esprit du christianisme des origines. En réalité, la Réforme ne fut pas davantage un retour aux sources religieuses que la Renaissance italienne ne fut un retour aux sources artistiques antiques. Il faudra, en effet, attendre les Lumières pour que les hommes prennent enfin conscience que les ruptures qu'ils effectuent dans la trame des événements ne sont pas de simples reprises du passé mais des *inventions* de *faits*.

Ce que la Réforme inventait sans le savoir, c'était l'individualisme en matière religieuse, donc la tolérance. Avec, à la clé, cette extraordinaire ruse de la raison historique : les défenseurs de l'idée de prédestination (Dieu a décidé de toute éternité qui irait cuire dans la fournaise de l'enfer et qui irait bénéficier de l'air doux du paradis) ont été aussi ceux qui ont jeté la base de l'idée moderne, démocratique, de liberté personnelle.

D'où vient le capitalisme ?

Alors que Marx avait assigné à la naissance du capitalisme, durant la Renaissance, des causes sociales et économiques, le sociologue Max Weber lui trouvera plutôt des causes philosophiques et religieuses. Pour lui, en effet, le capitalisme est apparu à partir du moment où le travail n'a plus seulement été perçu comme le châtiment nécessaire du péché originel (c'est la thèse traditionnelle de l'Église) mais comme un moyen efficace de rachat, analogue à la prière. Le capitalisme est né lorsque l'échange monétaire et le prêt à intérêt n'ont plus été vus comme des actions indignes ou pécheresses, mais comme des nécessités normales de la vie pratique.

Le saviez-vous ?

Dante, au Moyen Âge, avait réservé un cercle spécial de son enfer (dans la *Divine Comédie*) aux usuriers (confondus avec tous les prêteurs d'argent) parce que ceux-ci font du temps, dimension appartenant exclusivement à

Dieu, leur affaire. Spéculer, en effet, c'est toujours agir à partir du temps et sur lui. Or, avec la Réforme, l'homme prend possession de son futur et laisse à Dieu les fins dernières.

Par ailleurs, le capitalisme représente le triomphe de l'individualisme en matière économique : la libre entreprise est l'entreprise personnelle, et non la corporation. Les artistes eux-mêmes, dont nous avons vu qu'ils commencent à se donner un nom à cette époque, deviennent de véritables entrepreneurs. Et pour celui dont l'affaire principale consiste à faire des affaires, la liberté de penser et de croire est, plus qu'une exigence, une évidence.

Montaigne : que sais-je et qui suis-je ?

Le scepticisme ancien est né du brusque élargissement des cadres du monde de la cité opéré par la conquête d'Alexandre le Grand. Le scepticisme moderne est né du brusque élargissement des cadres du monde médiéval opéré par les grandes découvertes. Le doute vient en effet volontiers de la confrontation des regards. Pour celui qui, comme Montaigne, vit à l'époque des guerres de religion, le sauvage n'est peut-être pas celui qu'on pense. Le scepticisme naît aussi du gonflement des connaissances. « Que sais-je ? » ne signifie pas seulement : « Je ne sais rien », mais : « Dans une telle masse de connaissances, que puis-je savoir ? »

Les lois de la conscience que nous disons naître de la nature naissent en réalité de la coutume, disait Montaigne. Une leçon que retiendra Pascal : les hommes ont vite fait d'attribuer à une prétendue nature ce qu'ils ont eux-mêmes inventé de façon plus ou moins arbitraire. Seulement, pour Pascal, il y avait derrière cette illusion un fondement et une réalité solides : Dieu. Tandis que pour Montaigne tout fuit et flotte, le monde, les hommes, les idées, les événements.

Montaigne disait aussi que chaque homme porte en soi la forme entière de la condition humaine. Aussi s'autorise-t-il à faire de son moi la matière première et dernière de ses *Essais*.

Les imprudences d'un sceptique

Avec Montaigne, les catégories les plus nettement déterminées deviennent mouvantes : il y a autant de différence de soi à soi que de soi à autrui, d'un être humain à un autre être humain que d'un être humain à une bête. Pris dans son enthousiasme à brouiller les frontières, il va jusqu'à évoquer les rites religieux pratiqués par les éléphants… Il est en effet allé si loin dans sa volonté de combler l'abîme entre l'homme et l'animal qu'il a cru que les éléphants, lorsqu'ils lèvent la trompe devant le soleil de l'aurore, participent à quelque rituel religieux. Montaigne parle encore d'ablutions et de méditations à leur propos. Le scepticisme ne garantit pas toujours contre les imprudences de la pensée…

Citation à retenir

Le monde n'est qu'une branloire pérenne.

Montaigne

Du côté des rêveurs

La Renaissance ne fut pas seulement l'âge des grands artistes et des grands découvreurs. Elle fut aussi l'époque des grands songeurs. Ne faut-il pas d'ailleurs songer grandement lorsqu'on entreprend de sculpter des héros dans le marbre ou de faire le tour du monde sur une coquille de noix ? La Renaissance prolonge le Moyen Âge autant qu'elle y met un terme. L'idée d'une correspondance entre le macrocosme et le microcosme est partagée par la plupart des auteurs de cette époque.

Agrippa de Nettesheim, occultiste célèbre, voyait dans l'homme l'image parfaite du cosmos, qui symbolise (c'est-à-dire entretient) avec toutes choses des liens formant réseau. Lorsque Léonard de Vinci compare le sol à la chair, les rochers aux os et les fleuves au sang, il faut comprendre ces images pour ce qu'elles sont : plus que des images, car la nature est pensée comme un corps. Des rapports magiques entretiennent l'idée d'unité de plan : se souvenant peut-être que des pierres précieuses étaient mélangées aux couleurs dans les vitraux du Moyen Âge, Titien ajoutait du sang dans sa palette au moment de peindre les corps humains.

Portrait

Représentatif de la culture et de l'esprit de la Renaissance, Paracelse offre un mélange bizarre de curiosité ouverte et d'obscurantisme. Il voulait du passé médical faire table rase au point de brûler publiquement les œuvres de Galien et d'Avicenne. S'il fit des découvertes utiles en chirurgie et en chimie, il prétendit aussi avoir fabriqué l'élixir de longue vie (un breuvage censé assurer l'immortalité) ainsi qu'un homonculus (petit homme artificiel que les alchimistes croyaient pouvoir faire sortir de leur cornue). Pour Paracelse, l'homme est la quintessence du monde, son corps est fait de soufre, de sel et de mercure (les trois éléments alchimistes primordiaux). Le savant rêveur développa une théorie des signatures : entre les organes du corps et les éléments du monde (minéraux, végétaux, animaux) existent des correspondances secrètes qui assurent la guérison en cas de maladie.

Giordano Bruno, allumé au feu de l'infini

L'éclectisme est une autre réponse possible, à l'opposé du scepticisme, à l'abondance et à l'entrechoc des idées. Giordano Bruno est un éclectique. Il admet tous les philosophes – sauf un, qui sera aussi l'ennemi commun des premiers modernes, Francis Bacon, Thomas Hobbes, Descartes : Aristote. Sans doute y a-t-il de la folie chez un homme qui se désigne lui-même comme celui qui a dépassé les frontières du monde, renversé les murailles du ciel et enjambé les étoiles.

Portrait

Giordano Bruno a cette particularité d'avoir été excommunié par les trois grandes religions de son temps : par les calvinistes à Genève, par les luthériens à Wissembourg et par les catholiques à Rome. Condamné pour ses idées hérétiques, il mourut sur le bûcher. On rapporte qu'avant d'y monter, il eut cette parole passablement désabusée : « Ce sont toujours les plus intelligents qui sont les plus couillonnés. » On ne peut pas dire que l'histoire postérieure lui ait donné complètement tort.

Le saviez-vous ?

Une gravure du *Songe de Poliphile*, un grand texte allégorique de la Renaissance, montre un satyre découvrant une femme endormie ; des seins de cette femme presque nue jaillissent deux jets de lait. La gravure est accompagnée d'une dédicace en grec : « À la mère de l'univers ». Le panthéisme, qui identifie le divin à l'univers ou inversement l'univers au divin a été une idée importante à la Renaissance. Alors que le Moyen Âge avait vécu dans l'idée d'une séparation radicale entre le ciel et la terre, le monde des anges et celui des hommes, la Renaissance reconstitue l'unité. C'est pourquoi elle se retrouve volontiers dans la philosophie stoïcienne. En réponse à l'accusation d'athéisme, Vanini ramasse un brin de paille sur le sol devant ses juges et dit que ce morceau d'herbe séché suffirait à lui seul à le convaincre de l'existence de Dieu.

Comme son compatriote, Giordano Bruno a une conception organique de l'univers : celui-ci forme un tout harmonieux grâce à la vie qui le traverse de part en part. La pensée de Bruno est un *panvitalisme*, c'est-à-dire qu'elle conçoit la vie comme animant la totalité de la nature : les astres sont des êtres animés (vieille croyance due au fait que le mouvement est le premier signe de vie), la pierre elle-même sent à sa façon. La mort n'affecte que les êtres particuliers ; elle n'atteint pas ce Grand Animal qu'est l'univers. Dans ce Tout, tout est immanent ; il n'y a plus de transcendance – et c'est bien cela qui inquiétait les autorités religieuses de l'époque.

Dans chaque partie, la présence du tout se fait sentir. Pour la faire comprendre, Giordano Bruno reprend la belle comparaison de Plotin : imaginez une voix qui se fait entendre dans une salle. Toute la voix est à la fois dans toute la salle et dans chacune de ses parties, de sorte que chaque auditeur d'une assemblée perçoit toute la voix (et non un fragment qui lui reviendrait).

Un peu de technique

Ce qui exalta Bruno fut aussi la cause de sa mort. L'orthodoxie religieuse voit dans l'infini le privilège exclusif de Dieu. Il ne saurait donc être question d'affirmer l'infinité du monde, car ce serait nier l'infinité de Dieu (deux infinis ne sauraient coexister), voire nier Dieu lui-même. C'est la raison pour laquelle les philosophes du Moyen Âge avaient accepté le modèle sphérique finitiste que Platon et Aristote avaient proposé de l'univers. Bruno conçoit un univers infini composé de mondes innombrables, tournant avec leurs planètes autour de leur soleil. Cet infini n'est pas seulement physique, il possède une dimension intérieure. L'élan infini de l'âme humaine répond littéralement à l'infinitude du monde.

Citation à retenir

Il n'est plus rien qui doive nous épouvanter.

Giordano Bruno

Partie 3
La philosophie non occidentale

Dans cette partie...

La philosophie n'est pas seulement affaire grecque ni même européenne : des philosophes ont également médité sur les bords du Gange et du Yangzi Jiang ou sur les rives du lac de Tibériade. Bouddha, par exemple, a été philosophe, comme Confucius. Et il n'y a pas de raisons autres qu'obscures pour refuser la qualité de philosophes aux rédacteurs de la Bible.
Au Moyen Âge, il existe un certain parallélisme entre les philosophes chrétiens et les philosophes des deux autres monothéismes, juif et musulman. Les influences ont d'ailleurs été beaucoup plus importantes qu'on ne l'a dit. Thomas d'Aquin en Occident, Maïmonide chez les Juifs, Averroès chez les Arabes ont plus d'un point commun, ne serait-ce que par leur projet d'élever les dogmes religieux à la dignité de la pensée rationnelle.

DANS CE CHAPITRE

Le soleil de la philosophie se lève aussi à l'est

•

Les textes indiens, le prestige dans la jungle

•

Bouddha, de son palais natal aux temples

•

La Chine, du fond du cœur au comble de la pensée

Chapitre 10
La philosophie en Orient

La philosophie indienne

Dans la jungle que représente l'Inde, il est possible de repérer des principes de division et quelques lignes de force. Le caractère inséparable de la philosophie et de la religion dans cette civilisation permet de prendre pour distinction première celle du brahmanisme et du bouddhisme.

Védisme, brahmanisme, hindouisme : une même tradition

Sous ces trois noms, se cache la plus ancienne tradition de pensée (trente-cinq siècles, au moins) dont on ait gardé trace.

Le *védisme* est la plus ancienne religion de l'Inde. Son nom vient des Veda (mot sanskrit signifiant « savoir ») dont les plus anciens remontent au IIe millénaire av. J.-C. Les Veda sont des textes sacrés censés avoir été révélés par Brahma lui-même, le Seigneur suprême, et ils sont rédigés en sanskrit, la langue des dieux.

Un peu de technique

Il existe quatre Veda :

- **Le Rig Veda ou Veda des vers, le plus ancien**
- **Le Samaveda ou Veda des chants**
- **Le Yajurveda ou Veda des formules sacrificielles**
- **L'Atharvaveda ou Veda d'Atharvan, nom d'un mystique, prêtre du feu**

Chacun des Veda se divise en trois sortes de textes, distingués selon le contenu, la forme et la date de rédaction :

- **Les Samhita (recueils)**
- **Les Brahmana (explications rituelles)**
- **Les Sutra (fils conducteurs)**

La religion védique est caractérisée par son polythéisme et par l'importance du rituel (dont la récitation fait partie) et du sacrifice.

Le *brahmanisme* est le nom donné à la forme classique prise par le védisme dans les siècles qui ont précédé et suivi le commencement de notre ère. Le mot témoigne de l'importance accordée au dieu Brahma mais aussi de la domination de la caste des prêtres (les brahmanes) dans la religion indienne. Quant à l'*hindouisme*, il désigne la forme moderne prise par la religion brahmanique, et est caractérisée par la relégation au second plan de Brahma au profit de Shiva et de Vishnou, ainsi que par le caractère plus affectif, plus personnel de l'attitude religieuse.

Le sacrifice primordial

Le Rig Veda raconte comment l'univers a été produit par le démembrement du Purusha, l'Homme cosmique originel dont le corps contenait la totalité des choses. La tête du Purusha est devenue la caste des brahmanes, ses bras, celle des guerriers (les *kshatriyas*), son ventre celle des producteurs et commerçants (les *vaishiyas*) et ses pieds celle des serviteurs (les *sudras*). En dehors de ces quatre castes, il y a l'immense masse des intouchables (parias), qui sont hors caste. Cette hiérarchie, née au IIe millénaire av. J.-C., a subsisté en grande partie jusqu'à nos jours en Inde.

Un peu de technique

À la différence de la classe sociale qui est définie par le niveau de richesse et de pouvoir plus encore que par la fonction, la caste (comme l'ordre ou le rang dans les sociétés d'Ancien Régime en Europe) est définie par l'ordre symbolique. Un brahmane, par exemple, bien que membre de la caste supérieure, peut être pauvre, alors qu'un *vaishiya*, voire un intouchable, peut être très riche. Dans les royaumes de l'Inde, le brahmane, bien que ne détenant pas le pouvoir, avait priorité sur le roi – ce dont témoigne la force de la reine (originellement : le brahmane) aux échecs, un jeu d'invention indienne, en comparaison avec la petite marge de manœuvre du roi.

Le saviez-vous ?

Le prestige n'est pas forcément le pouvoir

Le découplage du pouvoir (physique) et du prestige (symbolique) caractérise la culture et l'histoire de l'Inde. Que l'on songe, plus près de nous, à l'immense prestige de Gandhi, qui n'avait, à la différence de Nehru, ni fonction ni mandat politique (il n'a jamais été le « chef » du parti du Congrès qui a conduit le pays à l'indépendance).

Le plus faible est le plus fort

La prétendue loi du plus fort ne dit rien – et contrairement à ce que l'on croit souvent, elle n'existe même pas dans la nature. C'est ce qu'illustre une fable de l'Inde.

Animal symbolique

Un jour, une souris se trouve nez à nez pour la première fois avec un chat. Effrayée, elle parvient à s'enfuir et va se réfugier auprès de Brahma, le dieu créateur. Elle lui demande en suppliant de lui donner la forme d'un chat. Apitoyé, Brahma lui accorde cette faveur. Mais à peine le chat, tout fier de sa splendeur nouvelle, a-t-il fait quelques pas dans la jungle qu'il rencontre un tigre. Encore plus effrayé que la première fois, il accourt se blottir auprès de Brahma et lui dit qu'il a vu un animal gigantesque et tout-puissant, que la vie dans la peur n'est pas une vie, etc. Compatissant, Brahma accepte de changer le chat en tigre.

On imagine la tranquillité du tigre... Mais à peine a-t-il fait quelques pas dans la jungle que le fauve tout neuf fait la rencontre d'un éléphant. Il n'a pas le temps de feuler, si impressionnante lui paraît cette montagne en marche. Aussi notre tigre court-il jusqu'au dieu Brahma pour que celui-ci lui donne l'apparence de l'éléphant. Toujours plein de sympathie, Brahma accorde volontiers cette faveur.

Mais l'éléphant ne marche pas longtemps tranquille, il ne savoure pas beaucoup de temps sa toute-puissance, car, soudain, entre les hautes herbes, il voit un animal se faufiler. L'éléphant est si surpris qu'il pousse un barrissement de terreur. Le cœur battant, la trompe levée, les oreilles en éventail, il court auprès de Brahma pour lui demander qu'il le change en souris. Car celui qui fait peur n'est-il pas, finalement, plus fort que celui qui a peur ? Et celui qui n'a peur de rien n'est-il pas tout compte fait aussi fort que celui qui est craint de tous ? L'éléphant a oublié ses formes antérieures, il a oublié qu'il était souris à l'origine, mais Brahma qui, comme tous les dieux de l'Inde, aime se jouer de ses créatures, prend plaisir à ne pas le lui rappeler et il change l'éléphant en souris...

Il n'y a pas, dans la nature, de « plus fort » absolu. Le lion « roi » des animaux n'a de pouvoir sur rien et un microbe peut l'emporter sur lui. Lorsque les hiérarchies existent chez les animaux, elles sont partielles, réversibles, circulaires même, et non pyramidales comme dans les sociétés humaines. Il est clair en effet que si un ministre a du pouvoir sur un préfet et le préfet du pouvoir sur un maire, le ministre a du pouvoir sur le maire. La relation est transitive. Mais dans un poulailler, si la poule blanche donne des coups de bec à la poule noire et celle-ci des coups de bec à la poule rousse (tel est chez ces volatiles le signe du pouvoir – chez les hommes, ce serait plutôt le coup de pouce...) la poule rousse peut donner des coups de bec à la poule blanche : la relation est intransitive.

Le brahmanisme : Brahma, les Brahmana, le brahmane et le brahman

On donne le nom de brahmanisme à la religion dominante en Inde entre le VIe siècle av. J.-C. et les débuts de notre ère – une période décisive pour la philosophie indienne, car elle fut celle de la rédaction des Upanishad, textes métaphysiques et poétiques, ainsi que celle des deux grandes épopées où viennent à la fois se condenser et se déployer les idées et valeurs de cette civilisation : le Ramayana et le Mahabharata.

Historiquement, le brahmanisme apparaît comme la forme nouvelle du védisme qui le précéda et comme la forme ancienne de l'hindouisme qui lui succéda et qui représente aujourd'hui la religion dominante de l'Inde.

Le saviez-vous ?

Le brahmanisme est ainsi appelé car il est fondé sur les Brahmana (les commentaires des Veda) et que ses prêtres sont les brahmanes. Par ailleurs, le mot renvoie à Brahma, le dieu suprême considéré comme le principe créateur. Quant au *brahman*, il désigne l'absolu dont Brahma peut être l'éventuelle incarnation. Unique, le *brahman* a plus d'un point commun avec le principe divin des religions monothéistes. La pensée indienne est à la fois une pensée de la multiplicité (les dieux fourmillent) et une pensée de l'unité (tous ces dieux peuvent être compris comme les manifestations diverses d'un principe fondamental unique).

La puissance du rêve

À l'opposé de la Grèce qui a toujours privilégié le fini, la philosophie indienne est une philosophie de l'infini. Les mêmes pensées fondamentales passent des épopées aux textes les plus spéculatifs. Les Homère de l'Inde sont aussi des Platon, et inversement.

Un mythe illustre d'impressionnante façon le cycle infini des univers détruits et créés. Lorsqu'un jour de Brahma est sur le point de s'achever (des milliards et des milliards d'années à l'échelle humaine), Vishnou, l'autre grand dieu du panthéon brahmanique, celui qui est identifié au principe créateur, s'endort sur le serpent Ananta (Éternité, un cobra royal lové qui lui sert de couche et dont la tête encapuchonnée l'abrite comme un parasol). L'univers est alors détruit mais dans son rêve Vishnou garde l'image du monde évanoui.

Lorsque la nuit de Brahma est sur le point de s'achever (d'autres milliards d'années à l'échelle humaine), du nombril de Vishnou sort une tige de lotus, duquel apparaît Brahma muni des quatre têtes qui regardent dans les quatre directions de l'espace. Brahma tient dans ses mains les livres des Veda : c'est grâce à ces textes et au rêve de Vishnou que Brahma pourra reconstituer l'univers, lequel durera un jour de Brahma, lequel sera suivi d'une nouvelle nuit, et ainsi de suite à l'infini.

Un est tous, tous pour un

Manifestement, le brahmanisme est un polythéisme. Un texte dit qu'il y a trente-trois millions de dieux et les hautes tours des temples du sud de l'Inde sont recouvertes d'un fourmillement de sculptures représentant ce peuple divin. Seulement, de même que dans les harems, il y avait parmi les cent femmes du sultan une favorite, dans le panthéon de l'Inde il y a un Seigneur suprême. Parmi les prétendants, deux ont fini par s'imposer : Vishnou, déjà rencontré, et Shiva. Avec Brahma, ils constituent la Trimurti que Hegel (avec d'autres) comparait volontiers à la Trinité chrétienne.

Le saviez-vous ?

En Europe, la Trimurti a été interprétée comme la triade de la création (Brahma), de la destruction (Shiva) et de la conservation (Vishnou), une belle trilogie dialectique... mais qui ne correspond pas exactement à l'esprit de l'Inde. D'abord parce que l'idée de création, centrale dans les monothéismes juif, chrétien et musulman, est étrangère à l'Inde (comme elle le fut à la Grèce) : l'univers est éternel, ou plutôt il est extratemporel, le temps n'étant qu'une projection de cette extratemporalité dans l'esprit de l'homme – une apparence.

Ensuite, Vishnou est tout autant destructeur que conservateur (ce dont rendent compte les deux épopées du Ramayana et du

Mahabharata mettant en scène respectivement les deux avatars de Vishnou, Rama et Krishna). Semblablement, Shiva conserve et crée autant qu'il détruit (tel est le sens de sa figuration en tant que Nataraja, « roi de la danse »).

Enfin, Brahma, qui a donné son nom aux textes et aux prêtres, a depuis longtemps perdu sa position centrale. En Inde, aujourd'hui, parmi les dizaines de milliers de temples du pays, seuls deux lui sont consacrés ! Les hindous sont de fait soit vishnouites soit shivaïtes. Un temple hindou est consacré ou bien à Vishnou (ou à l'une de ses parèdres, épouses associées comme Lakshmi, ou à l'un de ses avatars comme Rama ou Krishna) ou bien à Shiva (ou à l'une de ses associées, Parvati ou Kali, ou à l'un de ses fils, comme Ganesh, le plus populaire).

À la différence des religions monothéistes, la religion hindoue fonctionne par intégration et non par exclusion : Vishnou est présent dans les temples shivaïtes, Shiva est présent dans les temples vishnouites. Cette hospitalité, qui constitue un bel exemple de tolérance de fait, ne se cantonne d'ailleurs pas à la religion hindoue : il y a bien des Indiens pour considérer Jésus comme un avatar de Vishnou…

Sur le plan philosophique, cette conception s'exprime par la distinction entre la réalité fondamentale et ses manifestations. Un vishnouite considérera Shiva comme une manifestation du Seigneur suprême, Vishnou ; inversement, pour le shivaïte, c'est Vishnou qui est considéré comme une manifestation possible du Seigneur suprême.

Livre décisif

Dans les Upanishad, textes sacrés hindous réinterprétant les Veda, la réalité fondamentale est un absolu abstrait dont les divinités sont les apparitions et les noms circonstanciels. Cet absolu, qui occupe le centre de la métaphysique indienne et qui correspond à l'origine des choses ou à leur essence ou à leur totalité, est le *brahman*.

Tat tvam asi : toi aussi tu es Cela !

Schopenhauer, au XIXe siècle, cite à plusieurs reprises ce vers des Upanishad où il croyait repérer l'expression de sa propre philosophie de la Volonté. Le « Cela » est le *brahman*, l'absolu. « Toi aussi tu es Cela » signifie qu'entre le soi individuel (l'*atman*) et le Soi (le *brahman*), la dualité n'est qu'apparente ; elle appartient au monde des phénomènes qu'il s'agit de dépasser.

Les textes donnent de belles illustrations de cette identité foncière du soi et du Cela – car si l'Occident, dans son effort de pensée, a été constamment à la recherche du mot juste, l'Inde a plutôt cultivé le sens de l'image juste. Une jarre remplie d'eau est une chose déterminée qui a une forme la séparant de ce qui n'est pas elle. Qu'on la plonge dans l'océan et son eau finira par se mêler à celle de l'océan. Tel est l'*atman* (le soi individuel) par rapport au *brahman*. Semblablement, les étincelles d'un feu central paraissent être différentes de celui-ci ; en fait, elles ne sont que détachées de lui, elles ont gardé sa nature de feu. Les âmes individuelles sont au principe (impersonnel, mais qui peut être personnalisé sous la figure d'un Seigneur) ce que les étincelles sont au feu central.

Un peu de technique

On appelle *advaïtisme* la philosophie de la non-dualité (*advaita* en sanskrit) telle qu'elle a été illustrée et défendue par Shankara, l'un des plus grands philosophes de l'Inde. Dans le cadre de ce monisme radical (philosophie de l'Un), le monde phénoménal, c'est-à-dire celui qui apparaît aux sens et à l'esprit, est ravalé au rang d'illusion (*maya* en sanskrit) comme si ce monde n'était qu'un voile ou un décor de théâtre qui nous empêche de voir l'absolu.

Cela dit, cette philosophie de la non-dualité caractérise *une* philosophie de l'Inde (le *vedanta*, littéralement « l'achèvement du Veda »), elle ne signale pas toutes les philosophies de l'Inde.

Citation à retenir

Subjectivement, le brahman est pensée ; objectivement, il est espace. Ce brahman a quatre pieds : la parole, le souffle, l'œil, l'oreille, ceci du point de vue subjectif. Du point de vue objectif, il a aussi quatre pieds : le feu, l'air, le soleil et les régions célestes.

Chandogya Upanishad

Perds-toi complètement dans le brahman comme une flèche qui est entièrement entrée dans la cible.

Mundaka Upanishad

Je ne crois pas que je Le connaisse bien, ni même que je Le connaisse, ni même que je ne Le connaisse pas.

Kena Upanishad

Darshanas : les six écoles philosophiques

En sanskrit, *darshana* signifie « vision ». Le sens intellectuel de la vue est repérable dans toutes les langues indo-européennes : ne disons-nous pas communément que nous « voyons » ou « aperçevons » la solution d'un problème, que nous avons un « point de vue » sur les choses, etc. ? En grec, *théôria*, qui a donné « théorie », signifie « vision ». En Inde, le *darshana* est une vision vécue à travers une rencontre illuminante : ce peut être celle du maître (gourou) dans l'école (*ashram*) ou bien celle de la statue de la divinité dans le temple (car, en Inde, la statue regarde autant qu'elle est regardée).

Un peu de technique

Le même mot de *darshana* est utilisé pour désigner un système de pensée développant un point de vue sur le monde (soit ce que l'Europe appelle un système philosophique). Mais, à la différence du système qui peut se suffire à lui-même comme ensemble de pensées exprimées par des mots, le *darshana* a une visée pratique de libération (*moksha* ou *mukhti*).

Les six systèmes orthodoxes dérivés des Veda sont :

» **Le Purva-Mimansa, exégèse du Veda qui interprète les prescriptions rituelles.**

» **Le Vedanta, achèvement du Veda, déjà rencontré plus haut.**

» **Le Nyaya, qui est la logique (il donne les règles du raisonnement correct).**

» **Le Vaisheshika, la physique et la psychologie ayant pour centre *l'atman*, le soi individuel.**

» **Le Samkhya, l'énumération des éléments du monde mettant au centre l'esprit (Purusha) et la nature matérielle (Prakriti) – à l'opposé du Vedanta moniste, le Samkhya développe une conception dualiste de la réalité.**

» **Le Yoga, bien connu en Occident pour être une technique de relaxation mentale et un moyen de perdre du ventre, mais qui représente en Inde une philosophie complète fondée sur l'idée d'une union (*yoga* veut dire « joug » en sanskrit) entre l'âme et l'absolu, obtenue grâce à la méditation aidée par des postures strictement codifiées et la maîtrise du souffle.**

Les systèmes philosophiques grecs avaient une visée inséparablement pratique et théorique, certains même entraient dans le détail des prescriptions alimentaires et hygiéniques, par exemple, mais aucun, ainsi que le fait le yoga, n'a attaché une telle importance à la tenue du corps dans sa réalité physique immédiate.

À ces écoles classiques, « orthodoxes », elles-mêmes divisées en courants multiples, il convient d'ajouter une pléiade de mouvements et de sectes qui finissent par balayer l'ensemble du pensable. Sait-on, par exemple, qu'il y eut des penseurs matérialistes, athées et même nihilistes en Inde ? Et dire qu'il se trouve encore des spécialistes du concept en France pour nier l'existence d'une philosophie en Inde ! En un sens, ils ont raison sans le savoir : il n'y a pas « une » philosophie en Inde, il y en a une multitude !

Moksha : la délivrance

À la différence de l'Europe qui a volontiers cultivé le plaisir et l'amour de la pensée et de la connaissance pour elles-mêmes, l'Inde, même à travers ses spéculations les plus métaphysiques, reste liée à une finalité pratique, que l'on peut désigner par le terme de délivrance.

La conception de la délivrance est évidemment liée à celle de l'existence humaine. C'est un marqueur fort de mentalité et de culture. Alors que la Chine a désiré ardemment la longévité, alors que l'Europe a rêvé à l'immortalité, l'Inde a considéré la ronde des renaissances (*samsara*) comme une fatalité à laquelle il convenait de s'arracher. Cet objectif est commun au brahmanisme et au bouddhisme. Dans le cadre de cette croyance religieuse en une série de réincarnations successives (métempsycose), l'Inde a développé une philosophie de l'acte (*karma*) particulièrement subtile.

Un peu de technique

Le karma est non seulement l'acte mais son fruit, non seulement la somme de tous les fruits de tous les actes accomplis par un individu dans cette vie ou dans une vie antérieure, mais la chaîne de causalité déterminée par cet ensemble. Un acte en Inde n'est pas un événement produit par un sujet et qui s'éteint après accomplissement : il a, en plus de son résultat, une inertie propre dont la résonance se fait sentir bien au-delà dans la suite de l'existence, et même dans les existences successives puisque la qualité de la réincarnation (dans une haute ou une basse caste, voire dans une espèce animale) dépend du *karma*. Mais la trame de l'existence n'est pas seulement celle, singulière, de l'individu. Elle attache des individus les uns aux autres par des liens subtils et forts.

Citation à retenir

Tu as droit à l'action, mais seulement à l'action et jamais à ses fruits ; que les fruits de tes actions ne soient pas ton mobile.

Bhagavad Gita

Un savoir incomplet

Anecdote

On n'échappe pas à son karma. Ainsi le destin d'Abhimanyu, dans le Mahabharata, fut-il scellé alors qu'il était encore dans le ventre de sa mère. Arjuna, son père, avait révélé à son épouse Subhadra un secret militaire particulièrement précieux : le moyen de pénétrer une formation en spirale. Abhimanyu entend à travers la paroi du ventre maternel les paroles de son père. Seulement, fatiguée par l'interminable récit, Subhadra finit par s'endormir avant la fin. Ainsi, Abhimanyu ne connaîtra jamais le moyen de sortir de la formation en spirale qu'il saura pénétrer. C'est de cela qu'il mourra bien des années plus tard, lors de la bataille de Kurukshetra.

Ascèse ou sexe à gogo ?

Pour atteindre la délivrance finale, qui coïncide avec la résorption du moi dans l'absolu, l'Inde a cultivé jusqu'à l'extrême les deux formes opposées de l'ascèse et de l'orgiasme.

Anecdote

La mythologie de l'Inde est pleine de ces histoires de sages (*rishis*) engagés dans d'invraisemblables ascèses – type : se tenir sur une seule jambe et ne respirer que par une seule narine pendant plusieurs siècles (sans manger ni boire, bien entendu). Le *tapas* – c'est le nom donné à ces exercices de concentration mentale et de mortification physique particulièrement trapus – est censé dégager une telle énergie (littéralement, un tel *feu*) qu'il trouble l'ordre cosmique et affole les dieux. Bien des « renonçants » ont par ce moyen exercé sur les dieux un véritable chantage : donnez-moi un royaume ou une arme, ou bien par mon *tapas* je grille le monde ! Ces histoires impressionnèrent fortement Nietzsche et le conduisirent à l'idée que la volonté de puissance peut être secrètement présente et active jusque dans les pratiques qui paraissent la nier de la plus radicale des façons. Certes, l'ascèse peut avoir des motivations plus idéales – s'unir avec l'absolu – mais les mythes se sont surtout intéressés à ceux qui en ont fait un mauvais usage (le méchant a toujours été nettement plus intéressant que le bon).

À l'autre bout, l'union avec l'absolu est à la fois figurée et atteinte par la copulation. Le tantrisme, qui mêle des éléments bouddhiques au fond hindou, est une doctrine, un courant, une tendance qui accordent une importance décisive à la *shakti* – c'est-à-dire à l'énergie active et génératrice des dieux, conçue comme leur principe féminin.

Un peu de technique

Tantra signifie « tissu » en sanskrit. La comparaison n'est pas propre à l'Inde, on la retrouve en Afrique et en Europe – d'où le cousinage texte/textile : les mots entrelacés forment le sens, comme les figures d'une tapisserie.

On imagine à quels débordements a pu donner lieu cette idée que la délivrance du monde des apparences et de l'illusion du soi individuel peut être donnée par la copulation. Les temples de Khajuraho dans le centre nord de l'Inde sont recouverts de sculptures érotiques qui ont été l'objet d'interprétations variées (on est allé jusqu'à évoquer une manière symbolique de paratonnerre, la déesse de la foudre étant vierge, donc supposée effarouchée, elle s'écarterait avec pudeur de ces scènes de levrette et de triolisme...). Plus sérieusement, les sculptures érotiques de Khajuraho (et qui ne le sont que pour nous, modernes, qui isolons volontiers le sexe et l'amour de tout le reste) s'expliquent en relation avec les idées et croyances du tantrisme.

Les quatre fins de l'existence

Cela étant, la *moksha* (délivrance) ne représente que l'une des quatre fins, et la dernière, de l'existence humaine telle que la conçoit la philosophie de l'Inde. Les trois précédentes sont :

» ***Kama*** **: le plaisir. Kama est le nom du dieu de l'amour, l'Éros de l'Inde. Le célébrissime Kama Sutra est un texte décrivant les règles de l'art d'aimer.**

- *Artha* : la richesse, le pouvoir. L'*Arthashastra*, qui est le traité politique de l'Inde classique, expose la précieuse théorie des cercles : le voisin du royaume (premier cercle) est ennemi, le voisin du voisin (deuxième cercle) est ami, le voisin du voisin du voisin (troisième cercle) est ennemi. La géopolitique universelle a presque toujours confirmé ce schéma : les ennemis de nos amis sont nos ennemis, les ennemis de nos ennemis sont nos amis, les amis de nos ennemis sont nos ennemis, les amis de nos amis sont nos amis.
- *Dharma* : le devoir, la loi. Au sens universel, le *dharma* (personnifié par un dieu) est la Loi cosmique, l'arrangement de tous les êtres et de tous les événements, l'équivalent en Inde du *cosmos* grec ou du *tao* chinois. Au sens particulier, à valeur sociale et morale, le *dharma* est le devoir que chaque individu doit accomplir dans le courant de son existence en fonction de son appartenance de caste. Respecter le *dharma*, c'est être assuré, soit d'avoir une bonne réincarnation, soit d'être délivré du *samsara*, cette roue de l'infortune que l'Indien voudrait bien voir enfin à l'arrêt.

L'amour de la totalité

Dans toutes les dimensions de sa culture (philosophie, mais aussi arts plastiques, poésie...), l'Inde a développé un sens extrême de l'exhaustivité. La litanie n'est pas seulement propre aux textes religieux, elle est constamment présente dans les grands poèmes épiques. Là où l'Occidental se contente d'une image, l'Inde en donne dix. Cette profusion immédiatement visible sur les murs des temples surchargés de sculptures et de motifs décoratifs est on ne peut plus antinomique avec le culte du vide qui caractérise une bonne part de la Chine et du Japon. En Chine, c'est le silence qui fait le plus sens : le sage ne dit mot. En Inde, c'est, à l'inverse, le développement complet de l'être des choses qui fait sens.

Mais les accumulations seraient chaotiques sans principe d'ordre. L'Inde aime les classements. Ainsi le Kama Sutra commence-t-il par distinguer trois types d'hommes et de femmes selon la longueur et la profondeur de leur sexe : l'homme lièvre, l'homme taureau et l'homme cheval ; la femme biche, la femme jument et la femme éléphante.

Nombre de traités philosophiques présentent avec les sommes scolastiques de notre Moyen Âge d'évidentes analogies de structure. L'unité ou subdivision élémentaire est l'*adhikarana* (« tête de chapitre ») qui se compose de cinq parties :

- **Une proposition est formulée**
- **Sa critique est réfutée**
- **Ses interprétations erronées sont exposées**
- **Ses interprétations erronées sont réfutées**
- **La solution vraie est exposée**

Le bouddhisme : une philosophie de la paix

À la différence de la philosophie brahmanique, qui repose sur des traditions immémoriales et des textes anonymes, le bouddhisme est né de la vie et de la prédication d'un homme, le prince Gautama, dit le Bouddha.

Portrait

Siddharta, appelé encore Gautama, est un prince qui, jusqu'à l'âge d'homme, a vécu protégé derrière les hauts murs d'enceinte de son palais, à l'abri des misères et des douleurs du monde. Poussé par l'envie de voir ce monde, qu'il ne connaissait pas, il sortit un jour pour la première fois et fit quatre rencontres qui décidèrent de son destin : un malade, un mendiant, un ascète et un cadavre. Toute la douleur du monde à travers quatre corps... Traumatisé, le prince décida alors de quitter son palais, ses parents, sa femme, pour chercher et trouver le sens de la vie. Ceci se passait à l'époque où en Grèce les présocratiques fondaient la métaphysique occidentale.

Assis sous un arbre pipal, un figuier qui plus tard deviendra un symbole du bouddhisme, Gautama atteint l'Éveil (*bodhi* en sanskrit). C'est alors qu'il devient le *Bouddha* (« éveillé »). Cet éveil consiste en la découverte de ce que les bouddhistes appelleront les Quatre Nobles Vérités et qui condensent l'ensemble de la philosophie bouddhique.

Les Quatre Nobles Vérités

Les principes du bouddhisme sont contenus dans les Quatre Nobles Vérités que voici :

- La douleur (*duhkha*) est universelle : la naissance est douleur, la mort est douleur. Le bouddhisme est un radical pessimisme.
- La cause de la douleur est le désir, l'envie, la soif.
- L'objectif à atteindre est la cessation de la douleur.
- Les moyens pour atteindre cet objectif sont au nombre de huit : le Noble Octuple Sentier.
- Ce Noble Octuple Sentier se résume ainsi :
- La vue droite
- L'intention droite
- La pensée droite
- L'activité droite
- Les moyens justes de subsistance
- L'effort
- L'attention
- La concentration

Muni de sa pensée nouvelle qui rompait de façon révolutionnaire avec le ritualisme brahmanique et le système des castes, le Bouddha fit son premier prêche à Sarnath, près de Bénarès, où il n'y eut que des gazelles pour l'écouter. Le Sermon du Parc aux gazelles fut suivi d'autres, qui permirent à Bouddha de se faire des disciples, lesquels, à la manière des apôtres de Jésus, constituèrent le noyau actif de la future religion bouddhique.

Citation à retenir

Les chars pompeux des rois sont détruits par l'usure. Notre corps va même vers un anéantissement certain, mais le savoir du sage passe à un autre sage et ne côtoie jamais la destruction.

Bouddha

Religion ou philosophie ?

Il arrive souvent que d'un air grave et entendu l'on vienne nous dire que le bouddhisme n'est pas une religion mais une philosophie. Cela nous change un peu du discours des professeurs selon lesquels le bouddhisme n'est pas une philosophie mais une religion ! En fait, de même qu'il n'y a pas à choisir entre le caractère ondulatoire et le caractère corpusculaire de la lumière (un débat qui divisa les physiciens de Newton à Einstein), parce que la lumière est *à la fois* de nature ondulatoire et de nature corpusculaire, de même le bouddhisme est à la fois, quoique sous deux angles différents, une religion et une philosophie.

Le Bouddha a la particularité d'avoir été le seul fondateur de religion à ne s'être pas pensé comme tel. Moïse, Zoroastre, Jésus, Mahomet sont des prophètes, ils savent qu'ils fondent une religion. Il en va tout autrement avec le Bouddha qui n'a jamais parlé de Dieu(x) et a toujours refusé de se prononcer sur le *nirvana*, cet état de paix définitive qui doit mettre fin à la douleur de l'existence. Sans dieu, sans sacré, sans au-delà, le bouddhisme tel qu'il sort de la pensée du Bouddha n'est effectivement pas une religion.

Cela dit, au cours des siècles qui suivirent la mort du sage, les disciples s'organisèrent, établirent les textes, se réunirent en conciles, bref fondèrent à partir des paroles et des actes du Bouddha une religion bouddhique comme saint Paul et les apôtres établirent une religion chrétienne à partir des paroles et des actions de Jésus. Du Tibet au Sri Lanka et de la Birmanie au Japon, il y a des temples bouddhiques contenant des statues bouddhiques devant lesquelles se prosternent des bouddhistes qui pratiquent des prières et des rituels bouddhistes. Le Bouddha lui-même, dont on a vu qu'il ne s'était jamais présenté comme un prophète mais simplement un sage, a fini être divinisé : sa statue trône dans les temples, sa vie a été transformée en légende et les épisodes de son existence ont été changés en mythes. Ainsi, les Jataka sont les fables qui racontent les vies antérieures du Bouddha (il y en a plusieurs centaines). Bien entendu, comme à tous les personnages surhumains, on a attribué au Bouddha (on l'a fait pour Zoroastre en Perse et pour Jésus en Palestine) des miracles.

Refuser dans ces conditions la qualité de religion au bouddhisme est une absurdité. Cela dit, la religion bouddhique n'est pas une mais double et même triple (si l'on inclut le lamaïsme tibétain) et il existe, parallèlement à elle mais indépendamment d'elle, aussi une philosophie bouddhique qui s'est déployée dans des textes qui expriment le système entier de la pensée avec une dimension logique et métaphysique, physique et psychologique.

Le petit véhicule et le grand véhicule

Un peu de technique

On a appelé « petite voie » ou « petit véhicule » (*hinayana*) le bouddhisme le plus fidèle à l'esprit de son fondateur : une sagesse inspirée du modèle du Bouddha et visant l'éveil (*bodhi*) et l'extinction (*nirvana*) de tout désir cause de tourment. Ce bouddhisme originel a quitté l'Inde (où il a pratiquement disparu) pour gagner les pays de l'Asie du Sud (Sri Lanka, Birmanie, Thaïlande). La « grande voie » ou « grand véhicule » (*mahayana*) est le nom donné au bouddhisme polythéiste qui, outre le Bouddha historique, vénère un grand nombre de Bouddhas et, en plus, tous ceux qui, bien qu'étant sur le point d'obtenir la délivrance, se retiennent au seuil du *nirvana* pour venir en aide aux hommes souffrants : on appelle *bodhisattvas* ces saints du bouddhisme qui, par compassion, acceptent de continuer pendant un certain temps dans la vie (la voie) de ce monde sensible. Avalokiteshvara, féminisé en Chine sous la figure de la déesse Kuan Yin et au Japon sous celle de Kannon, est le plus important des bodhisattvas.

En dehors du *mahayana* et du *hinayana*, il existe un troisième véhicule, *vajrayana*, le « véhicule de diamant », propre au Tibet, où le bouddhisme s'est mélangé à la religion indigène *bôn*. Au Tibet, le dalaï-lama, qui est le chef suprême de la religion, est littéralement un Bouddha vivant, une réincarnation du Bouddha.

Une philosophie de l'illusion

Bien des penseurs de l'Europe ont considéré que le monde visible n'était qu'une apparence recouvrant la vraie nature des choses et des êtres. Les moins distraits et les plus savants de nos lecteurs se souviennent de la caverne de Platon qui, à l'inverse de celle de la préhistoire, n'est pas le lieu d'une révélation. L'opposition de l'apparence et de la réalité, de la vérité et de l'illusion, est même constitutive de la métaphysique occidentale.

La philosophie bouddhiste est allée beaucoup plus loin dans cette voie : nous vivons comme dans un théâtre d'ombres, mais derrière les apparences il n'y a *rien*. Un aussi radical *phénoménisme* (on donne ce nom à la philosophie selon laquelle nous n'avons pas accès à autre chose qu'à des apparences) n'a sans doute pas d'équivalent en Europe. Pour les philosophes bouddhiques (pas toutes, car il y a eu, on le devine, une multitude d'écoles différentes et concurrentes), le monde physique, qui est celui des formes et des noms, est un monde d'apparences illusoires, une espèce de rêve dont il faudra s'arracher. *Om mani padme hum*, « le joyau est dans le lotus », est la phrase indéfiniment répétée par les moines bouddhistes, celle qui est censée résumer l'absolu.

La fumée du moi

La toute première illusion dont il convient de se déprendre est celle d'un moi personnel, pourtant bien identifié dans le volume d'un corps et dans la durée d'une vie. Il est à ce propos amusant de remarquer sur quel malentendu repose la vogue actuelle du bouddhisme dans les pays occidentaux. Parce qu'ils sont mal à l'aise dans un monde difficile, un nombre important de nos concitoyens croient trouver dans le bouddhisme la clé de leurs problèmes existentiels. Ils y voient, comme d'autres dans le yoga ou la méditation transcendantale, un moyen de réalisation de soi, alors même que le bouddhisme dénonce dans le soi une illusion ! Par conséquent, on croit trouver dans la religion qui enseigne le moyen de se perdre celui de se retrouver ! Mais après tout, se dira-t-on, il n'y a pas de dialogue, que ce soit entre les individus ou entre les civilisations, sans malentendu.

La philosophie chinoise

Un hasard merveilleux a fait vivre en l'espace d'un siècle les présocratiques grecs, Bouddha en Inde, Lao Tseu et Confucius en Chine. Évidemment, ces hommes ne peuvent dialoguer que dans notre conscience. Il est cependant intéressant de saisir leurs points de rencontre et leurs différends.

La philosophie chinoise s'organise à partir des trois grands courants de pensée qui sont aussi des religions : le taoïsme, le confucianisme, qui sont indigènes, et le bouddhisme, d'origine indienne.

Un temps de yin, un temps de yang, voilà le tao

Livre décisif

Le *Tao Te King* de Lao Tseu, fondateur de cette philosophie dite taoïste, s'ouvre par cette phrase d'apparence énigmatique. Le *tao* est en Chine ce que le cosmos est en Grèce et le *dharma* en Inde : l'ordre universel des choses, des êtres et des événements, ainsi que la voie éthique invitant les hommes qui, pour reprendre les termes futurs de Spinoza, ne sont pas un empire dans un empire, à s'y conformer.

Le yin et le yang sont devenus populaires en Occident. Tout le monde ou presque connaît le *taï chi*, le cercle divisé par une courbe partageant son aire en deux aires égales.

Figure 10-1

Le cercle du *taï chi*.

On a interprété à tort les deux zones blanche et noire comme les signes du bien et du mal. Si le yin en Chine renvoie au froid et au féminin, et si le yang connote le chaud et le masculin, ce serait une erreur que de croire qu'ils sont symboles de bien et de mal. La philosophie chinoise ne pense pas par opposition mais par apposition. Elle ignore délibérément la dialectique qui fait du négatif son moteur. Ainsi, dans l'aire blanche du *taï chi*, un point noir signale la présence du yin, de même que dans l'aire noire, le point blanc signale la présence du yang.

Géométriquement, la figure est plus subtile qu'il y paraît.

Figure 10-2

La moitié est égale au tout.

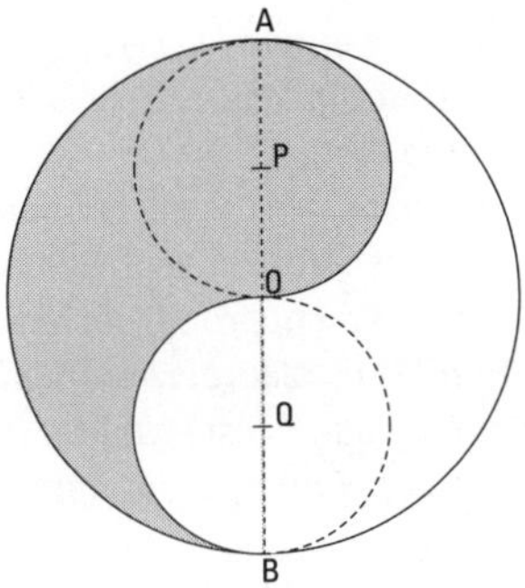

Un peu de technique

Le périmètre de la moitié est égal à celui de son double. La courbe qui serpente de A à B en passant par O partage l'aire du cercle en deux aires égales : le yin et le yang sont équivalents, ils s'équilibrent. Mais la longueur de cette courbe AOB est égale à la demi-conférence du cercle : une propriété qu'il est aisé de constater puisque la courbe AO est la demi-circonférence du cercle de centre P et que la courbe OB est la demi-conférence du cercle de centre Q. Comme ces cercles de centre P et Q ont un diamètre égal à la moitié de celui du grand cercle de centre O, les deux demi-circonférences AO et OB ajoutées l'une à l'autre sont égales à la demi-circonférence du grand cercle de centre O. En d'autres termes, le périmètre de la zone blanche, comme celui de la zone noire du *taï chi*, est égal au périmètre du cercle de centre O, manière particulièrement habile de signifier que la partie (la moitié) équivaut au tout sous un certain point de vue.

La philosophie chinoise du taoïsme est une philosophie de l'équilibre. L'ordre des saisons comme celui du corps humain implique une juste répartition du yin et du yang. Tout déséquilibre au profit de l'un ou de l'autre principe se traduira par une catastrophe dans la nature ou une maladie chez l'être humain.

Citation à retenir

Connaître les autres, c'est sagesse. Se connaître soi-même, c'est sagesse supérieure.
Imposer sa volonté aux autres, c'est force. Se l'imposer à soi-même, c'est force supérieure.
La vertu suprême ignore la vertu ; c'est pourquoi elle est la vertu. La vertu secondaire cultive la vertu ; c'est pourquoi elle n'est pas la vertu.
Sans franchir sa porte, on peut connaître le monde. Sans regarder par la fenêtre, on peut voir la Voie du Ciel. Plus on va loin, moins on apprend. Le sage ne marche pas et arrive, connaît sans regarder, accomplit sans agir.
Quand l'homme naît, il est souple et faible ; à sa mort il est rigide et dur. Les plantes, à leur naissance, sont souples et fragiles ; à leur mort, elles sont sèches et dures. Ce qui est dur et fort va vers la mort, ce qui est souple et faible va vers la vie.

Lao Tseu

Le Yi King : le jeu des permutations

Livre décisif

Dans la totalité cosmique immanente des Chinois, rien ne saurait apparaître ni disparaître dans l'absolu : en l'absence de dehors, le Tout ne peut croître ni diminuer. Au sein d'un ordre supposé achevé, le changement ne pourra donc être donné que par un jeu de permutations : les choses et les êtres se déplacent au sein du Tout mais le Tout reste ce qu'il est, dans son éternité. Imaginons une maison avec son mobilier définitif : aucun meuble n'entre ni ne sort, seul change dès lors la disposition des pièces à l'intérieur d'un cadre immuable. Tel est le monde des Chinois.

Le *Yi King*, jadis attribué à Confucius, mais qui dérive autant du taoïsme que du confucianisme, est un livre unique qui, par sa combinatoire de signes, entend dresser le tableau de la totalité du réel et le déplacement des éléments de ce réel les uns vers les autres. Des traits continus (—) ou discontinus (– –), respectivement symboles de yang et de yin, sont disposés verticalement par groupe de trois (trigrammes) et associés à un sens déterminé. Ainsi trois traits continus :

—
—
—

représentent-ils le ciel et le père. Trois traits brisés :

– –
– –
– –

représentent la terre et la mère. Placés l'un au-dessus de l'autre, deux trigrammes donnent un hexagramme. Tous les éléments et qualités peuvent être ainsi figurés par des hexagrammes dont la dynamique (le passage) est suggérée par le jeu des substitutions. Ainsi le *Yi King* induit-il l'idée d'une incessante circulation des êtres les uns dans les autres.

Nombre de spécialistes ont émis l'idée que l'importance donnée à la permutation tire son origine de la langue chinoise elle-même car, à la différence des langues indo-européennes qui imposent à leurs mots un emplacement fixe au sein de la phrase (sujets, verbes, adverbes, compléments, etc.), l'ordre syntaxique des caractères chinois est très libre et le sens qu'ils développent ressemble davantage à un nuage électronique qu'à une sphère.

Surtout ne pas définir !

Un peu de technique

La philosophie chinoise, et spécialement la philosophie taoïste, est une pensée de l'allusion et de l'esquive. Elle suggère sans définir, de la même manière que le tracé du peintre-dessinateur-graphiste (en Chine, c'est tout un puisque le même instrument, le pinceau, sert à écrire, à dessiner et à peindre) s'applique à évoquer une force ou un mouvement (le vol de l'oiseau, la vigueur de la tige de bambou) plutôt que la forme visible des êtres et des choses. Le *Tao Te King* utilise les images de la roue et du vase : c'est le vide qui fait de ces objets un vase et une roue, qui permet la contenance de l'un et le mouvement de l'autre. Pareillement, c'est le silence opposé par le maître au disciple qui l'interroge ou bien, comme au Japon, le coup de bâton incongru qui vient le frapper inopinément qui constitue le signe véritable de l'absolu, plus intensément et plus authentiquement que le raisonnement discursif.

Nous sommes ici aux antipodes de la Grèce qui cherchait l'essence de toutes choses dans une définition bien circonscrite. La question fondatrice de la philosophie grecque était, on s'en souvient, « qu'est-ce que ? ». Ce n'est pas la question fondatrice de la philosophie chinoise qui s'attache bien plutôt à atteindre les choses par le vide qui les entoure.

Surtout ne pas agir !

Lao Tseu disait qu'on gouverne un empire comme on fait frire un petit poisson. Il y a bien des façons d'interpréter une telle pensée. Première version : l'art de gouverner est un secret de Polichinelle, il n'est pas plus difficile que de faire une friture. Autre version : l'art de gouverner est violent, les hommes sont cuits et roussis par les règlements et les impôts. Troisième interprétation : le bon gouvernement est celui qui interviendra le moins possible dans l'ordre des choses, car à remuer sans cesse la friture des petits poissons, on n'obtient plus qu'une bouillie infâme. Ces trois lectures ne s'excluent pas nécessairement, elles se complètent.

Le Diogène chinois

Portrait

Tchouang Tseu est l'autre grand philosophe du taoïsme. Vêtu de toiles rapiécées et chaussé de loques, il travaillait dans un parc avant de renoncer à tout pour vivre en harmonie avec le Tout. Il refusa tous les honneurs qu'on lui proposa. Aux yeux des disciples de Confucius, il était clair qu'il était fou.

Anecdote

Un jour que Tchouang Tseu pêchait à la ligne au bord de la rivière, deux importants officiers envoyés par le roi vinrent se présenter devant lui en disant : « Notre roi désire vous confier une charge dans son État. » Son fil à pêche à la main, sans même daigner tourner la tête, le philosophe leur répondit : « J'ai entendu dire que vous avez une tortue magique morte il y a trois mille ans. Le roi l'a fait envelopper et placer dans un coffret qu'il garde précieusement sur l'autel de ses ancêtres. À votre avis, cette tortue a-t-elle préféré mourir pour que ses os fassent l'objet d'une vénération éternelle ? Ou bien aurait-elle mieux aimé rester vivante, à traîner sa queue dans la gadoue ?
– Elle aurait mieux aimé rester vivante à traîner sa queue dans la gadoue, répondirent en chœur les deux officiers.
– Allez-vous en ! conclut Tchouang Tseu. Moi aussi j'aime mieux rester ici à traîner ma queue dans la gadoue. »
La philosophie de Tchouang Tseu, le taoïsme, voit dans la sagesse et le pouvoir deux réalités antinomiques. Mais ce n'est pas tant à cause de son injustice que le pouvoir est récusé qu'à cause de son intranquillité.

De nos jours, plus personne ne croit à cette sagesse-là. Signe des temps historiques : dans l'Antiquité, en Grèce comme en Chine, le cynique était une espèce de vagabond ; aujourd'hui, le cynisme est passé du côté des riches et des puissants. Chez les Grecs, le cynisme, c'est Diogène demandant à Alexandre venu lui proposer les trésors du monde de se retirer de son soleil ; chez nous, le cynisme, ce serait Alexandre demandant qu'on lui retire Diogène de la vue.

Citation à retenir

Quand la taupe boit dans le fleuve, elle ne prend que ce qu'il lui faut.

La vie d'un homme entre Ciel et terre passe comme le saut d'un poulain blanc franchissant un fossé comme un éclair, et c'est fait.

Tchouang Tseu

Les paradoxes du taoïsme

En relativisant, et même en contestant radicalement le monde des apparences et des évidences, la philosophie taoïste a développé des paradoxes qui, pour n'être pas aussi spéculatifs que ceux des Grecs, n'en illustrent pas moins quelques-unes des questions fondamentales pour la pensée.

Ignorant toi-même !

Un jour, Tchouang Tseu se promène au bord de la rivière en compagnie de Hui Tseu, un autre philosophe. « Regardez comme les poissons sont libres dans l'eau ! Ils doivent être très heureux ! fait Tchouang Tseu.
– Vous n'êtes pas poisson, réplique Hui Tseu. Comment savez-vous que les poissons sont heureux ?
– Vous n'êtes pas moi, répond Tchouang Tseu. Comment savez-vous que je ne connais pas le bonheur des poissons ? »

Autre épisode révélateur de la pensée du philosophe : Tchouang Tseu rêve qu'il est papillon. Mais lorsqu'il est réveillé, étant Tchouang Tseu, n'est-ce pas plutôt un papillon qui rêve qu'il est Tchouang Tseu ? Où est le réel ? Où est l'imaginaire ?

Le li et le qi

Un peu de technique

Les deux facteurs d'unité de l'univers, tel qu'il fut conçu par les Chinois dans une tradition qui mêle des éléments taoïstes, confucianistes et bouddhistes, sont d'une part le *li* – que l'on traduit par « principe » et que les pères jésuites missionnaires venus d'Europe ont eu la ruse d'appeler « Dieu » (Leibniz a écrit des lettres pour justifier cette traduction) – et d'autre part le *qi* – que l'on rend par « énergie ». Ils ont en commun de traverser le Ciel et la Terre, la Nature et les Hommes.

Le *li* n'est, comme principe, pas seulement le fondement mais aussi la structure, pas seulement l'ordre immanent mais aussi l'absolu transcendant l'ordre visible des choses. Quant au *qi*, il parcourt l'univers entier, c'est lui qui fait les nœuds du bambou ou les articulations de l'aile de l'oiseau ; c'est encore lui qui tient le pinceau de celui qui écrit ou qui peint ce végétal et cet animal. Un philosophe a comparé le principe à l'éventail en repos et l'énergie à l'éventail en mouvement : dans les deux cas, il s'agit du même éventail.

Le confucianisme : l'idée d'ordre est révolutionnaire !

Portrait

Confucius a été le seul philosophe oriental à avoir été une figure légendaire en Occident. Son nom d'ailleurs est la traduction latine du Kong Fu Tseu (Kong fuzi) chinois. Au XVIIIe siècle, siècle des Lumières, on le comparait volontiers à Socrate. Il représentait chez les philosophes déistes comme Voltaire, qui voulaient bien croire à un ordre de la nature mais pas à un Dieu vengeur et intendant général des affaires humaines, une sorte de modèle idéal.

Il y eut une tension de pensée entre un taoïsme et un bouddhisme d'une part, soucieux de délivrer l'humain des misères du corps et du monde, et un confucianisme d'autre part, attentif à définir l'humain par rapport à tous ses humbles liens (pays, corps, famille). Autant le taoïsme prêche le détachement et la résignation du sage solitaire (on l'a vu avec Tchouang Tseu qui préférait continuer à traîner sa queue dans la gadoue plutôt que d'accepter une importante fonction qui l'aurait asservi), autant le confucianisme, qui prône la vigilance morale et politique, est une philosophie de l'engagement. Nous tenons là les deux pôles opposés de l'attitude du philosophe vis-à-vis du pouvoir politique et dont on trouve en Europe des analogues : ainsi l'épicurien se définit-il comme définitivement détaché des affaires humaines considérées comme vaines, tandis que le stoïcien se considère comme un citoyen du monde (cosmopolite).

Le saviez-vous ?

Confucius en ennemi du peuple

En 1970, un mouvement lancé par les maoïstes en Chine s'en prit avec violence à Confucius. Ce fut le dernier retour de flamme de la Grande Révolution culturelle prolétarienne qui plongea le pays dans le chaos au nom de l'utopie qui voulait faire du passé table rase, et qui, dans la mesure où elle y réussit assez bien, révéla son caractère bien réel de totalitarisme. Confucius était dénoncé comme le représentant type de la pensée réactionnaire et, au-delà, comme le symbole de cette Chine ancienne dont le maoïsme voulait se débarrasser.

En fait, le sens de l'ordre que Confucius voulait promouvoir était une réaction salutaire contre les désordres qui étaient ceux de son époque. Alors que le taoïsme invoque un ordre cosmique, impersonnel, impassible, éternel, le confucianisme considère plus modestement que les hommes ont à respecter certaines règles s'ils ne veulent pas voir leurs affaires sombrer dans l'anarchie. Ce n'est pas que Confucius, à la manière des sophistes en Grèce, croie au caractère conventionnel, donc, dans une certaine mesure, arbitraire, des lois, mais il ne les relie plus prioritairement, comme le faisaient les taoïstes, à un supposé ordre cosmique. Parmi les règles constitutives du bon ordre des choses, le respect des ancêtres et celui des mots jouent un rôle central, ils dessinent les figures de ce que l'on pourrait appeler sans excès un humanisme chinois.

Citation à retenir

Plus de vertus naïves que de manières, tu es un rustre ; plus de manières que de vertus naïves, tu es un cuistre ; autant de manières que de vertus, voilà l'homme de qualité.

Confucius

Un humanisme chinois

Pour celui qui croit ne devoir son existence qu'à un Dieu transcendant ou qu'à une nature éternelle, l'ordre des générations n'a rigoureusement aucune importance. Il n'y a ni père ni frère pour celui qui ne croit qu'à l'absolu. Pour celui qui, en revanche, comme Confucius, pense que le défi primordial pour l'être humain consiste à vivre dans un monde humain, et rien qu'humain, la reconnaissance de la filiation – en quelque sens, aussi bien intellectuel que moral, que l'on entende ce terme de *reconnaissance* – est de toute première importance. Le « culte des ancêtres » que Confucius a légitimé philosophiquement pour les siècles à venir en Chine n'est pas l'expression d'une mémoire vaine mais le signe d'une conscience purement humaine – celle d'une dette d'existence.

Mais si le confucianisme est une philosophie de la famille – sans équivalent en Grèce –, il est aussi une philosophie de l'humanité entendue en son double sens moral et physique. La vertu de *ren*, que l'on traduit par « humanité », est centrale dans la morale confucéenne. Elle renvoie aux idées d'honnêteté et de bienveillance, mais aussi à celle d'un cercle élargi d'êtres humains qui, chez Mo Tseu (ou Mozi), disciple de Confucius, s'étendra virtuellement à l'humanité entière : il faut regarder le pays d'un autre homme comme son propre pays, la famille d'un autre comme sa propre famille et le corps d'un autre comme son propre corps.

Le saviez-vous ?

Le principe moral selon lequel il convient de faire à autrui ce que nous voudrions qu'il nous fît et inversement qu'il convient de ne pas lui faire ce que nous ne voudrions pas qu'il nous fît – principe que l'on retrouve chez Socrate, Platon, et que Kant, bien plus tard, théorisera sous le nom d'impératif catégorique – ce principe figure déjà chez Confucius. C'est cela, entre autres, qui séduisit tant les Européens des Lumières : l'expression d'une morale laïque à tendance universalisante.

Citation à retenir

Avoir assez d'empire sur soi-même pour juger des autres par comparaison avec nous, et agir avec eux comme nous voudrions que l'on agît avec nous-mêmes, c'est ce que l'on peut appeler la doctrine de l'humanité ; il n'y a rien au-delà.

Confucius

Le scrupule des étiquettes

Par ailleurs, l'attention portée au langage signale particulièrement Confucius à notre intérêt contemporain. Une métaphysique de l'absolu, en effet, comme peut l'être le taoïsme en Chine, fait nécessairement l'économie d'une réflexion sur la langue, car celle-ci est immédiatement perçue comme le moyen transparent de l'expression de la vérité. Confucius, quant à lui, sait que la violence du pouvoir et le désordre des pensées passent par la manipulation des mots – d'où l'attention extrême qu'il porte à la rectitude des noms.

Certes, ce souci de « l'étiquette » a pu dégénérer dans l'histoire ultérieure de la Chine en un ritualisme vide et compassé (ce n'est pas hasard si nous usons du terme d'étiquette pour désigner ce qui nous renseigne sur une marque, une provenance – une étiquette de vin de Bordeaux – et aussi ce qui nous renseigne sur un titre, nobiliaire par exemple). Le maoïsme, qui a fait la chasse aux restes (beaucoup plus hypothétiques que réels au demeurant) du confucianisme de la Chine de 1970, a dénoncé à travers lui un conservatisme qui était, en fait, selon l'esprit, aux antipodes de la pensée de Confucius, l'un des hommes les plus libres, donc l'un des plus révolutionnaires de l'histoire humaine.

Le souci typiquement confucéen de la rectitude des noms fait signe – c'est le cas de le dire – vers une conception conventionnaliste, c'est-à-dire ni transcendante ni naturaliste, du langage : les mots ne sont pas les images directes du vrai ni les peintures des choses, mais des moyens grâce auxquels les hommes peuvent vivre (plus ou moins bien, plus ou moins justement) en société. Dès lors, il est de toute première importance que les choses soient dites *justement*. Les exemples, terrifiants, de la propagande totalitaire et, consternants, de la publicité commerciale, nous montrent aujourd'hui à quel point Confucius avait raison : on peut, en effet, *dé-moraliser* tout un peuple à appeler « bonne » une politique raciste et « satisfaite » une existence vouée à remplir des chariots de supermarché.

Le bouddhisme chinois

Le saviez-vous ?

Le bouddhisme a pratiquement disparu de sa terre d'origine, l'Inde, sous les coups conjugués de la réaction brahmanique et de la conquête musulmane. Vers le VIIe siècle, un moine légendaire du nom de Bodhidharma traversa l'Himalaya et apporta à la Chine des écritures et une parole qui finirent par essaimer sur le pourtour du monde chinois, au Japon, en Corée et au Vietnam. À la différence des philosophes indiens ardents à distinguer et à classer, les philosophes bouddhiques chinois opèrent de manière allusive et symbolique. En Chine, le bouddhisme fournit les cadres d'une cosmologie que le taoïsme, trop abstrait, et que le confucianisme, trop pratique, ne connaissaient pas vraiment. C'est ainsi que Bouddha a été métamorphosé en figure universelle, son corps étant identifié à l'univers en son entier.

Anecdote

Un roman épique chinois raconte comment le Bouddha prouva un jour au roi des singes son identité universelle : « Si tu es aussi fort que tu le dis, quitte donc la paume de ma main ! » Le singe ricane. « Chiche ! » répond-il – la main de Bouddha n'a que la taille d'une feuille de lotus. L'animal prend son élan et fait un bond prodigieux. Sa vitesse est telle que les oiseaux du ciel ne peuvent plus le voir ; il est comme la lumière, plus que la lumière même, puisque aucune montagne ne l'arrêterait. Arrivé enfin au terme de sa course, le singe atterrit dans un pays étrange, au pied de colonnes majestueuses qu'enserre une végétation touffue. « Me voici au bout du monde ! se dit-il plein de fierté. Les cimes des arbres ont cassé sous l'effet de mon déplacement, j'ai gagné ! »

Pour éviter qu'on ne lui conteste son exploit, il use de ses pouvoirs magiques pour transformer l'un de ses poils en pinceau, et écrit ce mot à la base du pilier central : « Le Grand Singe égal au Ciel est venu jusqu'ici. » Puis, en signe de mépris, mais aussi pour marquer sa présence de manière plus simiesque, il urine au pied du premier pilier, et d'un bond égal à celui de l'aller, il rejoint la main d'où il était parti.

« C'est fait ! déclare-t-il avec une mine de triomphe à Bouddha. Tu me dois le trône de l'empereur de Jade ! » Le Bouddha répond : « Singe, tu as rêvé ! » L'animal se fâche. Il ne prévoyait pas un tel coup : « Quoi ? J'ai sauté jusqu'aux extrémités du monde, j'y ai même vu les colonnes qui se dressent jusqu'au ciel et laissé une inscription qui t'attestera que je n'ai pas menti. Va et tu verras ! »

Le Bouddha sourit : « Retourne-toi ! » Le singe, furieux, se retourne. Stupeur, sur le doigt du milieu de la main de Bouddha, il peut lire d'une écriture qu'il reconnaît aussitôt : « Le Grand Singe égal au Ciel est venu jusqu'ici », tandis que de la base du pouce monte une âcre odeur de pisse de singe...

L'infini dans une glace

On raconte que Fa Tsang, moine bouddhiste, illustra ainsi pour ses disciples ce principe que le moindre grain de poussière contient le Bouddha tout entier et que néanmoins celui-ci reste *un* à travers la multiplication indéfinie de ses manifestations. Il construisit une tour avec des miroirs qu'il disposa face à face, puis il plaça une statuette de Bouddha au centre de l'édifice et l'éclaira au moyen d'une torche. Aussitôt l'on vit l'image du Bouddha apparaître sur chacun des miroirs et les miroirs répercuter leurs images à l'infini. Les disciples de Fa Tsang comprirent alors la corrélation et l'équivalence des deux plans de la réalité : celui des faits interdépendants et celui du principe inconditionné. Ils accédèrent ainsi à la vision totale d'un monde cohérent dont le Bouddha était tout à la fois l'origine et la manifestation.

DANS CE CHAPITRE

La philosophie ne parle pas seulement grec

•

Penser l'unique

•

Deux inventions révolutionnaires : l'Histoire et le moi

Chapitre 11
N'oublions pas Jérusalem !

Le miracle grec n'est pas isolé

L'idée qu'il n'y a de philosophie qu'occidentale, et dont nous avons vu que l'Inde et la Chine ont été les victimes collatérales, a été colportée jusqu'en notre époque et par les meilleurs auteurs. Ainsi Heidegger n'a-t-il cessé de dire et de répéter que la philosophie ne parle que deux langues : le grec et l'allemand. Il n'y aurait donc de philosophie que grecque et allemande – ce qui déjà n'est pas très sympa pour nous autres Français, sans compter nos excellents amis britanniques, ni la Hollande qui nous a donné Spinoza et le Danemark, Kierkegaard ! Or, comme nous avons pu le constater avec les présocratiques et les Indiens de Bénarès, s'il est une discipline qui peut revêtir les formes les plus diverses, au point d'apparaître volontiers comme une figure de carnaval, c'est bien la philosophie. En ce qui concerne la philosophie juive, les raisons de sa méconnaissance et de son refoulement en Europe tiennent, semble-t-il, à deux facteurs principaux. L'un est religieux, et l'autre plus proprement philosophique.

Du point de vue religieux, le judaïsme (compris à la fois comme la religion et la culture des Juifs) a été l'objet de la part du christianisme triomphant dans les premiers siècles de notre ère d'un double mouvement d'assimilation et d'exclusion. Un phénomène analogue s'est produit, quelques siècles plus tard, avec l'apparition de l'islam : ce qui, dans le judaïsme, pouvait être intégré l'a été, ce qui ne pouvait pas l'être a été éradiqué avec violence. Adam et Abraham sont ainsi devenus les patriarches communs aux juifs, aux musulmans et aux chrétiens. Seulement, comme le christianisme et l'islam se sont posés l'un et l'autre comme des religions révélées, et qu'ils succédaient à la religion qu'ils évinçaient, ils se sont arrogé le privilège de la vérité absolue, ravalant ainsi leur source et modèle au rang de superstition dépassée.

La raison plus proprement philosophique de la méconnaissance et du refoulement d'une authentique pensée philosophique juive, du moins en Europe, tient à ce que l'on pourrait appeler le fétichisme de la langue. La quasi-totalité des mots de la philosophie en Europe est d'origine grecque et latine. L'hébreu n'a pratiquement pas servi à nommer les concepts. Il n'en a pas fallu davantage pour refouler le judaïsme dans les limbes d'une pensée qui balbutie au lieu de parler et bégaie au lieu de réciter.

Aucune raison de ne reconnaître qu'une seule raison

Le judaïsme est connu pour le caractère rigoureux et méticuleux de ses prescriptions (la Torah n'énonce pas moins de 613 règles). D'où l'idée qu'avec lui nous aurions affaire à une loi, et non à une pensée. Idée bien naïve ! Comme si une loi ne contenait pas une pensée ! Comme si la loi était possible sans la pensée ! Certaines statues qui ornent les façades des églises et cathédrales du Moyen Âge représentent des jeunes femmes avec les yeux couverts d'un bandeau : elles symbolisent la Synagogue, par opposition à l'Église qui, elle, a les yeux bien ouverts. L'antijudaïsme chrétien a colporté pendant des siècles cette fable d'une superstition aveugle, fable répercutée par des esprits aussi libres que Voltaire, pour lequel le judaïsme constitue un fatras obscur et ridicule.

La guerre de l'intelligence et du cœur n'a pas lieu d'être

Qu'est-ce que le préjugé commun est prêt à accorder à celui à qui il refuse l'intelligence et la raison ? Le sentiment, l'intuition. Ainsi les femmes les ont-elles reçus en guise de lot de consolation : celui qui ne pense pas a au moins cette qualité, il a du cœur ! Et pour ceux que l'habitude et les inerties de la société ont accoutumés à la modestie, cette concession peut apparaître, du moins pendant un certain temps, acceptable. Combien de femmes n'avons-nous pas entendu se prévaloir de cette humble compensation ? Certes, elles ne font pas de mathématiques, mais du moins elles aiment leurs enfants ! De même, il y a un temps, pas si lointain du nôtre, où les Blancs croyaient faire montre d'une générosité d'esprit sans pareille lorsqu'ils reconnaissaient aux Noirs une certaine supériorité dans le domaine de l'émotion et du sentiment...

Le saviez-vous ?

Au XIXe siècle, un Juif italien du nom de Samuel David Luzzatto crut valoriser la culture juive en opposant « l'atticisme », intelligent mais égoïste, à « l'abrahamisme », spirituel et altruiste. On aura reconnu là l'opposition d'Athènes et de Jérusalem. Pour Luzzatto, cette confrontation était la clé de l'histoire universelle et elle devait assurer pour toujours la légitimité de la culture juive face à la grecque. La civilisation du monde, disait-il, est le produit de deux éléments dissemblables. À Athènes, nous devons la philosophie, les arts, les sciences, le développement de l'intelligence, l'ordre, l'amour de la beauté et de la grandeur, la morale intellectuelle et enseignée. Au judaïsme, nous devons la religion, la moralité qui vient du cœur et de l'oubli de soi et l'amour du bien. Ni la beauté ni la grandeur, précisait Luzzatto, ne peuvent remplacer le Bien. La société a besoin d'émotion, mais l'intelligence et l'atticisme, loin d'inspirer l'émotion, l'étouffent et la proscrivent. C'est pourquoi, conclut notre auteur, la nature humaine réagit et réagira toujours en faveur du cœur, du Bien et du judaïsme.

Il va de soi qu'une telle défense est non seulement maladroite mais désastreuse. Sous couvert de défendre la grandeur de l'humilié, elle ne fait que légitimer et renforcer les termes mêmes de l'humiliation. La Grèce ne fut pas la terre exclusive de la raison (comment, sinon, comprendre la tragédie antique où toutes les déraisons se donnent libre cours ?). La Galilée ne fut pas la terre exclusive du sentiment (comment, sinon, comprendre les discussions talmudiques qui donnent à la raison une part si belle que c'est la « ratiocination » qui s'en trouve réhabilitée ?).

La philosophie n'est pas toujours là où on le croit

Il y a davantage de philosophie dans la Bible, le Talmud et le Zohar que dans bien des ouvrages dits de philosophie, de même qu'il y a davantage de philosophie chez des écrivains (pas tentés par la philosophie) comme Valéry et Malraux que dans bien des articles de philosophes patentés.

Soit l'œuvre encyclopédique d'Aristote, que nous avons la chance de posséder presque en entier. La plus grande partie de ces ouvrages traite de questions auxquelles la science peut aujourd'hui donner des réponses non seulement différentes mais opposées. Il en va ainsi en particulier avec les ouvrages concernant l'histoire naturelle ou la physique. On ne peut faire le même constat avec le corpus biblique – qui ne s'est jamais donné pour objectif d'être un tableau authentique de la totalité des êtres et des choses. On pourrait, à partir de là, soutenir ce qui apparaîtra comme un paradoxe invraisemblable aux yeux de ceux qui pensent comme Heidegger qu'on n'a philosophé qu'à Athènes : qu'il y a plus de philosophie dans la Bible que chez Aristote !

La Grèce n'a pas le monopole de la liberté

Hegel, qui a toujours eu avec le judaïsme des rapports difficiles, considère que celui-ci est absolument impropre à la philosophie parce que la philosophie est le libre déploiement de la pensée et que la nature du judaïsme tient dans la servitude, la soumission à la loi de l'étranger (lequel est, bien sûr, Dieu).

Outre qu'il y aurait beaucoup à dire sur les rapports de la Grèce et de la liberté, et sur les rapports de la philosophie et de la liberté (Heidegger, qui eut sa carte au parti nazi, suffit à prouver que l'on peut continuer à penser philosophiquement dans le contexte le plus incompatible avec la liberté), il n'est pas juste d'affirmer que le judaïsme méconnut la pensée de la liberté. Comment comprendre, sinon, la renaissance de l'hébreu après deux millénaires d'oubli et de persécutions ?

Le souci de l'unique

L'opposition de l'universalité (grecque) et de la singularité (juive) paraît plus pertinente que celle du rationalisme philosophique, dont Athènes aurait l'exclusivité, et de l'irrationalisme religieux, qui serait la signature, voire le stigmate de la pensée juive.

Un peu de technique

La question par excellence de la raison grecque, du *logos*, celle qui anime la recherche de Socrate telle que Platon dans ses premiers dialogues en donne à la fois témoignage et illustration, est : « Qu'est-ce que ? » C'est le problème de l'essence, celui de la définition, celui de la vérité : qu'est-ce que la beauté ? Qu'est-ce que la justice ? Qu'est-ce que le courage ? Cette question campe dans le lieu de l'universel. Car ce n'est pas telle ou telle beauté particulière que l'on interroge, mais la beauté en soi. Socrate se moque d'Hippias qui donne comme définition de la beauté une belle jeune fille – comme si un exemple pouvait donner une généralité !

La question juive par excellence n'est pas « qu'est-ce que ? » mais : « Qu'est-ce que cela veut dire ? » Le *cela* qui « veut dire » et dont on cherche le sens n'est pas une idée abstraite mais un être, un acte, un événement, bref une singularité, une réalité unique qui ne se laisse pas noyer dans des généralités.

On pourrait de cette manière désigner la différence entre la pensée grecque et la pensée juive : la vérité d'un côté, le sens de l'autre. Dans la mesure où la philosophie est la discipline qui interroge le sens, on comprend que la pensée juive est par excellence de nature philosophique. Cela confirme le fait qu'il n'y a pas eu, réellement, de science juive comme il y a eu une science grecque ou une science arabe. La fermeture du judaïsme à la science (et qui n'a évidemment pas empêché certains Juifs de se consacrer avec succès aux différentes sciences) est infiniment plus parlante que sa prétendue étrangeté vis-à-vis de la philosophie.

Les deux sagesses

Un peu de technique

Il existe un mot hébreu que l'on peut traduire par « sagesse », *hokhma*, et il existe une expression hébraïque *ohavéï hokhma*, que l'on peut traduire par « amants de la sagesse ». Le point de rencontre est tellement impressionnant qu'il ne peut manquer de faire sens : « amant de la sagesse », on le sait, se dit *philosophos* en grec. Est-ce à dire que le judaïsme détenait l'idée de philosophie ?

Ici encore, les points d'étrangeté sont plus significatifs que les points de rencontre. On pourrait, en simplifiant, établir que si Athènes a privilégié la pensée de l'identité (c'est-à-dire celle du concept, de l'universel), Jérusalem a, à l'inverse, insisté sur la pensée de l'altérité – ce que nous pouvons constater chez celui qui représente peut-être le point d'aboutissement de la philosophie juive à l'époque contemporaine, nous voulons parler de Levinas.

Citation à retenir

Qui accroît sa science accroît sa douleur.

Livre de la Sagesse

Si vous ne croyez pas, vous ne comprendrez pas.

Livre d'Isaïe

Tout est vanité.

L'Ecclésiaste

Ce que je désire, ce n'est pas que le méchant meure, c'est qu'il change de conduite et qu'il vive.

Livre d'Ézéchiel

Un prophète n'est jamais sage

Le saviez-vous ?

Le sage n'existait pas en Palestine. Une figure en tenait lieu mais occupait une place différente : le prophète, le patriarche. Il est de la plus haute importance que les révélations faites aux patriarches aient été individuelles. Le juif est par excellence un homme appelé, interpellé. Il est l'homme d'une vocation – c'est-à-dire, littéralement, aspiré par une voix. La Grèce, qui soumet tout au Destin, ignore complètement cette voix qui est aussi une voie. Or, l'homme interpellé n'est pas un génie, comme l'est toujours le sage grec, ni un héros comme l'est encore le sage grec (voir Socrate au moment de sa mort), mais, à l'inverse, un homme quelconque. Le compositeur Arnold Schönberg l'a magnifiquement mis en lumière et en musique dans son drame *Moïse et Aaron*. Moïse ne sait pas parler, et il est le prophète de son peuple. On pourrait presque dire que c'est parce qu'il ne sait pas parler qu'il est prophète – puisque le prophète est celui à la place de qui parle la puissance divine. À Moïse, législateur et libérateur de son peuple, le judaïsme n'accorde aucun statut surhumain. La commémoration pascale ne mentionne même pas son nom !

La Grèce, qui ne savait pas que les dieux pussent avoir quelque chose à dire aux hommes (en plus de mille ans d'existence, ni Zeus ni Aphrodite n'ont pu leur donner le moindre conseil, ne parlons pas même de « loi ») a évidemment complètement ignoré la figure du prophète. Elle a en revanche connu celle du devin – capable de capter l'annonce du Destin (laquelle n'est pas une voix).

Le concept et le nom

Un peu de technique

« Tous les hommes sont mortels. » Cette phrase vraie, évidente, est grecque ; elle n'est pas juive, elle n'intéresse pas l'esprit juif. Le concept est la généralité qui fait oublier les noms ; « les hommes » n'ont plus de nom, ils n'en ont d'ailleurs jamais eu. Point n'est besoin de les appeler puisqu'on les pense. « Les hommes », c'est tout le monde et c'est personne, tout le monde en général et personne en particulier.

Heidegger dira que la métaphysique est l'oubli de l'Être. En détournant sa formule, on pourrait soutenir que, du point de vue de la pensée juive, la métaphysique (entendue comme la pensée du concept, de la généralité abstraite) est bien plutôt l'oubli du nom. Le rejet de la métaphysique est celui de la généralité qui ne nomme pas.

Le concept et la loi

Le concept est l'élément fondateur de la définition et du théorème : l'idée générale désignée par un mot. Ainsi, le théorème de Thalès utilise-t-il le concept de triangle, la définition du triangle étant l'expression de la nature universelle (non particulière, valable pour tous) du triangle.

Par opposition au concept grec, la loi juive apparaît comme la manifestation de la singularité. La formule peut sembler paradoxale : la loi ne serait-elle pas, à l'inverse, l'expression d'une injonction permanente, valable en tous temps et en tous lieux ? Exprimé ainsi, le « tu ne tueras pas » ne souffre pas d'exception, il n'est pas soumis à des conditions de pression ou de température. Cela dit, il convient de ne pas oublier ce que la loi biblique peut avoir de singulier – dans les deux sens que cet adjectif possède en français, soit étrange et unique. Singulière, la loi biblique l'est doublement, par sa provenance (le Dieu unique) et par son embouchure (le Peuple élu).

Que l'on mette en regard un dialogue socratique et un dialogue talmudique. D'un côté, la recherche d'une essence, d'une nature, d'une qualité ; les premières réponses sont considérées comme fausses ou incomplètes mais la vérité est au bout du chemin. De l'autre, une étude de cas, une parole qui saute d'un mot à une idée et d'une idée à l'autre. Ce sont toujours des singularités qui sont saisies.

Histoire de pépins

Le saviez-vous ?

Paracelse, alchimiste de la Renaissance, puissant rêveur, avec délires et fulgurances mêlés, disait : « L'homme est un pépin, l'univers est une pomme. » Le pépin est dans la pomme, l'homme est contenu dans l'univers. Mais puisque le pépin contient virtuellement la pomme, par pommier interposé si l'on peut dire, le contenu devient contenant et le contenant contenu. Ainsi le réel est-il retourné comme un gant, et nous ne sommes plus très sûrs de pouvoir en dessiner les contours.

Il est instructif de placer en regard de la citation de Paracelse ce dicton juif : il y a plus de pommiers dans une pomme que de pommes dans un pommier. L'ensemble des pommes dans un pommier est en effet fini parce que défini, tandis que l'ensemble des pommiers potentiellement contenus dans une pomme est sinon infini (la machine du monde s'arrêtera bien de fonctionner un jour), du moins indéfini.

Anecdote

Dans le Talmud, on lit un épisode en cours duquel le roi Nemrod demande à Abraham d'adorer le feu puisqu'il ne veut pas adorer des images :

« Nous devrions plutôt adorer l'eau qui éteint le feu, réplique Abraham.
– Eh bien, adore l'eau ! répond Nemrod.
– En ce cas, nous devrions adorer le nuage duquel l'eau procède, objecte Abraham.
– Adore donc le nuage ! concède Nemrod.
– En ce cas, nous devrions adorer le vent qui disperse le nuage, fait Abraham.
– Alors adore le vent ! répond le roi, de plus en plus impatient.
– En ce cas, nous devrions adorer l'être vivant qui porte le vent », conclut Abraham.

Un raisonnement par le concept eût établi sous forme de syllogisme : seul l'être suprême est digne d'adoration ; or, tous les éléments de la nature sont subordonnés et ont un pouvoir relatif ; seul par conséquent un esprit invisible peut être le Dieu unique. En lieu et place de cela, Abraham ne quitte pas le terrain symbolique de la particularité.

Le Livre de Job

Livre décisif

Le Livre de Job est l'un des livres de la Bible dont le contenu philosophique et moral est peut-être le mieux à même de nous faire comprendre la distance qui sépare Jérusalem d'Athènes. Le texte commence par un curieux dialogue entre Dieu et Satan – un épisode dont Goethe se souviendra pour son *Faust*. Satan, qui n'a pas encore les traits du futur diable mais qui apparaît déjà comme un esprit rival, place le Créateur devant un redoutable défi : Job voue à Yahvé une fidélité et une dévotion sans bornes, mais n'est-ce pas parce qu'il a été particulièrement favorisé ? Job est riche, et un riche n'a guère de mérite à être reconnaissant envers son Dieu. Que cette fortune disparaisse, et l'on verra les bonnes dispositions disparaître elles aussi. Mais Yahvé est tellement sûr de la foi de son serviteur qu'il tient ce que l'on pourrait appeler un pari insensé : il abat sur la tête du pauvre Job la pauvreté et la maladie (c'est de cet épisode que nous est venue l'expression « pauvre comme Job »).

Selon le point de vue de la raison, qui était celui de la croyance religieuse de jadis, un homme malheureux est un homme qui paie pour des fautes qu'il a commises. Tel est d'ailleurs le sens du discours des amis de Job qui s'efforcent ainsi d'arracher celui-ci à sa scandaleuse particularité et de lui appliquer une théorie valable universellement : si Job avait, comme il le prétend, toujours obéi aux commandements de Dieu, jamais il n'aurait connu une pareille infortune, car Dieu est juste et bon. À cette raison universelle qui trouve ce qu'elle cherche, c'est-à-dire les causes logiques d'une situation commune, Job se contente d'opposer sa fidélité et sa souffrance. Sa parole, en un sens, est la plus éloignée des Grecs, car elle ne vise pas l'essence générale, elle exprime seulement l'existence particulière. Ce n'est pas la nature des phénomènes qui intéresse la pensée juive, mais des *cas*.

La souffrance n'existe pas en général

Le saviez-vous ?

On sait quel contresens a fait subir la pensée moderne à la devise inscrite sur le fronton du temple d'Apollon à Delphes : « Connais-toi toi-même. » Aujourd'hui, le mot d'ordre résonne comme une invite à l'introspection (regarde en toi-même pour savoir qui tu es, toi). Les Grecs, qui ignoraient la subjectivité et, à plus forte raison, l'intimité, au sens où nous l'entendons couramment, voulaient plutôt dire : toi qui entres dans le temple du dieu, sache que tu es un homme, et pas un dieu. En d'autres termes, le « se connaître soi-même » grec, contre le sens apparent, ne renvoie pas à la singularité du moi mais à la nature universelle de l'homme.

Eh bien, contre cette exigence que les Grecs ont identifiée à la connaissance et à la pensée philosophique, le judaïsme exhibe le caractère unique, incompréhensible (Kierkegaard dira scandaleux) de l'homme juste qui souffre. À prendre le terme dans son sens exact (*idiotês* en grec signifie « particularité »), les Juifs ont cultivé l'idiotie. Le Livre de Job, comme d'ailleurs tous les livres de la Bible, raconte une histoire idiote.

L'amour de l'idiotie

Évidemment, l'amour de l'idiotie ne peut en un sens être plus éloigné de la philosophie que l'amour de la sagesse qui a donné à la philosophie son nom. Les textes talmudiques et les fameuses histoires juives vont bien au-delà des paradoxes qui arrêtaient la raison des Grecs. Un paradoxe, en effet, est, comme son nom l'indique, un énoncé qui va contre la *doxa* (l'opinion) et que la raison s'efforce de comprendre. Un paradoxe est problématique : il a une solution rationnelle. Les histoires talmudiques ne sont pas paradoxales – c'est pourquoi d'ailleurs elles nous font rire (alors que les paradoxes de Zénon d'élée n'ont jamais fait rire personne).

Anecdote

Quand tout le monde a raison, personne n'a tort

Deux plaignants se rendent auprès d'un juge. Chacun plaide sa cause. Après avoir attentivement écouté le premier, le juge décide de lui donner raison. Mais lorsque le deuxième plaignant a fini de plaider, le juge, après avoir de nouveau réfléchi longuement, lui donne aussi raison. À ses amis présents qui s'étonnent que l'on puisse ainsi donner successivement raison à deux hommes qui ont présenté des versions contradictoires des mêmes faits, le juge répond, après une nouvelle et longue réflexion : « En effet, vous aussi vous avez raison ! »

Le saviez-vous ?

Cette méfiance à l'endroit de l'universel, et qui heurte frontalement le *logos* occidental, avait chez les Juifs une expression juridique inattendue : si les trente-trois juges constituant le tribunal rabbinique votaient unanimement pour la sentence de mort, il était de règle que l'accusé fût acquitté. Nous sommes ici aux antipodes de cette idée chrétienne (et musulmane) que le consensus est signe de vérité. Chez les Juifs, un consensus contre un homme apparaissait comme une anomalie – cela signifiait pour eux que le procès n'avait pas été équitable. D'où l'acquittement.

La singularité de Dieu

La conception judaïque du divin, on le sait, est caractérisée par un rigoureux monothéisme. C'est même la grande spécificité de cette culture : à la différence de tous les peuples voisins (Égyptiens, Perses, Chaldéens), les Juifs n'ont reconnu qu'un seul Dieu, créateur du ciel et de la terre. De ce monothéisme découleront le christianisme et l'islam.

Un peu de technique

Au XIXe siècle, l'historien des religions Max Müller a forgé le terme d'*hénothéisme* pour désigner la plus ancienne religion juive. Le mot est un doublet de « monothéisme », *hénos* venant d'un terme grec qui, comme *monos*, signifie « un ». On peut, en effet, n'admettre pour soi et son peuple qu'un seul Dieu tout en acceptant l'idée qu'il existe d'autres dieux pour les autres. Tel est l'hénothéisme, un monothéisme non exclusiviste. Il aurait été la religion première des Juifs avant qu'ils n'adoptent un monothéisme strict, c'est-à-dire exclusiviste : à partir d'une certaine période de l'histoire du peuple hébreu, Yahvé devient le seul Dieu, toutes les autres divinités sont par conséquent ravalées au rang d'idoles. La profession de foi musulmane (*shahada*) fixera la formule exclusiviste pour l'islam : il n'y a de Dieu que Dieu.

Le caractère unique et exclusif de Yahvé implique toute une série d'attributs qui détermineront pour les siècles à venir les cadres théoriques de la future religion chrétienne : Dieu est tout-puissant (omnipotent), omniscient (il sait tout), infini, transcendant (il surpasse l'homme et la nature), créateur de la totalité de l'univers. Les dieux de l'Antiquité, que ce soit en Grèce ou en Égypte, se partageaient les tâches selon une logique de division du travail : à celui-ci le ciel, à celui-là la terre, à celui-ci les eaux, à celui-là le feu, etc., si bien que ces dieux détenaient une puissance limitée à leur domaine propre. À partir du moment où Dieu est pensé comme unique, sa puissance n'est plus bornée par rien. Elle est infinie.

Un Dieu vivant, et moral

Yahvé n'est pas un principe abstrait, il est un Dieu vivant – vivant, et pas seulement existant. Il y eut en Grèce, à partir des présocratiques, des philosophes assez libres pour ne pas croire aux histoires de l'Olympe : pour ceux-là, les coucheries de Zeus, les boiteries d'Héphaïstos et les soûleries de Dionysos n'étaient que des enfantillages. Mais dans leur volonté d'accorder à la divinité la dignité qui lui revient, ces philosophes – au premier rang desquels nous retrouvons le présocratique Xénophane de Colophon, que l'on considère comme le premier monothéiste de la Grèce et qui, on l'a vu, s'amusait à l'idée que les dieux des chevaux pouvaient hennir – ont fini par faire de Dieu un principe abstrait, un être impersonnel.

Yahvé, lui, n'est pas seulement un être suprême, il a la qualité d'être vivant, sans pour autant avoir forme humaine. Pour le judaïsme, en effet, l'anthropomorphisme (le fait d'attribuer une forme humaine à ce qui n'est pas humain, à Dieu en particulier) est de l'idolâtrie. D'où le refus strict des images peintes et sculptées de Dieu – un interdit que plus tard l'islam reprendra à son compte.

Le saviez-vous ?

Il existe une autre différence capitale entre Yahvé et les dieux des peuples polythéistes de l'Antiquité. On pourrait même soutenir que c'est la différence essentielle : bien que créateur de l'univers (un concept que les Grecs n'ont jamais eu), Yahvé n'est pas un Dieu cosmique. Il est un Dieu moral. Yahvé dit le Bien et le Mal, protège et châtie, conseille et avertit. Cette conception est tout à fait étrangère aux Grecs, dont les dieux, trop occupés à vaquer à leurs propres affaires, n'ont jamais rien à dire aux hommes, de la même façon que nous n'aurions pas idée de parler aux animaux de la forêt.

La singularité de la terre

La manière dont les hommes habitent la terre est aussi révélatrice de leur esprit que leurs idées ou leur comportement. Or, le rapport que les Juifs ont eu à leur terre est unique dans l'histoire de l'Antiquité. Les grands empires antiques (l'Assyrie, l'Égypte, la Perse) ont tenté de réunir sous une seule autorité un grand nombre de pays et de peuples. Très tôt, les Grecs ont essaimé sur le pourtour méditerranéen. Les Juifs de l'Antiquité (la création de l'État d'Israël à l'époque moderne a changé bien des donnes) ont été étrangers à ces deux façons conquérantes d'occuper la terre – l'empire et la colonisation.

Le caractère singulier de la Terre promise est à mettre en parallèle avec le caractère singulier de Yahvé et le caractère singulier du peuple juif lui-même. Il a contribué à faire l'originalité de la culture et de la religion juives. Ce que l'épisode de la tour de Babel nous enseigne, c'est que l'unité dans et pour la puissance est violente. La tour de Babel est le symbole de l'empire. La dispersion des peuples et des langues est le destin terminal de tous les empires. Quant au Grec, il se sent partout chez lui. Il est un colon qui n'a jamais connu la captivité et l'exil.

L'invention de l'Histoire

La philosophie juive n'a pas seulement inventé la subjectivité et la singularité, elle a également inventé l'Histoire.

Le saviez-vous ?

Qu'est-ce, en effet, que l'histoire ? Une singularité (la temporalité humaine et la succession des générations) faite de singularités (les événements). Ici encore, la culture classique, telle qu'elle était enseignée dans nos écoles, a court-circuité Jérusalem pour tout attribuer à Athènes : ainsi Hérodote a-t-il été gratifié du titre de « père de l'histoire ». Seulement, le mot grec dont nous avons tiré « histoire » (*historia*) et qui sert de titre à l'ouvrage d'Hérodote, ne signifie pas « histoire », justement, mais « enquête ».

L'histoire naît à partir du mythe mais aussi contre lui. Si un mythe, en effet, raconte une histoire, il se déploie en dehors du temps. Il ne compte pas le temps. Avec les Grecs, l'histoire reste toujours un peu mythologique. Avec les Juifs, à l'inverse, le mythe est déjà historique. La Genèse par exemple, considérée d'un point de vue non religieux, est un texte mythologique. Elle déroule néanmoins une chronologie d'événements (la création du monde, l'apparition de l'homme, la naissance de l'agriculture, la construction des premières villes, etc.) qui constitue déjà de fait une histoire.

Par ailleurs, la Grèce n'a jamais renoncé à la conception cyclique du temps – qui est une autre manière de noyer la singularité dans la généralité de l'idée. Le cycle du temps est par exemple omniprésent chez Platon. Pour inventer l'histoire, il faut remplacer le cercle par une flèche : le temps n'est plus un serpent qui se mord la queue mais une ligne avec une origine unique, une direction et une succession de scansions uniques, les événements. La Bible est aussi un livre d'histoire. Elle fut et elle restera le seul texte religieux à intégrer l'histoire de son peuple – ce que ne font ni la Bible chrétienne, ni le Coran, ni les Veda de l'Inde.

Pour la première fois, des événements

L'invention de l'événement (ce qui n'arrive qu'une seule fois : le Déluge, la captivité en Égypte, l'exil à Babylone) est au moins aussi importante que celle d'un point origine (la création) dans le temps. Il est à cet égard caractéristique que le calendrier juif est le seul de tous les calendriers du monde ancien à n'être pas calqué sur les rythmes de la nature, c'est-à-dire sur les saisons. Cela confère un sens tout particulier, inédit, aux fêtes juives : celui de la *commémoration*. Pessah (Pâques), par exemple, commémore la sortie d'Égypte, tandis que la fête des moissons en Chine ne *commémore* pas la moisson. Les événements sont vécus et remémorés comme des avènements. Ils sont commémorés (c'est-à-dire souvenus ensemble) dans l'exacte mesure où ils ne reviendront plus.

La singularité du peuple élu et son sens de la distinction

Les antisémitismes auront tout intérêt à méconnaître le caractère sévère de cette élection où ils ne voudront voir qu'une marque exorbitante et insupportable d'orgueil. Mais l'élection d'Israël fut pour lui un fardeau, bien plus qu'un privilège. La conception juive de la fin des temps (son *eschatologie*) prévoit que si tous les peuples finiront par être unis pour louer le même Dieu, ils garderont néanmoins leur individualité. Il y a là un net point de rupture avec l'eschatologie chrétienne qui prévoit que tous les hommes se fondront en un seul peuple, lequel sera le peuple de Dieu.

Ce refus typiquement judaïque du mélange, ce souci scrupuleux de la distinction, est la clé des multiples tabous dont le Deutéronome dresse la liste détaillée. Il y a, contre toute apparence, un point commun décisif entre les trois interdits suivants : atteler un bœuf avec un âne, tisser un vêtement avec de la laine et du lin, faire cuire un chevreau dans le lait de sa mère, c'est le refus du mélange des espèces et des générations.

Le bœuf et l'âne

Le saviez-vous ?

Le bœuf et l'âne de la crèche de l'Enfant Jésus ne figurent pas dans les Évangiles ; ils sont une invention du Moyen Âge. Symboliquement, la coexistence de ces deux animaux signifiait le dépassement de la loi juive (laquelle interdisait justement d'atteler un bœuf avec un âne) par la loi nouvelle, la loi chrétienne.

L'invention de la dimension affective de l'existence

Pratiquement tous les peuples de l'Antiquité sont polygames. Le choix de la monogamie par les Juifs est bien sûr à mettre en parallèle avec celui du monothéisme et ce culte de la singularité dont nous avons fait état plus haut.

Le Livre de Job révélait l'émergence de la subjectivité par le biais de l'expérience d'une souffrance incompréhensible. Ici encore, la comparaison avec la Grèce nous aidera à saisir ce qui fait l'originalité de la pensée juive : le Cantique des cantiques, ce grand poème d'amour qui fait partie de la Bible et qui peut être lu soit comme un chef-d'œuvre d'érotisme ou bien allégoriquement comme le symbole de l'union du peuple à Dieu, n'a aucun équivalent en Grèce.

Anecdote

Revenons à la douleur de Job. Cette attention à la souffrance de l'autre n'a pas non plus de répondant en Grèce. Bien à l'inverse, ce que nous recommande une certaine sagesse aussi bien sceptique (Pyrrhon) que stoïcienne, c'est la vertu de l'indifférence. Une anecdote raconte que Pyrrhon passa sans sourciller à côté de l'un de ses disciples qui était en train de se noyer dans un marécage ; par là, il faisait preuve de cette vertu d'indifférence (à prendre littéralement comme l'aptitude à ne plus faire de différence entre les situations ou entre les valeurs du bien et du mal, du juste et de l'injuste…) que les sceptiques considéraient comme la vertu par excellence. La philosophie juive, qui fera de la pitié une vertu cardinale, ne connaîtra pas ce type de monstruosité éthique.

Pour la première fois, l'homme et la femme forment couple

Si parmi les valeurs morales, la fidélité apparaît comme l'une des plus spécifiquement juives, c'est parce qu'elle implique le caractère unique d'un lien entre des sujets engagés dans la promesse, donc dans le temps. On comprend dès lors qu'à la différence des Grecs, les Juifs aient pensé le rapport de l'homme à la femme comme celui d'une réelle complémentarité. Rien n'est plus instructif à cet égard que de mettre l'un en face de l'autre le mythe d'Aristophane, tel que Platon nous le rapporte dans *Le Banquet*, et le passage du Zohar, le livre de la Kabbale écrit au Moyen Âge par Moïse de Léon, concernant Adam et la naissance d'Ève.

Livre décisif

Dans *Le Banquet*, dialogue à plusieurs voix dont le thème est l'amour, Platon fait raconter par Aristophane, le poète comique, le mythe d'origine des hommes. Jadis, les êtres humains n'étaient pas hommes ou femmes comme à présent mais doubles, avec deux têtes, quatre bras et quatre jambes, avec deux sexes également, ce qui donnait trois types d'individus : mâle/femelle, mâle/mâle, femelle/femelle. Zeus décide un jour d'affaiblir ces êtres devenus insupportables à cause de leur force et de leur agilité : il charge un dieu de les couper en deux, dans le sens de la hauteur, de manière à obtenir des êtres avec une seule tête, deux bras, deux jambes et un seul sexe. Mais chaque moitié mutilée de son complément ne cessait dès lors de chercher à le retrouver pour reconstituer l'unité perdue. Ainsi le mythe platonicien rend-il compte du désir sexuel – de l'homme pour la femme, de l'homme pour l'homme et de la femme pour la femme – comme l'aspiration de chaque partie à reformer le tout originel. L'expression familière en français (un peu passée de mode aujourd'hui) ne disait-elle pas « ma moitié » pour « ma femme » ?

Le texte hébreu de la Genèse raconte quant à lui comment la femme a été littéralement *extraite* par Yahvé du corps d'Adam. La lecture usuelle de ce mythe tire l'interprétation du côté du caractère dérivé, donc subordonné, de la femme par rapport à l'homme. Mais c'est une autre lecture, dissidente, sinon hérétique, de cet épisode que fait le Zohar : si Ève est sortie du côté d'Adam, c'est bien que celui-ci était à l'origine androgyne, à la fois masculin et féminin. La création de la femme par Dieu (il est intéressant d'opposer cette *extraction* à la *coupure* du mythe grec, laquelle est signifiée par notre mot de « sexe », qui est voisin de « sectionnement ») fait de l'homme un être incomplet, séparé de la partie féminine qu'il y avait en lui. On notera à ce propos que c'est la femme, du coup, qui constitue un être complet, à qui rien ne manque puisqu'elle est tout entière issue d'une partie du corps d'Adam.

L'opposition de la singularité et de l'universalité

Un peu de technique

Selon la logique classique, dont les termes ont été fixés par Aristote, la singularité (l'unique) et l'universalité (tous) sont aux antipodes l'une de l'autre. « L'homme » est un concept universel (il renvoie à tous les hommes), « Socrate » est le nom d'un individu et n'a pour référent qu'un seul être.

Le danger de l'universel tient dans sa puissance de dilution. Personne n'aime être englobé dans une catégorie générale – les hommes sont comme ceci, les femmes sont comme cela, les commerçants sont des voleurs, les fonctionnaires des paresseux… Ce n'est d'ailleurs pas un hasard si, pour injurier quelqu'un, on lui dit : « espèce de… ». De même, un *type* n'est pas trop valorisant. Dans toutes ces expressions, il y a l'oubli du moi propre, du sujet unique au profit d'une classe, d'une étiquette.

Le danger de la singularité tient, à l'inverse, dans son enfermement. Être soi, très bien, mais si le soi est seul ? L'aliénation n'est pas seulement le fait d'être à l'extérieur de soi, comme étranger à soi-même (c'est ce que dit l'étymologie du mot), elle réside aussi dans l'impossibilité ou l'incapacité de sortir de soi (c'est de cela que souffre le psychotique).

Singularité et universalité réconciliées : l'universel concret

Hegel a forgé l'idée d'*universel concret* pour réunir synthétiquement le caractère abstrait de l'universalité et le caractère singulier du concret. L'universel concret de Hegel pourrait aussi être appelé une singularité universelle.

On peut, pour s'en donner une image, partir de l'exemple de l'œuvre d'art. Voilà une réalité absolument singulière : la cathédrale de Reims, le *Champ de blé aux corbeaux* de Van Gogh n'existent qu'en un seul exemplaire. Seulement, ces chefs-d'œuvre, loin d'être isolés dans leur caractère d'exception, font sens pour tout le monde. On peut même soutenir que c'est précisément parce qu'ils sont uniques, exceptionnels, non répétables (leur reproduction n'a pas de valeur esthétique, mais seulement une valeur d'information) qu'ils font sens pour tous les hommes. Telle est la singularité universelle : elle fait sens pour le monde entier.

Et telle est la singularité de la culture et de la philosophie juives : elles font sens pour le monde entier. C'est d'ailleurs cela que ne supporte pas l'antisémitisme – on devrait dire plutôt *les* antisémitismes, qu'ils soient chrétien, nazi, stalinien ou islamiste. Hitler dénonçait chez les Juifs leur cosmopolitisme et leur caractère apatride, et c'est ce qu'il détestait aussi bien dans le capitalisme que dans le communisme. C'est pourquoi, dans sa fantasmatique, le capitalisme et le communisme étaient des expressions jumelles d'un même poison juif.

Une exception qui fait sens pour le monde

Pour tous les peuples du monde, les hommes sont fils de leur propre terre : l'homme africain est né de la terre africaine, l'homme kanak est né de la terre kanake, etc. Très souvent, les mythes nous le disent, il convient d'interpréter ce mot « terre » dans un sens concret : l'homme est issu de la boue, de la poussière, de l'argile (il y a d'ailleurs trace de cette idée, même dans la Genèse). La pensée juive a été la seule à faire de l'homme le fils de Dieu, un être né non pas de la matière mais de *l'esprit*. Mais puisque cette création est unique, elle a valeur universelle : l'ancêtre du peuple juif est du même coup celui de l'humanité entière. Tel est le sens d'Adam. Cela ne signifie pas bien sûr que tous les hommes soient juifs, mais cela signifie que tous les hommes sont frères (puisqu'ils ont le même Père).

La singularité juive est donc une ouverture au monde, et à l'humanité, et non pas une fermeture. Sa force développée n'est pas expansive mais attractive : le judaïsme fut et resta la moins prosélyte des religions – c'est la raison pour laquelle, signalons-le au passage, le fondamentalisme religieux y prend une forme inverse de celle que l'on peut observer dans les religions à vocation impériale : le repli d'un côté, la conversion de l'autre.

Le Décalogue est sans doute l'exemple le plus probant de cette puissance d'attraction. À la différence des 613 prescriptions de la Torah, qui ne concernent que le peuple juif, et que les Juifs doivent observer, les dix commandements sont des lois pour tous les hommes. De fait, il n'est aucun de ces dix commandements qu'un peuple ou un homme ne puisse faire siens. On peut à bon droit les considérer comme la lointaine origine de la Déclaration des droits de l'homme.

Citation à retenir

Puisqu'ils ont semé du vent, ils moissonneront la tempête.

Livre d'Osée

Les pères ont mangé les raisins verts et les dents des fils en ont été agacées.

Livre d'Ézéchiel

La religion n'est pas une fin en soi

Un trait remarquable, qui n'a pas été suffisamment souligné, renforce le sens de l'universel inhérent à la singularité juive : il n'existe pas dans le judaïsme d'attachement à la religion en tant que telle.

C'est une différence notable avec le christianisme et surtout avec l'islam. Le calendrier juif commence non pas à la fondation de la religion mais à la création du monde. À l'inverse de l'islam, il n'y a pas dans le judaïsme de croyance ou de pratique rituelle capable par elle seule de procurer le salut.

Quel sens donner au sacrifice d'Abraham ?

Kierkegaard, philosophe chrétien, voit en Abraham le héros du stade religieux dont la force propre est de transcender la loi morale rationnelle du stade éthique – laquelle vise le bien d'une communauté. L'ordre donné par Yahvé à Abraham de sacrifier son fils unique est absurde, scandaleux, injustifiable par la raison. Mais Abraham est engagé dans une relation personnelle à Yahvé – ce qui s'appelle proprement la *foi*, et qui va bien au-delà de la simple croyance. L'ordre du sacrifice est la voix de Yahvé : aucune considération ne saurait par conséquent passer avant elle.

Aux yeux de Martin Buber, philosophe juif contemporain, le sens de l'épisode du sacrifice d'Abraham ne réside pas dans l'obéissance du patriarche, mais dans le fait que Yahvé arrête son bras. Isaac finalement n'est pas sacrifié ; Yahvé immobilise le couteau. Dieu, fait observer Martin Buber, ne peut pas sortir du champ éthique. Il n'y a pas un bien divin qui serait supérieur au bien humain, il n'y a pas de loi de Dieu qui serait injustifiable et incompréhensible sous le point de vue d'une pauvre raison humaine. Contrairement à la lecture donnée par Kierkegaard et, avec lui, par la tradition, le sens du passage biblique est que Dieu *ne veut pas* de sacrifice humain, même celui qui servirait à montrer une foi inconditionnée en lui. Aucun ordre, émanât-il de Dieu, ne peut prévaloir contre l'interdit de tuer. La leçon à tirer de cet épisode est que Dieu, tout compte fait, a contraint Abraham à *renoncer* au sacrifice. La philosophie juive est, plus que toute autre, cela : morale.

DANS CE CHAPITRE

Des pensées aussi riches que des palais d'Orient

•

Croire et réfléchir

•

Une galerie de génies universels : Avicenne, Averroès, Maïmonide…

Chapitre 12

Du côté des deux autres monothéismes

Du côté de La Mecque

Ce n'est pas parce qu'Allah est grand et que Mahomet est son prophète qu'il est interdit de penser. Faisons un tour d'horizon de la pensée de l'islam.

Un nouvel universalisme ?

On sait que les cavaliers arabes sont partis à la conquête de la terre et que seules les barrières naturelles (en Afrique) ou humaines (Poitiers) les ont arrêtés dans leur formidable élan. Comme avec le christianisme, l'universalisme de droit et de fait que constitue l'islam repose sur une conception de l'homme. Un hadith (parole de Mahomet) proclame que tous les hommes sont égaux comme les dents du peigne d'un tisserand.

Mais, en outre, l'islam apporte une innovation décisive par rapport au christianisme : selon la tradition musulmane, un enfant naît musulman – de la même manière que, selon Jean-Jacques Rousseau et la Déclaration des droits de l'homme et du citoyen de 1789 (évidemment, nous faisons ce rapprochement par provocation), l'homme est né libre. Ainsi l'islam, dans les pays d'islam, est-il pensé comme la religion naturelle de tous les hommes. Et si un homme est malgré tout juif ou chrétien, c'est parce que ses parents infidèles l'ont fait ainsi. Quant à savoir quel premier parent a conçu une aussi funeste idée, le Coran ne pipe mot.

Car l'universel islamique ne va pas sans son envers : si l'islam est le seul champ de l'universel, le monde qui n'appartient pas à l'islam est proprement hors champ. Le monde se divise en deux parties : le *dar al-islam*, le domaine de l'islam, et le *dar al-harb*, le domaine de la guerre. L'un des premiers devoirs de la souveraineté musulmane est d'étendre ce domaine de l'islam au détriment des pays infidèles : la paix avec les non-musulmans ne saurait être autre chose qu'une trêve. Une négation analogue se trouve en pays chrétien – et l'Église n'a pas été loin de faire sienne, avant sa formulation même, la célèbre boutade de George Orwell : si tous les hommes sont égaux, certains sont plus égaux que d'autres.

Un sérieux bémol dans la mélodie

L'égalité que l'islam reconnaît est celle des hommes libres et musulmans. Non seulement le Coran accepte l'esclavage, mais il le légitime. Quant aux femmes, une longue nuit tombe sur elles, dont elles ne sont, quinze siècles plus tard, toujours pas sorties. Même la mystique, cette formidable échappée hors du monde réel, leur est interdite : en dehors de Rabia al Adawiyya, l'histoire n'a pas retenu beaucoup de noms de mystiques femmes en islam.

Citation à retenir

Ceux qui prennent des maîtres à côté d'Allah ressemblent à l'araignée qui se fait à elle-même une maison. En vérité, c'est la plus frêle des maisons que la maison de l'araignée.

Mahomet

Donner sa langue au shah

Si le Coran a été envoyé à Mahomet par l'ange Gabriel, il a été réservé à ceux qui pouvaient l'entendre, c'est-à-dire non aux clercs et aux érudits, comme l'ont été les textes sacrés de l'Inde ou de l'Europe, mais à ceux qui lisaient l'arabe. C'est en terre d'islam un dogme : la langue arabe est consubstantielle au Coran. Alors que la Pentecôte chrétienne accorde aux disciples du Christ le don des langues, aucune pentecôte islamique n'accorda jamais aux infidèles le don de la langue arabe. Cela rend inaccessible ou incompréhensible la parole d'Allah à la plus grande partie du monde habité. Les fondamentalistes se servent de ce dogme pour frapper d'une nullité *a priori* toute lecture critique du Coran ; ceux qui ignorent l'arabe n'ont en fait jamais lu le Coran puisque le Coran ne peut pas être traduit. Raisonnement totalitaire type : la parole contraire au Livre est à l'avance privée de sens.

La communauté, bon, mais laquelle ?

Mahomet avait dit que sa communauté ne tomberait pas d'accord sur une erreur. Mais quelle extension accorder à cette « communauté » ? Pour l'école hanbalite, l'*ijma* (le consensus de la communauté) ne concerne que les seuls compagnons du Prophète ; pour l'école malékite, elle ne touche que les habitants de Médine (la ville du Prophète), tandis que les mutazilites vont jusqu'à dire que l'*ijma* n'est pas infaillible...

Il n'est guère de mots qui, comme « communauté », n'ouvrent sur toute une série d'interprétations possibles.

Le sceau de la prophétie

Dès l'origine, l'islam s'est pensé comme accomplissement plutôt que comme inauguration. L'islam fut en effet la seule religion à avoir explicitement et méthodiquement présenté la prophétie qui la fondait (celle de Mahomet) comme la synthèse de la prophétie universelle : Mahomet est le sceau des prophètes, il est le dernier prophète avant la fin des temps, il vient mettre un terme au cycle qui fut celui de l'Histoire entière.

D'où cette double tendance contradictoire qui caractérise l'esprit musulman pour le meilleur et pour le pire. Du côté du meilleur : une soif d'étude et de compréhension ouverte sans exclusive sur le monde présent et passé. Cela donnera les grands savants et les grands voyageurs. Du côté du pire : puisque l'islam est l'accomplissement de l'Histoire, tout le reste, c'est-à-dire le monde, n'a plus aucune espèce d'importance. Et lorsqu'il en a, il est regardé comme une force hostile qu'il convient de conquérir ou, à défaut, de détruire. Les deux tendances n'ont pas cessé de coexister dès l'origine mais la seconde l'emporte presque exclusivement sur la première depuis plusieurs siècles.

Peut-on penser grec si l'on écrit arabe ?

En 527, l'empereur byzantin Justinien ferme l'école d'Athènes où enseignaient les derniers philosophes païens (néoplatoniciens). Ceux-ci allèrent alors se réfugier en Perse où ils firent sentir leur influence jusqu'après la conquête musulmane, qui eut lieu au siècle suivant.

En gagnant à lui le monde grec, l'islam, même guerrier, n'en fit pas table rase. Les philosophes musulmans se sont retrouvés devant un problème particulier, qui ne pouvait pas avoir été aperçu en Europe : puisque la grammaire arabe est censée être celle de la vérité, que faire de la logique grecque ? La controverse de Bagdad, qui eut lieu au xe siècle, a exposé les termes de cette confrontation. Pour les Grecs, grammaire et logique étaient coextensives et même homologues : l'ordre des mots est nécessairement celui des idées. Pour les Arabes, cette adéquation n'allait plus de soi. D'où un remarquable effort de clarification qui fait d'eux des pionniers en ce domaine.

Citation à retenir

Quand tous les arbres de la terre seraient des roseaux et la mer un encrier avec sept mers encore pour l'emplir, je ne pourrais, Seigneur, transcrire toute ta parole.

Mahomet

Croire et penser

Considéré comme le Livre par excellence, le Coran, comme tous les grands livres sacrés, est à la fois océan et source. En terre d'islam, l'opposition entre foi et raison a été celle du *kalam* (la théologie) et de la *falsafa* (la philosophie : le mot arabe est le décalque du mot grec). On l'a vu, les penseurs chrétiens au Moyen Âge ont rencontré un problème analogue.

Commençons par le point de vue du fanatique. On a attribué à Omar, responsable du second incendie de la bibliothèque d'Alexandrie, au moment de la conquête musulmane, ce propos qui éclate comme la devise de tous les fanatismes religieux. De deux choses l'une : ou bien ce qu'il y a dans ces livres se trouve dans le Coran, et alors ils sont inutiles, ou bien ce que ces livres contiennent ne se trouve pas dans le Coran, et alors ils sont dangereux. Dans les deux cas, il faut brûler ces livres. Ce raisonnement de fanatique a sa variante philosophique : ou bien la raison philosophique est en accord avec le Coran ou bien elle ne l'est pas. Dans le premier cas, elle est inutile, dans le second, elle est dangereuse, dans les deux cas, elle est à rejeter.

D'autres, les mutazilites, les plus libéraux (en fait, les seuls) de toute l'histoire de l'islam, tenaient un raisonnement exactement inverse : ou bien la prophétie est conforme à la raison ou bien elle la contredit. Dans le premier cas, elle est superflue ; dans le second, elle est absurde. Dans les deux cas, elle est à rejeter.

Portrait

Antiphilosophe exemplaire, Ghazali représente la réaction religieuse face à la philosophie. Son grand œuvre s'intitule (au choix des traductions) *Incohérence*, *Destruction* ou *Effondrement des philosophes*. Ghazali s'efforce de démontrer que, pour ce qui concerne l'âme, le monde et Dieu, donc tout le domaine de la connaissance, la philosophie ne peut que tomber dans l'incohérence. Et par philosophie, Ghazali entend la philosophie musulmane en général, Avicenne en particulier (les Grecs étant hors jeu). C'est par conséquent l'idée même d'une philosophie islamique que Ghazali conteste : le Coran est l'expression de toute la vérité, il est donc blasphématoire d'aller chercher ailleurs et autrement.

Contre le point de vue qui élimine la raison philosophique au nom de la révélation religieuse, il y a deux stratégies possibles :

» **La raison et la foi sont toutes deux légitimes mais chacune dans son domaine propre, qui est séparé de l'autre ;**

» **La raison et la foi s'entraident mutuellement, la raison aidant la foi à s'éclaircir et à s'approfondir.**

La vérité mène double jeu

Un peu de technique

La tradition a fait d'Averroès le père de la doctrine dite de la double vérité : il y a une vérité selon la foi et une vérité selon la raison, indépendantes l'une de l'autre, voire contradictoires entre elles. En fait, Averroès évoquait un problème précis, celui de l'intellect agent (l'intelligence qui saisit les idées) et encore, à titre d'hypothèse : selon la raison, écrit-il, je suis bien obligé de conclure qu'il n'y a qu'un seul intellect ; selon la foi, c'est le contraire que je soutiens fermement.

En fait, comme les chrétiens, la plupart des philosophes musulmans refusent la doctrine de la double vérité : la vérité ne peut être qu'une, deux énoncés contraires ne peuvent être vrais en même temps. Quant aux autorités religieuses, elles s'opposent à cette doctrine pour une autre raison : tout ce qui contredit la vérité révélée ne peut être que blasphématoire.

Les couches de sens

Cela dit, même si l'on récuse la doctrine de la double vérité, il est possible d'admettre pour un même texte une pluralité d'interprétations. Celles-ci, bien entendu, ne seront pas conçues comme dépendant du regard et de la lecture personnels mais comme dérivées objectivement du texte lui-même.

Un hadith dit que le Coran a une apparence extérieure et une profondeur cachée, un sens exotérique et un sens ésotérique, mais que ce dernier a à son tour un sens exotérique et un sens ésotérique (cette profondeur a une apparence extérieure et une profondeur cachée) et ainsi de suite, jusqu'à sept sens ésotériques (sept profondeurs cachées) emboîtés les uns dans les autres à la manière de sphères concentriques.

Dans la tradition chi'ite qui développa au sein de l'islam le courant ésotérique, le Prophète puis son gendre Ali étaient réputés détenir la totalité des sens du Coran, mais cette intégralité fut ensuite perdue et ceux qui prirent et gardèrent le pouvoir donnèrent au Livre (dans la version dite d'Osman) une direction défectueuse.

Quelle liberté face au Destin ?

La religion musulmane a souvent été synonyme de fatalisme. *Mektoub* ! C'était écrit ! Vus d'Europe, la Providence d'Allah et l'antique Destin semblent se confondre. Leurs toutes-puissances en tout cas se conjuguent pour réduire à rien la marge de manœuvre humaine.

Anecdote

L'histoire du rendez-vous à Samarcande est une illustration de ce pouvoir retors, pervers, du Destin qui se joue des humains comme ferait un chat d'une souris. Un jour, au marché de Boukhara, le vizir se promène en regardant les étalages des marchands. Soudain, parmi la foule, il voit la Mort qui fait un geste d'étonnement en le regardant fixement. Transi de peur – la Mort m'a regardé avec un tel air de stupéfaction qu'elle veut m'emmener, à moins qu'elle ne m'ait cru déjà mort, se dit-il –, le vizir quitte précipitamment le marché et, sans même prendre le temps de prévenir sa famille et ses amis, monte sur son cheval et part. Toute la nuit, il chevauche, avec la pensée insistante que chaque lieue gagnée est un peu plus de distance mise entre la Mort et lui. Le lendemain matin, il est à Samarcande.

À la fin de l'après-midi, au palais du sultan, à Boukhara, tout le monde parlait du départ soudain du vizir. Le sultan, qui s'informe, apprend qu'au marché la Mort était présente et que c'est après l'avoir vue que le vizir est parti en toute hâte. Il fait donc venir la Mort dans son palais pour l'interroger : « Est-il vrai que tu as fait peur à mon ministre ? demande le sultan. – Je n'ai pas voulu lui faire peur, mais seulement j'ai été étonnée de le voir tout à l'heure au marché de Boukhara, car demain matin, nous avons rendez-vous à Samarcande ! »

Le fatalisme musulman est d'autant plus aidé que, à la différence du christianisme, l'islam donne à la foi une priorité absolue sur les œuvres : l'essentiel n'est pas ce que l'on fait mais l'existence de la foi. Dès lors, la destinée finale (le paradis pour les meilleurs, l'enfer pour les pires) ne dépend plus tellement de la responsabilité individuelle. Mieux vaut être le pire des meilleurs (les musulmans) que le meilleur des pires (les autres). Cela dit, les plus belles pensées, comme les plus belles œuvres de la culture musulmane (*Les Mille et une Nuits*, par exemple) sont volontiers nées contre plutôt qu'avec l'islam, malgré lui plutôt que grâce à lui.

Des libres penseurs en islam !

Le saviez-vous ?

Le mutazilisme est un courant d'origine politique qui, dans les premiers siècles de l'islam, représenta ce que cette religion connut de plus abouti en matière de liberté de pensée. Condamné comme hérétique (les mutazilites ne croyaient pas au caractère incréé, c'est-à-dire en fait, divin, du Coran !), le mouvement disparut au XIIIe siècle. Il n'est pas excessif de dire que le monde musulman, qui ne connaîtra ni Renaissance ni siècle des Lumières, ne s'en est jamais remis.

Le mutazilisme est un humanisme, l'un des premiers à être apparu : il donne à la raison (qui est la faculté de penser) et à la liberté (qui est la faculté d'agir) humaines une place et une importance non seulement inconnues dans les autres tendances de l'islam mais même dans la plupart des courants philosophiques et religieux. Contre le fatalisme, qui fut la tendance dominante en islam, le mutazilisme affirme que l'être humain est responsable de ses actes. Contre la doctrine coranique d'une foi qui suffit seule à sauver, le mutazilisme affirme que le fidèle qui est en état de péché tient le milieu entre la foi et l'infidélité.

C'était beaucoup plus que ce que pouvaient en supporter les docteurs de la loi, car l'islam (à l'exception notable du chi'isme) a beau n'avoir eu ni pape, ni clergé, ni église, il a su imposer au cours des siècles ses rigidités et préjugés.

Le problème des noms et des attributs d'Allah

Un peu de technique

Le débat théologique qui, en terre d'islam, s'est élevé autour de la question des noms et attributs d'Allah s'explique en référence au problème philosophique de la dualité de l'un et du tout.

Le dilemme est le suivant : même si les noms et les attributs ne sont pas des parties réelles mais des signes (dire d'Allah qu'il est clément et miséricordieux ne veut pas dire que la clémence et la miséricorde sont des parties d'Allah), il n'en reste pas moins qu'ils ne peuvent être identifiés à Allah lui-même, car alors leur évocation serait superflue (si la clémence était identique à Allah, alors on ne dirait rien de plus en énonçant qu'Allah est clément). Mais cela voudrait dire que quelque chose d'Allah lui échapperait en quelque manière, mettant ainsi en péril son unicité et son infinité. Ibn Arabi a résolu de manière radicale le problème : le nom d'Allah résume tous les noms d'Allah.

Un idéal de savoir universel

L'islam des premiers siècles a cultivé aussi bien la plus haute et la plus subtile spéculation philosophique que la plus attentive des recherches empiriques. L'encyclopédisme arabe joua un rôle historique considérable en intégrant une bonne partie de la culture grecque et en la transmettant à l'Europe chrétienne. Et de même que Mahomet était le sceau des prophètes, de même la culture arabe se conçut comme l'accomplissement des précédentes, de la grecque en particulier.

Les Arabes utilisent volontiers deux images pour désigner leur entreprise encyclopédique : celle du collier et celle du jardin. La métaphore du collier renvoie à l'idée de liaison entre les sciences ainsi qu'à celle de cercle. Comme les perles qu'un fil relie, les parties du savoir sont liées entre elles et, comme dans un collier, la première perle peut être aussi la dernière, le commencement du savoir coïncide avec sa fin. Dans le *Collier* d'Ibn Abd Rabbih, les 25 chapitres portent le nom de pierres précieuses. L'encyclopédie est aussi conçue comme un jardin des sciences. De la même façon que le jardin, avec ses plantes, son ordonnance et ses fontaines, représente en miniature l'univers entier, l'encyclopédie est la mise en ordre par les mots de cet univers.

Des génies universels, des génies de l'universel

Portrait

Comme le Prophète qui déclarait voir dans son dos, Ibn Arabi se présente comme un visage sans nuque, un œil total capable de saisir l'ensemble de l'espace. Il disait que son cœur peut prendre toute forme : une prairie pour gazelles, un cloître pour moines chrétiens, un sanctuaire pour les idoles, une Kaa'ba pour les pèlerins, les tables de la Loi et le livre du Coran. 850 ouvrages lui sont attribués – et pas des plus minces : son *Livre des conquêtes spirituelles* ne fait pas moins de 3 000 pages !

Ses contemporains disaient d'Al Biruni, mathématicien et astronome, linguiste et géographe, historien et physicien, pharmacologue et poète, que, sauf pendant deux jours de fête chaque année, sa main ne quittait pas la plume, ses yeux ne cessaient d'observer ni son esprit de réfléchir.

On a attribué à Al Farabi, autre génie universel, la connaissance de 70 langues. Au vu de son œuvre, la chose n'est peut-être pas impossible ! Al Farabi savait tout et il voulait tout concilier : Platon et Aristote, la Grèce et l'islam, et tous les hommes de la Terre pour lesquels il projetait une cité parfaite. Excellent musicien, Al Farabi écrivit un *Grand livre de la musique* et les derviches mevlevis chantent encore de nos jours des compositions qui lui sont attribuées.

Tous les grands penseurs arabes ont été des esprits encyclopédiques (270 ouvrages sont attribués à Al Kindi, 230 à Razi). Le premier à apparaître historiquement fut Jabir (VIIIe siècle).

Jabir n'est pas seulement le grand nom de l'alchimie arabe. Sa théorie de la balance est une sorte d'encyclopédie raisonnée qui traduit l'univers dans toutes ses dimensions, sensible, astrale et spirituelle. Balance veut dire mesure. Il s'agit d'établir le rapport qui existe entre le manifeste (l'exotérique) et le caché (l'ésotérique). Il y a une balance aussi bien pour le monde animal que pour l'âme du monde.

Une secte pas sectaire : les Frères de la pureté

Au Xe siècle, à Bassora, un ensemble d'intellectuels fonda une société secrète (ses membres taisaient leurs noms) d'inspiration chi'ite et désireuse d'épurer et de bonifier la loi religieuse grâce à l'apport d'autres traditions de pensée. Les réunions de ces Frères de la pureté ou Amis fidèles ou encore Frères sincères (leur nom varie en fonction des traductions) permettaient des discussions libres entre musulmans de toutes tendances, juifs, chrétiens et même athées. Dans notre Moyen Âge chrétien, il est impossible, même chez un Raymond Lulle (qui représente à cet égard un point d'avancée extrême) de trouver un tel esprit de tolérance.

Les Frères laissèrent une œuvre colossale : une encyclopédie en 52 volumes embrasse la totalité du savoir de l'époque grâce à la synthèse des apports des civilisations grecque, indienne et persane. Naturellement, il s'est plus tard trouvé en la personne du calife de Bagdad un imbécile pour ordonner que l'on brûle cet insupportable travail.

Avicenne, un colosse de l'esprit

Portrait

Chateaubriand parlait d'effrayant génie à propos de Pascal. Avicenne fut un effrayant génie. À l'âge de 10 ans, il connaissait par cœur tout le Coran et quand il eut atteint ses 17 ans, il avait parcouru le cercle du savoir de son temps. Lors de l'incendie de la bibliothèque de Boukhara, les gens se consolaient en pensant qu'Avicenne vivait et qu'elle était contenue dans son esprit. Le catalogue des œuvres d'Avicenne comporte environ 500 titres, 456 rédigés en arabe et 23 en persan. Sur cet ensemble, 160 livres nous sont parvenus. Son *Livre de l'arbitrage équitable* en 20 volumes, détruit lors du sac d'Ispahan (1034), répondait à… 28 000 questions ! Comparé à Avicenne, Pic de la Mirandole (voir chapitre 9) mérite indiscutablement le bonnet d'âne.

Un savoir utile

Livre décisif

Le *Livre de la guérison de l'âme* (*Kitab al-Shifa*, on dit *Shifa* par abréviation), son ouvrage le plus célèbre, est un livre philosophique total traitant de logique, de mathématiques, de physique et de métaphysique. Avicenne ne fut pas seulement un génial compilateur. Il fit ce que très peu d'encyclopédistes furent capables de faire : il fit avancer la science de son époque. Le *Canon de médecine* a été pendant des siècles la base de l'enseignement médical dans les facultés du Moyen-Orient et de l'Europe. Avicenne fut le premier à décrire correctement les ventricules du cœur et les muscles de l'œil humain, ou encore certaines maladies comme la petite vérole et la rougeole. C'est lui qui inventa la méthode de percussion consistant à déceler des maladies au moyen de petits coups secs du doigt sur le corps, c'est lui qui exposa le principe d'inertie, six siècles avant Galilée…

Une inspiration platonicienne

Un peu de technique

Une idée sous-tend la pensée et l'œuvre d'Avicenne : l'un est présent dans le multiple, qui en émane et y retourne. Inspiré par le néoplatonisme, Avicenne pense comme lui la dérivation de l'univers physique à partir de la réalité spirituelle en termes d'émanation et non en termes de création. L'idée de création, en effet, creuse un abîme entre le principe créateur et la chose créée. L'idée d'émanation, en revanche, conserve le lien entre les deux : lorsque le soleil diffuse lumière et chaleur, il n'y a pas de rupture entre cet astre et ces effets. On dit, justement, que la lumière et la chaleur émanent du soleil.

Le système d'Avicenne est une architecture compliquée qui divise le monde en dix Intelligences (cette doctrine est largement inspirée de Farabi). Dieu constitue la première Intelligence. Il crée en se pensant lui-même. Par émanation dérivent une sphère et une Intelligence de rang inférieur identifiée à un ange. Ainsi passe-t-on d'Intelligence en Intelligence, de Dieu à Gabriel, l'ange de la révélation coranique, qui fut en contact direct avec la multiplicité des âmes humaines. Parallèlement aux Intelligences, les sphères célestes qui constituent l'univers sont emboîtées les unes dans les autres. Ainsi le système d'Avicenne permet-il de penser en même temps la totalité de l'univers physique et la totalité de l'univers spirituel.

L'envol de l'âme-oiseau

Animal symbolique

Avicenne a également écrit un *Récit de l'oiseau* dans lequel l'âme, qui effectue son ascension vers Dieu, est comparée à l'oiseau qui, de ciel en ciel, s'élève jusqu'au sanctuaire du Roi des rois. De même que l'oiseau a d'abord les plumes empêtrées dans les filets des chasseurs, l'âme est d'abord engluée dans le filet du corps. Mais l'oiseau finit par se libérer et, après avoir franchi les montagnes jusqu'au neuvième Ciel, se retrouve devant le Roi suprême.

Un siècle après Avicenne, un poète persan, Attar, d'inspiration soufie, écrira un *Langage des oiseaux* dans lequel on voit la huppe conduire une expédition à laquelle tous les oiseaux participent pour rejoindre le Simorgh, leur roi. Dans ce périple, les oiseaux rencontrent toutes les difficultés imaginables : la chaleur, le froid, la faim, la fatigue, le découragement. La plupart d'entre eux meurent en route. Les survivants auront traversé successivement les vallées de la Recherche, de l'Amour, de la Connaissance, de l'Indépendance, de l'Union, de la Stupeur, du Dénuement. À la fin, ils ne sont plus que 30 sur plusieurs milliers à parvenir jusqu'au Simorgh. Mais ils découvrent aussi que cette incarnation de la connaissance suprême n'est autre qu'eux-mêmes : Simorgh, en effet, signifie « trente oiseaux ».

Averroès, l'autre géant de la philosophie musulmane

Plus encore qu'Avicenne, originaire de Perse, Averroès, qui vécut en Espagne, eut sur l'histoire de la pensée arabe et chrétienne une influence considérable. Il représenta pour le monde musulman ce que Maïmonide fut au monde juif et Thomas d'Aquin au monde chrétien. Le point de départ de sa pensée est analogue.

Où est la vérité ?

Dans le *Traité décisif*, Averroès établit contre Ghazali, qui récusait la philosophie au nom du Coran, qu'il ne saurait y avoir de contradiction entre la philosophie et la religion car la vérité ne peut contredire la vérité. La tâche de la raison philosophique consiste à aller aussi loin qu'elle le peut en son domaine. Mais s'il récuse la théorie de la double vérité (une vérité rationnelle pour et par la philosophie, et une vérité révélée pour et par la religion), Averroès pense qu'il existe une dualité de sens : un sens extérieur donné par la lettre du texte et un sens intérieur, plus profond, plus conforme à l'esprit. La grande masse des hommes peut se contenter du premier sens ; les philosophes, quant à eux, doivent aller jusqu'au second. Pour le rendre accessible à tous, Allah a communiqué aux hommes le Coran sous une forme qui n'arrête pas mais enclenche le travail d'interprétation.

Averroès différencie ainsi :

» Ceux qui lisent sans interpréter : pour eux, le sens tombe littéralement sous le sens

» Ceux qui interprètent de manière dialectique : leur trop grande habileté leur fait manquer le sens

» Ceux enfin qui interprètent de manière philosophique et qui sont seuls dans le vrai

Le problème de la création du monde

Un peu de technique

Aristote pensait que la matière et l'univers sont éternels. Logiquement, les religions monothéistes refusent cette thèse parce qu'elle contredit la création divine : si Dieu crée l'univers, celui-ci a donc commencé d'être à un certain moment. Seulement, cette idée de création est apparue à des philosophes comme Averroès incompatible par certains côtés avec l'infinité et la perfection d'Allah : pourquoi l'Être unique se serait-il décidé un jour de se mettre au travail ? Pourquoi ce jour-là plutôt qu'un autre ? Ces questions, les philosophes arabes, juifs et chrétiens se les sont posées et les réponses qu'ils ont données sont diverses. Averroès reprend à Aristote l'idée d'éternité du monde : la création est inhérente à l'intelligence divine, elle ne dérive pas d'elle « à un moment donné ».

Une seule intelligence pour tous !

À partir d'une lecture d'Aristote, Averroès soutient l'idée de distinction entre l'âme individuelle et l'intelligence collective. L'humanité tout entière disposerait d'une seule intelligence (intellect) un peu à la manière dont tous les hommes respirent une seule atmosphère. Leibniz a forgé le terme de monopsychisme pour désigner cette doctrine – qui a été condamnée comme hérétique par l'Église, car incompatible avec le dogme de l'immortalité personnelle. Cette idée d'une intelligence universelle (qui peut nous sembler quelque peu mythologique) a été récemment reprise par ceux qui, surtout aux États-Unis et au Canada, dans la mouvance du New Âge, voient dans Internet une manière de pensée commune.

Averroès eut sur les penseurs chrétiens une influence considérable qui ne manqua pas d'inquiéter les autorités de l'Église. Sous le nom d'averroïsme furent dénoncées et condamnées des thèses dont celle de la double vérité, qui en réalité n'était pas soutenue par Averroès lui-même.

« Je suis Allah »

Le hadith (parole du Prophète) qui différencie le sens exotérique et le sens ésotérique du Coran est à la base du soufisme et du chi'isme. Le soufisme est un mysticisme musulman et le chi'isme est l'une des deux branches (la minoritaire) de l'islam, qui fait suivre la Prophétie (la révélation du Coran à Mahomet) d'une série d'imams, c'est-à-dire de religieux dont le douzième, espèce de Messie encore caché, est censé apporter la révélation définitive à la fin des temps.

Aux yeux du sunnisme majoritaire, l'ésotérisme mystique est une hérésie. Le mysticisme musulman eut son martyre en la personne d'Al Halladj, qui fut supplicié d'horrible manière pour avoir proféré ce mot inouï : « Je suis Allah. » Quelle religion instituée pourrait-elle en effet admettre une semblable parole ? Un hadith pourtant avait dit : « Je suis l'œil par lequel il voit, l'oreille par lequel il entend. » Mais cela ne suffit pas à arracher Al Halladj à la mort. Dire « Je suis Allah » ne signifie pourtant ni l'athéisme (Dieu n'existe pas puisque je le suis) ni le panthéisme (Dieu est partout dans le monde, donc en moi) mais exprime cette expérience du ravissement que nous avons tous connue dans l'extase musicale. Al Halladj disait : « Je suis Allah » comme nous pouvons dire, lorsque la musique a plongé en nous (nous disons plus volontiers que nous sommes plongés dans la musique mais la relation véritable est inverse) : « Je suis musique. »

Ibn Khaldoun, dernière flamme

Certains spécialistes considèrent Ibn Khaldoun comme l'inventeur de la sociologie. Les ouvrages qu'il écrivit sur l'histoire universelle dégagent de façon très moderne le concept de civilisation. Ibn Khaldoun a le sens de l'unité organique d'une société, chaque élément ou dimension étant considéré en relation nécessaire avec les autres, ainsi que celui de son devenir animé par une causalité spécifique. Il a vécu au XIVe siècle. Il est le dernier grand penseur de l'islam.

Bientôt l'Europe, par sa science et sa technique, part à la conquête de la terre. C'est à ce moment-là que le monde musulman plonge dans une nuit intellectuelle dont il ne sortira pas.

Retour à Jérusalem

La culture et la pensée juives ont été l'objet d'un refoulement et d'une occultation aussi violents de la part de l'islam que de celle du christianisme. Dans son entreprise guerrière, Mahomet a exterminé toute une tribu juive. Et c'est à partir de Jérusalem (main basse symbolique) que la tradition l'a fait s'envoler vers le ciel d'Allah. Le Coran est en partie une reprise de la Bible au sens où l'on parle de reprise pour une pièce de théâtre : les personnages et les événements sont souvent les mêmes mais la mise en scène est changée.

Les Juifs ont eu pour tâche première de continuer à exister dans un monde qui non seulement ne voulait pas d'eux mais s'imaginait fantasmatiquement qu'ils n'avaient jamais existé. Il n'est pas possible de ne pas penser à la catastrophe ultime du xxe siècle lorsque l'on considère ce qui s'est joué entre la conquête romaine et l'apparition des monothéismes chrétien et musulman.

Penser pour survivre

Le saviez-vous ?

Pour les Juifs de la diaspora, la pensée n'était pas le luxe d'une élite mais une nécessité de l'existence. C'est par la pensée, c'est-à-dire en premier lieu par la lecture et la récitation, que la langue hébraïque, cas unique dans l'histoire, continua à mener une espèce de vie parallèle, bien qu'elle ne fût plus parlée. Bien plus tard, au xxe siècle, c'est ce fantôme de langue qui de nouveau et à nouveau s'est incarné dans une langue vivante.

On comprend que le savoir eut chez les Juifs une importance et un sens particuliers. César avait dit préférer être premier dans son village que second à Rome. Parole typique d'homme de pouvoir qui préfère dominer des médiocres plutôt qu'être soumis à des meilleurs. Le Talmud dit à l'inverse qu'il vaut mieux être la queue d'un lion que la tête d'un chien : mieux vaut faire partie d'un cénacle de gens éminents qu'être associé à des inférieurs, fût-ce pour les commander.

Le Talmud : la Bible a réponse à tout

Livre décisif

Plus encore que la Bible chrétienne et le Coran, la Bible juive fut la source océanique dont dérivent les mouvements de la pensée qui, au lieu de se réunir comme les rivières et les fleuves, semblent couler à rebours et se ramifier en une multitude de courants. Un exemple extraordinaire de prolifération de textes et de pensées à partir d'un livre fondateur et dont l'Inde est la seule à offrir un équivalent.

Le Talmud est un ensemble gigantesque de textes issus des interrogations multiples que les livres de la Bible ont posées au fil des siècles aux rabbins. À l'opposé des textes de la tradition grecque, il porte une attention extrême aux détails plutôt qu'aux généralités. Mais, par les détails justement, ce sont les questions essentielles qui sont posées. Pourquoi, parlant à Moïse, Yahvé s'est-il fait entendre au milieu d'un buisson ? Réponse : pour que l'on sache qu'il n'existe aucun lieu où Yahvé ne soit présent, fût-ce un insignifiant buisson. Et par cette réponse, l'insignifiant buisson acquiert plein sens.

Le saviez-vous ?

Comme la pensée chrétienne et la pensée musulmane, la pensée juive a dû résoudre le problème de la conciliation ou de l'incompatibilité de la raison philosophique avec les Écritures sacrées. Comme chez les chrétiens et les musulmans, les grands penseurs juifs du Moyen Âge, le plus éminent étant Maïmonide, ont généralement emprunté la voie de la conciliation. Mais il y eut des exceptions, et non des moindres : Judas Hallévi fut de celles-là. Le paradoxe, évidemment, étant que, en argumentant avec intelligence contre la philosophie, on use d'un style et d'une logique empruntés à la philosophie elle-même et, par conséquent, on illustre une philosophie que l'on voudrait abattre.

Telle est l'histoire de la philosophie – comme d'ailleurs celle de l'art : ceux qui ont voulu démolir le monument ont contribué à l'orner.

Citation à retenir

À quoi ressemble un professeur ? À un flacon qui contient un onguent aromatique. Quand on le débouche, le parfum se répand ; quand on le ferme, le parfum disparaît.

Le Talmud

Penser dans tous les sens

Comme la théologie chrétienne, la tradition rabbinique distingue quatre niveaux de lecture de la loi :

» **Le sens littéral**

» **Le sens allusif (métaphorique)**

» **Le sens profond (moral, religieux)**

» **Le sens secret (ésotérique, mystique)**

Philon d'Alexandrie est connu pour son interprétation systématiquement allégorique de la Bible. Exemple : Abraham se marie deux fois. La première fois, il épouse la sagesse profane (la culture libérale), la seconde fois, il épouse la sagesse divine. Le patriarche avait besoin de passer par l'une pour atteindre l'autre. Isaac, dont le nom signifie « le rire », n'épouse qu'une seule femme, Rebecca. C'est le signe que Dieu lui a donné la vertu infuse, Isaac n'a pas besoin de passer par la science pour rencontrer la sagesse.

D'après la Kabbale de Luria, chaque mot de la Torah a 600 000 visages, sens ou entrées, ce chiffre correspondant à celui des Enfants d'Israël qui, d'après la tradition, se trouvaient sur le mont Sinaï pendant l'Exode. Chaque visage est visible pour l'un d'entre eux seulement, tourné vers lui seul, et ne peut être ouvert que par lui.

Une formule pour les siècles à venir

C'est à un Juif d'Égypte, Isaac Israëli, que l'on doit la fameuse formule (traduite en latin) de la vérité comme *adaequatio intellectus et rei*, adéquation de l'intellect (intelligence) et de la chose. Influencé par le néoplatonisme, Isaac Israëli prenait la formule en un sens plutôt mystique. Sa définition sera appliquée en théorie de la connaissance : il y a vérité dès lors que l'idée colle exactement à la réalité (l'idée que la Terre tourne autour du Soleil est vraie si effectivement la Terre tourne autour du Soleil, fausse dans le cas contraire).

Cette conception de la vérité sera contestée par tous ceux qui voient en celle-ci non pas une image de la réalité mais la construction (nécessairement conventionnelle, sinon arbitraire) d'un autre ordre de réalité.

Maïmonide, l'Averroès juif

Portrait

Comme Averroès, dont il est le contemporain, Maïmonide était médecin en même temps que philosophe. Il est né dans cette Espagne musulmane qui fut l'un des plus brillants foyers de culture du Moyen Âge. La persécution religieuse l'obligea à professer extérieurement la religion musulmane pendant seize ans. Au bout de ce temps, il voyagea beaucoup, de Fès en Palestine puis en Égypte où il finit par se fixer et mourir.

Comme Averroès, comme Thomas d'Aquin, dont il est en quelque sorte l'équivalent juif, Maïmonide se considère comme un disciple d'Aristote. Son *Guide des égarés* (également traduit en *Guide des perplexes*), écrit en arabe, s'adresse à ceux que la science a rendus hésitants devant la difficulté de concilier la raison humaine et la révélation divine. Il défend une idée originale qui ne sera reprise qu'avec la cosmologie moderne : la création de l'univers coïncide avec celle du temps. Il n'y a pas un *avant* la création puisque celle-ci marque le commencement de toute réalité physique. En dehors du temps, il n'y a que l'éternité de Dieu.

La Kabbale ou l'art de transformer les problèmes en mystères

Livre décisif

La Kabbale constitue au sein du judaïsme une philosophie spécifique. Elle est née avec un ouvrage, le Zohar, abréviation du titre hébreu signifiant *Le Livre de la splendeur* qu'un certain Moïse de Léon, au XIIIe siècle, avait rédigé tout en se cachant derrière un rabbin célèbre du IIe siècle. Le Zohar est une exégèse mystique de la Torah (la Loi juive contenue dans les premiers livres de la Bible).

Un peu de technique

La Kabbale développe une théorie émanatiste des puissances : l'infini divin ineffable (appelé En Sof) est situé au sommet d'une hiérarchie d'esprits. De l'En Sof émanent dix séphiroth (forces créatrices, perfections) qui sont les symboles fondamentaux de la réalité universelle en même temps que les qualités divines : la couronne, la sagesse, l'intelligence, l'amour, la puissance, la beauté, la victoire, la splendeur, le fondement, le royaume. Le Zohar affirme la présence d'un élément féminin en Dieu.

Une autre idée centrale correspond à quelque chose que l'on retrouve dans la plupart des traditions magico-religieuses : la correspondance entre l'être humain et l'univers – l'homme est un univers en miniature tandis que l'univers est comme un grand corps. Puisqu'il est dit dans la Genèse que Dieu créa l'homme à son image et à sa ressemblance, la Kabbale en déduit que les séphiroth existent également en l'homme et qu'ils constituent aussi les parties, les membres de l'homme mystique. La Kabbale suppose qu'un Adam primordial (Adam Kadmon) ajouté au monde et à Dieu s'étend sur le cosmos du zénith au nadir.

Le saviez-vous ?

C'est au XVIe siècle que le terme de cabale est introduit dans la langue française pour désigner une entreprise hostile menée par un groupe secret. Ce terme péjoratif témoigne du mépris et de la haine que la société chrétienne vouait alors aux Juifs. Un autre terme de la tradition juive a été littéralement démonisé : celui de sabbat. Le jour de repos juif (*shabbat*) a été transformé en réunion diabolique – le recueillement juif est devenu une orgie de démons et de sorcières !

La magie des nombres

Un peu de technique

Dans la tradition ésotérique juive, le sceau de Salomon composé de deux triangles équilatéraux entrelacés (la fameuse étoile à six branches) figure l'union du microcosme et du macrocosme. La Kabbale est fondée sur l'interprétation symbolique des textes et sur l'idée du caractère magique des lettres de l'alphabet. Comme les Grecs, les Juifs n'avaient pas de chiffres pour écrire les nombres, ils se servaient des lettres dans leur ordre alphabétique pour désigner le 1, le 2, etc. Un mot, une phrase, un texte pouvait ainsi avoir valeur numérique. Cette valeur numérique est censée contenir leur sens caché. Les 22 lettres de l'alphabet hébraïque ajoutées aux 10 séphiroth doivent ainsi contenir tous les secrets de l'univers : d'ailleurs, tous les sens ne sont-ils pas déployés grâce à la combinaison de ces seuls éléments ?

Livre décisif

Le philosophe juif Franz Rosenzweig a organisé son ouvrage *L'Étoile de la rédemption*, écrit dans les tranchées de la guerre de 1914-1918, autour du triangle formé par Dieu, le monde et l'homme. La philosophie occidentale a généralement tendu à rabattre deux de ces sommets sur le troisième considéré comme l'essence fondamentale, les deux autres n'étant que ses manifestations : le monde et l'homme sur Dieu, Dieu et l'homme sur le monde, Dieu et le monde sur l'homme (c'est-à-dire sa conscience). On aura reconnu là les figures successives de la théologie, du matérialisme et de l'idéalisme. La pensée juive garde, à l'inverse, pour chacun des trois sommets du triangle sa spécificité. Un autre triangle équilatéral, superposé au premier, mais inversé, vient constituer l'étoile à six branches. Ses trois sommets signalent des rapports irréductibles (la création est le rapport de Dieu au monde, la révélation, le rapport de Dieu à l'homme, et la rédemption, le rapport de l'homme au monde).

Figure 12-1

L'étoile de Rosenzweig.

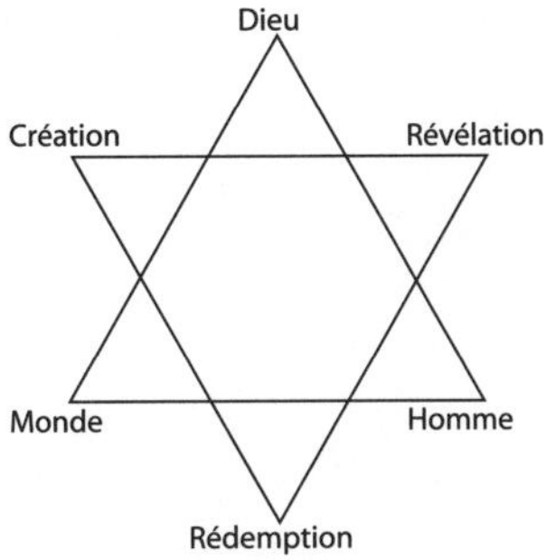

Un coup de cymbales spéculatif : le tsimtsoum

Au XVIe siècle, Isaac Luria donnera à la Kabbale une impulsion nouvelle avec sa théorie du *tsimtsoum* qui renvoie au mouvement d'autocontraction de l'essence divine qui finit par n'occuper qu'un point imperceptible. Cette rétraction libère un espace primordial où l'univers prend place, littéralement. Alors que pour la Kabbale espagnole (celle de Moïse de Léon, la première Kabbale), la création consistait en une projection de la puissance divine dans un espace extradivin – une manière d'univers en expansion métaphysique –, pour la Kabbale lurianique, la naissance du monde est due à un mouvement de retrait, de retour, de repli sur soi. La langue française, dans une heureuse rencontre, ne parle-t-elle pas de contraction pour désigner le travail musculaire de la femme qui donne naissance à un enfant ?

L'échappée du sens

En 1808, un grand maître du hassidisme, Rabbi Nahman de Braslav, sentant la mort venir, décida de brûler l'un de ses livres auquel il fut donné par la suite le nom de *Livre brûlé*. Le geste, tout comme la réflexion nourrie du Talmud sur les livres à sauver en priorité en cas d'incendie un jour de shabbat, est le signe du souci constant de la tradition juive de ne pas transposer l'autorité du texte révélé en un discours à la fois totalisant et totalitaire.

Partie 4
Partie des Dix

Dans cette partie...

Vous allez lire un certain nombre d'histoires amusantes ou exaspérantes, qui ont pour point commun de titiller la pensée et de l'inciter à ne pas s'endormir. Dix sophismes qui trompent involontairement et dix paralogismes qui trompent sans le vouloir.

DANS CE CHAPITRE

Un crocodile et un rat

•

Un chauve et un paresseux

•

Le raisonnement en folie pour le pur plaisir de tromper

Chapitre 13
Dix sophismes

Le sophisme crocodilien

Ce raisonnement nous est présenté par Quintilien, un auteur latin du Ier siècle, dans son *Institution oratoire*, qui est un traité de rhétorique.

Anecdote

Un crocodile attrape un enfant qui jouait sur la berge d'une rivière et dit à sa mère : « Si tu me dis la vérité, je te rendrai ton enfant, mais si tu me dis quelque chose de faux, je ne te le rendrai pas. » La mère, habile dialecticienne, punit le crocodile en le mettant dans une situation impossible. Elle dit au reptile : « Tu ne me rendras pas mon enfant ! »

L'animal se trouve alors en effet dans l'impossibilité d'adopter une quelconque attitude sans tomber dans la contradiction. Car si la mère dit la vérité en disant : « Tu ne me rendras pas mon enfant », alors le crocodile devra le lui rendre puisqu'elle a dit la vérité ; mais comme elle a dit : « Tu ne me rendras pas mon enfant », elle n'a pas dit la vérité, et alors l'animal ne devra pas rendre l'enfant. Or, en ne rendant pas l'enfant, le crocodile fera que la mère aura dit la vérité, auquel cas... La phrase prononcée par la mère est dite *indécidable*. Elle est de type sui-falsificateur, c'est-à-dire qu'elle contredit elle-même ses propres conditions de vérité : elle est vraie dans la mesure où elle est fausse et fausse dans la mesure où elle est vraie...

Le sophisme de l'homme de paille

Cette expression traduit celle, anglaise, nettement moins compréhensible, de *straw man fallacy*. Un homme de paille est un prête-nom, un écran officiel pour couvrir des opérations louches. Le sophisme de l'homme de paille n'est pas de nature logique comme le sophisme crocodilien, mais de nature pragmatique, il concerne les conditions pratiques de la discussion. Il constitue la transgression d'une règle implicitement admise dans toute communication entre êtres raisonnables et qui, du point de vue moral, peut être désignée comme l'honnêteté intellectuelle.

Le saviez-vous ?

Le sophisme de l'homme de paille, très couramment pratiqué par les responsables politiques, consiste à réfuter une thèse indûment attribuée au contradicteur. Ainsi objecte-t-on aux écologistes qui critiquent l'usage des OGM ou bien l'énergie nucléaire qu'ils veulent « revenir au Moyen Âge » ; aux adversaires du port du voile dans les établissements scolaires qu'ils veulent rallumer les guerres de religion, etc.

Le sophisme des questions multiples

Ce sophisme consiste à présenter sous la forme d'une question unique plusieurs questions, si bien que répondre à cette question, c'est donner implicitement à son corps défendant une réponse positive aux autres questions sous-jacentes.

Un peu de technique

Le sophisme des questions multiples a été inventé par les Mégariques dans l'Antiquité grecque. Le plus célèbre est : « Avez-vous cessé de battre votre père ? » Si l'on répond oui à cette question, on admet implicitement que l'on battait son père. Si bien que celui qui n'a jamais battu son père ne peut répondre (ni par oui ni par non) à cette question. Le sophisme des questions multiples est une question biaisée.

L'usage en est si commun – quoique de forme moins apparente, plus subtile – que l'on peut se demander si ce sophisme n'est pas l'habitude des sondages d'opinion. Demander par exemple si tel ministre semble sympathique, c'est déjà supposer, si l'on accepte d'y répondre, que la question a un sens (quelle importance cela peut-il avoir, qu'un ministre soit « sympathique » ou « antipathique » ?). Un peu comme si l'on demandait s'il joue de la bonne musique, alors même qu'il ne joue pas du tout de musique. Demander encore lequel de ces cinq ministres ferait le meilleur Président, c'est admettre comme plausible que chacun des cinq peut le devenir...

Le sophisme du chauve

Inventé par le mégarique Eubulide de Milet, ce sophisme est si connu qu'on l'appelle simplement le chauve.

Un peu de technique

On arrache un cheveu à la tête d'un homme. Celui-ci est-il devenu chauve ? Bien sûr que non. Enhardi, on arrache donc un deuxième cheveu. Cela ne suffit pas davantage à rendre chauve le bonhomme. Puis un troisième cheveu est arraché, et ainsi de suite, dans une espèce de progression sauvage ignorant tout frein moral. À partir de quel moment peut-on dire que le type est devenu chauve ? S'il faut attendre le dernier cheveu, alors personne n'est réellement chauve (il reste toujours quelque herbe folle sur la tête des plus systématiquement dégarnis). Mais, d'un autre côté, si l'on est chauve malgré quelques cheveux restants, quel est au juste le cheveu (son rang dans la série) qui permet d'établir la distinction entre le chauve et le chevelu ? Si l'on dit par exemple qu'avec 25 cheveux on est chevelu, mais qu'avec 24 on est chauve, alors un seul cheveu (le 25e d'après notre exemple) arraché suffirait à rendre chauve. Mais on entre alors dans une contradiction car, jusqu'à présent (c'est-à-dire lorsqu'on a entrepris ce travail assez fastidieux et passablement cruel d'arracher les cheveux), on avait reconnu qu'un seul cheveu ne changeait en rien l'état de la tête.

Le sophisme du chauve, qui semblera particulièrement tiré par les cheveux à plus d'un bénévole, met aussi en évidence la rupture et même l'étrangeté qui existent entre le vocabulaire de la quantité (un, deux, trois...) et celui de la qualité (grand, petit, chauve, pas chauve). Dans la vie quotidienne, nous désignons par des mots simples des évidences sensibles telles que : untel est grand, celui-là est chauve. Nous serions évidemment bien en peine de fixer la limite exacte qui à nos yeux sépare le grand du petit et le chauve du pas chauve. Pourtant, cette limite doit bien exister.

Le sophisme du cornu

Comme le sophisme du chauve, le sophisme du cornu a été inventé par les Mégariques et lui aussi il était connu sous le simple nom le cornu (rien à voir avec un mari trompé). Il était plus célèbre encore que le chauve, à telle enseigne qu'on a pendant des siècles utilisé l'expression générique d'argument ou raisonnement cornu pour désigner toute espèce de sophisme. Ce sophisme se présente sous la forme d'un raisonnement déductif : « Vous avez ce que vous n'avez pas perdu. Or vous n'avez pas perdu de corne. Donc vous avez des cornes. »

Le caractère burlesque de ce sophisme vient du caractère intuitif mais faux du principe « vous avez ce que vous n'avez pas perdu ». Car s'il est vrai que tout ce que l'on possède n'a par définition pas été perdu, le fait de n'avoir pas été perdu n'est qu'une condition nécessaire (mais non suffisante) pour qualifier la possession. Le second énoncé, « vous n'avez pas perdu de cornes », n'a de sens que pour celui qui a ou aurait eu des cornes. La perte implique une possession présente ou passée : on n'a pas davantage perdu de corne qu'on n'a perdu la toute-puissance, le troisième œil ou les plumes.

Le sophisme du joueur

On dit aussi le *paralogisme* du joueur (un paralogisme est faux comme le sophisme mais, à la différence de celui-ci, il n'est pas présenté avec l'intention de tromper l'interlocuteur) ou encore le sophisme de Monte-Carlo. Il s'agit d'une illusion très commune chez ceux qui jouent aux jeux de hasard mais ne se résignent pas à admettre que seul le hasard, précisément, joue et que la seule chose que nous puissions connaître en ce domaine nous est donnée par le calcul des probabilités.

Au jeu de pile ou face, admettons que pile soit sorti cinq fois de suite. Nombre de joueurs penseront alors qu'au sixième coup face aura plus de chances de sortir, comme si pile, après une série de cinq, avait épuisé ses propres chances. Le calcul des probabilités nous dit que, au sixième coup, même après cinq piles (à condition, bien sûr, que la pièce ne soit pas pipée), face a toujours une chance sur deux de sortir, ni plus ni moins qu'auparavant.

Le sophisme du joueur consiste à imaginer implicitement, sans le savoir, une sorte de mémoire dans la chose. Cette illusion est très commune : quel joueur de loto aurait l'audace de cocher sur sa grille les numéros qui viennent tout juste de sortir ? Ces six-là ont pourtant toujours la même chance qu'avant mais personne, ou presque, ne le croira.

Le sophisme du rat

Énoncé simplement, ce sophisme est on ne peut plus enfantin : « "Rat" est composé de trois lettres. Le rat mange le fromage. Donc trois lettres mangent le fromage. »

La forme latine de cette idiotie est plus convaincante car en latin les articles n'existent pas : la confusion entre le mot « rat » et l'animal était donc moins tirée par les cheveux. Évidemment, personne de sensé, semble-t-il, ne se laisserait prendre à un piège aussi grossier. Et pourtant, le sophisme du rat illustre une erreur très commune : la confusion entre l'ordre symbolique des mots et l'ordre réel des êtres et des choses. Exemple très simple : un lecteur de dictionnaire oublie (à condition qu'il l'ait su, ce qui n'a rien d'évident) qu'il lit des définitions, c'est-à-dire des traductions d'un mot en d'autres mots, et croit qu'il a affaire à des présentations de choses. Ce n'est pas l'animal réel qui est défini à l'article « onagre : âne sauvage », mais le mot « onagre » dont on propose l'équivalent lexical « âne sauvage ».

Le sophisme du tas

Un peu de technique

Ce sophisme, inventé par les Mégariques, est analogue au sophisme du chauve. Il est également appelé sorite. Il consiste à demander si un tas de blé reste encore un tas lorsque l'on enlève un grain. Si l'on répond oui, on admet implicitement qu'un seul grain ne suffit pas à faire la différence entre un tas et une absence de tas. On réitère donc la question ainsi que l'opération : si l'on retire un deuxième grain du tas, le tas subsiste-t-il ou bien est-il supprimé ? Normalement, jusqu'à l'ultime grain, on devrait admettre que nous sommes toujours en présence d'un tas de blé puisque nous avons accordé dès le départ qu'un seul grain ne suffit pas à faire la différence entre un tas et une absence de tas.

Si, d'un autre côté, il y a un grain susceptible de créer la différence entre un tas et une absence de tas, quel est ce grain ? Où se situe-t-il dans la série ordinale des nombres ? Deux grains font-ils un tas, ou en faut-il trois, ou quatre ? Quatre grains en pyramide feraient bien un tas, mais pourquoi refuser ce terme de tas pour deux grains qui seraient superposés ?

Comme le sophisme du chauve, le sophisme du tas montre l'impossibilité d'analyser les notions qualitatives en termes quantitatifs, ainsi que le caractère arbitraire de l'opposition quantitative du peu et du beaucoup. À partir de quand un changement de degré (quantité) aboutit-il a un changement de nature (qualité) ?

En fait, la physique résout aujourd'hui ce type de problème de seuil (celui qui, par exemple, délimite l'état liquide et l'état solide, en glace, de l'eau). La moderne logique du flou (qui étudie les relations de plus ou moins complète appartenance) traite également de ce type de paradoxe : le sorite est un paradoxe du flou.

Le sophisme naturaliste

L'erreur de raisonnement dénoncée par le philosophe anglais G. E. Moore (1873-1958) dans le domaine de la philosophie morale est l'illusion selon laquelle le bien serait définissable par des attributs, comme s'il était un objet : « naturaliser » la morale, c'est faire comme si elle avait le même type de réalité qu'un objet physique et faire comme s'il était possible de parler d'elle en termes physicalistes. Naturaliser la morale, c'est, par exemple, faire comme si une action honnête avait le même degré d'objectivité que la chute d'une pomme par terre et faire comme s'il était possible de décrire une action honnête de manière aussi précise et rigoureuse que la chute d'une pomme. En affirmant qu'il n'y a pas de phénomènes moraux mais seulement une interprétation morale de certains phénomènes, Nietzsche avait par avance dénoncé le sophisme naturaliste.

D'une manière plus générale, le sophisme naturaliste consiste à déduire le devoir-être à partir de l'être, c'est-à-dire un certain nombre de propriétés normatives à partir de propriétés naturelles. Dire, par exemple, qu'il est normal que les hommes dominent les femmes car ils l'ont toujours fait dans toutes les sociétés, c'est prétendre déduire une norme (« il est normal que ») à partir d'un constat (« ils l'ont toujours fait »), un devoir-être (« il est juste que cela soit ainsi ») à partir de l'être (« cela a toujours été ainsi »). Le sophisme naturaliste ignore ce que David Hume appelait le grand partage et qui est la dualité du « doit » (*ought to* en anglais) et du « est » (*to be* en anglais).

Le sophisme paresseux

C'est l'expression par laquelle Leibniz désigne le raisonnement fataliste : si je suis malade, ou bien je guérirai nécessairement, ou bien je ne guérirai pas. Faire venir le médecin est donc inutile car cela ne changera rien à mon sort.

Le sophisme paresseux consiste à concevoir l'événement futur comme prédéterminé (déterminé à la manière d'une page déjà écrite de livre), donc comme entièrement indépendant de notre action. Ceux qui aujourd'hui pensent que le réchauffement climatique de la Terre est un processus irréversible, inéluctable, qui s'aggravera quoi qu'on fasse, tiennent un raisonnement de ce type : à quoi bon s'agiter dans les angoisses d'apocalypse ou se priver de quelque avantage présent, puisque de toute manière ce qui doit arriver arrivera ?

DANS CE CHAPITRE

L'infini, une valeur sûre ?

•

Être ou ne pas être... acteur !

•

Un barbier barbant

•

Rajeunir entre Paris et New York

Chapitre 14
Dix paradoxes

Le paradoxe de la grandeur : entre le zéro et l'infini

Si on considère la pluralité impliquant la division, ou bien les éléments auxquels aboutit la division sont sans grandeur (mais alors une somme d'éléments sans grandeur ne saurait être elle-même pourvue d'une grandeur : une addition de zéros donne toujours zéro), ou bien ces éléments possèdent une grandeur et dans ce cas, puisqu'ils sont divisibles à l'infini, ils sont en nombre infini, et une suite infinie d'éléments doit donner une somme infiniment grande. D'un côté, le néant, de l'autre, l'infini.

Ce paradoxe a été mis au jour par Zénon d'Élée pour montrer à la fois l'impossibilité de penser la pluralité et la nécessité de penser que l'unité est le fond de toutes choses. Dès que l'unité est éclatée en pluralité, la pensée tombe dans ce genre d'impasse. Les paradoxes d'Achille et la tortue et le paradoxe de la flèche sont des illustrations de ce paradoxe de la grandeur.

Le paradoxe de Sancho Pança : assurance sur la mort

L'historiette a été imaginée par Cervantès dans son grand roman *Don Quichotte*. À l'entrée d'un pays, des soldats demandent à l'étranger : « Pourquoi venez-vous ici ? » S'il dit la vérité, il peut aller librement, mais s'il ment, il est aussitôt pendu (un gibet marque l'emplacement de cette étrange douane).

Un jour, un voyageur plus malin que les autres déclare aux soldats : « Je viens ici pour être pendu. » Les soldats se regardent, ôtent leur casque, se grattent la tête : que faire de l'étranger ? Car s'il dit la vérité, il faut le pendre puisqu'il a dit : « Je viens ici pour être pendu. » Mais ne sont pendus que ceux qui mentent. S'il ment, alors il doit être pendu comme tous ceux qui mentent. Cela dit, s'il est pendu, il aura dit la vérité en disant qu'il est venu ici pour être pendu...

Ce type de paradoxe, comme celui du menteur est à la fois autoréférentiel (l'énoncé est à lui-même sa propre référence) et sui-falsificateur (il annule lui-même les conditions de sa propre vérité). L'énoncé du voyageur n'est ni vrai ni faux ; il est indécidable. Cet exemple montre qu'il n'est pas vrai que les énoncés sont ou bien vrais ou bien faux. Il existe toute une catégorie d'énoncés qui ne peuvent être dits vrais ou faux.

Le paradoxe du comédien : moins on sent, plus on fait sentir

Diderot, l'inventeur de ce paradoxe, disait « paradoxe sur le comédien » (un texte de lui porte ce titre). Ce paradoxe tient au contraste existant entre l'expression évidente du corps (mimiques, gestes, attitudes exprimant des émotions violentes, amour, haine, joie, désespoir, etc.) et l'absence d'émotion ressentie de la part de l'acteur. Celui-ci joue sans éprouver. Il rit sans être gai, pleure sans être triste. Il se sert de son corps comme d'un instrument. Le paradoxe peut aller jusqu'à l'affirmation qu'un bon acteur est précisément celui qui est capable d'exprimer des émotions qu'il ne ressent pas. Il est par conséquent dans la position du calculateur ou encore dans celle du manipulateur, la marionnette en l'occurrence étant le corps lui-même.

Cette conception est aux antipodes de celle qui considère l'action dramatique comme une identification hystérique (l'acteur fait plus que jouer son rôle, il l'habite, le vit, l'incarne). À la limite, dans cette théorie, il n'y a plus de jeu (lequel suppose un écart – voir le sens du mot en menuiserie lorsque l'on dit que le bois *joue*).

Le paradoxe du comédien met en évidence l'écart qui peut exister entre le corps et le psychisme. Il sert d'argument aux adversaires de la théorie physiologique des émotions, qui voient dans celles-ci des impressions ressenties à partir des expressions objectives du corps (ainsi, selon William James, qui fut un défenseur de cette théorie, la peur est l'impression consécutive à un mouvement de fuite ou de protection déjà esquissé par le corps).

Le paradoxe du vote : préférer celui que l'on aime le moins, éliminer celui que l'on préfère !

Trois candidats se présentent à une élection. Appelons-les Lenoir, Leblanc et Lerouge. Des sondages font apparaître que Lenoir est préféré à Leblanc, Leblanc préféré à Lerouge et Lerouge préféré à Lenoir. Impossible ? Non. C'est en cela que consiste le paradoxe du vote dit encore paradoxe de Condorcet (c'est ce mathématicien et philosophe qui l'a mis au jour le premier).

Un peu de technique

Normalement, les préférences sont transitives : si je préfère Rembrandt à Rubens et Rubens à Raphaël, alors je préfère Rembrandt à Raphaël. L'ordre du pouvoir est également transitif : si le président de la République a autorité sur le ministre et le ministre autorité sur le préfet, alors le président de la République a autorité sur le préfet. Cette logique simple de la transitivité est celle des grandeurs : si A est plus grand que B et B plus grand que C, il s'ensuit que A est plus grand que C. Mais il arrive que cet ordre soit violé. On l'a observé par exemple dans certaines relations entre animaux. Une poule dominante donne des coups de bec (sans en recevoir) à la poule dominée. Soit un trio de poules Cocotte, Coquette, et Caquette. Cocotte becquette Coquette, laquelle becquette Caquette. Mais celle-ci becquette Cocotte : les relations de domination forment ici une boucle au lieu de constituer une chaîne, comme on aurait pu s'y attendre.

Le saviez-vous ?

Condorcet a découvert que, si lors d'un vote le nombre de possibilités est supérieur à deux, alors on peut se retrouver devant ce résultat paradoxal : le candidat C préféré à A alors même que A est préféré à B et B à C. C'est pour éviter un tel lézard que les démocraties modernes ont imaginé leur mode de scrutin (l'uninominal à deux tours ou la proportionnelle coupent court au paradoxe du vote). Cela dit, aucun système de choix collectif n'est parfaitement équitable.

Les paradoxes de l'infini : nous pouvons compter sur lui

Combien y a-t-il de points dans le segment AB ? Une infinité. Combien y a-t-il de points dans le segment CD, double du segment précédent ? Une infinité. Comment est-il possible qu'une même infinité existe dans deux grandeurs dont l'une est double de l'autre ? Galilée en avait conclu que l'infini n'est pas un objet mathématique.

Le plus troublant de l'affaire est que l'on peut *montrer* qu'il y a autant de points dans le segment AB que dans le segment CD, double de celui-ci. D'un sommet O part une demi-droite Ox qui réunit les extrémités A et C des deux segments. Faisons pivoter Ox de manière qu'elle balaie l'intégralité des deux segments et qu'elle rejoigne les extrémités B et D. Tous les points de AB, ainsi que tous les points de CD auront été parcourus. Bien plus, c'est-à-dire bien pire (et c'est en cela que consiste le paradoxe), à chaque point de AB (a, b...) correspond un point (a', b'...) et un seul de

CD, et inversement. On dira aujourd'hui qu'il y a application bijective. Ox balaie autant de points sur deux segments dont l'un est le double de l'autre !

Figure 14-1

L'application bijective.

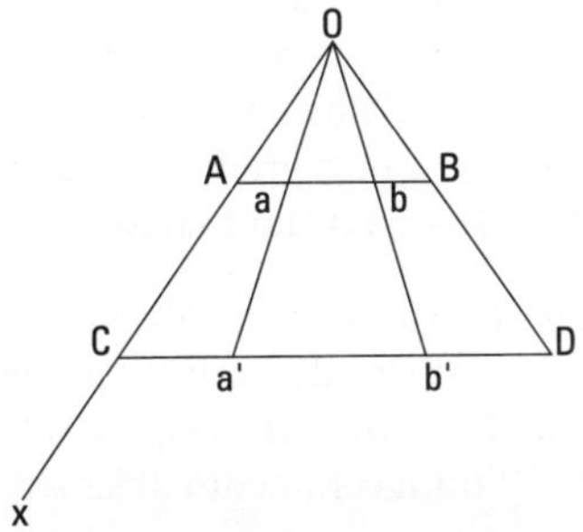

Des quantités égales dont l'une est le double de l'autre, cela normalement ne veut rien dire. Pendant des siècles, les mathématiciens en tireront deux conclusions : que l'infini n'est pas une quantité et que tous les infinis sont égaux.

Prenons un autre exemple, celui du demi-cercle.

Figure 14-2

L'égalité de la demi-circonférence et du diamètre.

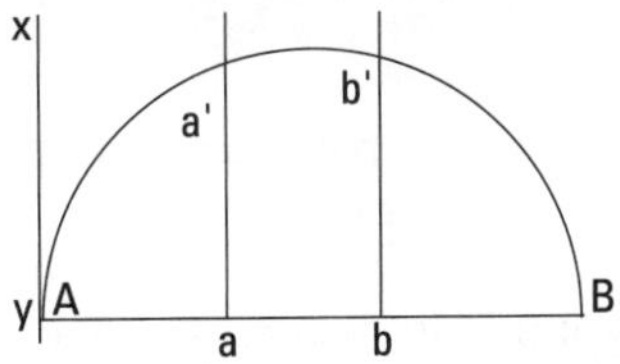

La demi-circonférence d'un cercle est $\pi/2$ fois plus grande que le diamètre de ce cercle. Et pourtant, si une droite xy perpendiculaire au diamètre balaie celui-ci de A à B, elle fera correspondre chaque point de ce diamètre (a, b...) à un point et à un seul (a', b'...) de la demi-circonférence. Il y a autant de points sur une droite et sur une courbe.

Le paradoxe de l'infini a une illustration arithmétique. Nous savons que la suite des entiers positifs est infinie : 1, 2, 3, 4, 5..., n, n + 1. Les nombres pairs ne représentent que la moitié de ces entiers. On peut d'ailleurs les obtenir en doublant chacun de ceux-ci : 1 correspond à 2, 2 correspond à 4, 3 correspond à 6, 4 correspond à 8, etc. Mais justement, puisqu'à chaque nombre entier correspond, par bijection, un nombre pair, la suite des nombres pairs sera, elle aussi, infinie. Voilà par conséquent deux ensembles égaux dont l'un pourtant est le double de l'autre. L'axiome d'Euclide selon lequel le tout est nécessairement plus grand que la partie est violé : il y a des parties qui paraissent équivaloir au tout !

Il faudra attendre le XIXe siècle avec Bolzano (qui justement a écrit un ouvrage sur les paradoxes de l'infini) et Cantor (le créateur de la théorie des ensembles) pour que la logique et les mathématiques acceptent de traiter l'infini comme un objet à part entière.

Un peu de technique

La théorie de Cantor donne aux paradoxes de l'infini les solutions suivantes : l'infini peut être quantifié, il y a une hiérarchie des infinis déterminée par leur puissance (ainsi l'infini des nombres réels est-il d'une puissance supérieure à l'infini des nombres entiers). Ce qui arrêtait les mathématiciens comme une impossibilité (la violation de l'axiome euclidien du tout et de la partie) est considéré comme la marque propre de l'ensemble infini : un ensemble infini est celui qui peut être en application bijective sur l'une de ses parties propres (théorème de Dedekind) : il y a autant de nombres pairs que de nombres entiers.

Anecdote

L'infini conduit à bouleverser les règles des opérations élémentaires. Le mathématicien David Hilbert a, pour l'illustrer, imaginé un hôtel de l'Infini comprenant un nombre infini de chambres, numérotées de 1 à l'infini. Toutes les chambres sont occupées. Un client arrive. Le réceptionniste lui dira-t-il que l'hôtel est complet ? Non, car il connaît les grandes lignes de la théorie de Cantor. Toutes les chambres ont beau être occupées, l'hôtel de l'Infini n'est pas complet. Le réceptionniste fait déplacer tous les clients : chacun sera désormais dans la chambre dont le numéro succède immédiatement au sien : le client de la chambre numéro 1 occupera la chambre numéro 2, celui de la chambre numéro 2 occupera la chambre numéro 3 et ainsi de suite à l'infini. Tous les clients par conséquent retrouvent une chambre et la chambre numéro 1 étant libérée, le nouvel arrivant peut l'occuper.

Mais il y a plus et pire. Voici maintenant qu'arrive à l'entrée de l'hôtel de l'Infini le car de l'Infini transportant un nombre infini de passagers. Le chef du groupe demande à l'accueil s'il y a de la place pour tout ce monde. Le réceptionniste, toujours excellent logicien, lui dit : « Bien entendu ! Il reste autant de place que vous en voulez ! » Car l'hôtel de l'Infini a beau déjà loger une infinité de clients, il reste encore de la place pour une deuxième infinité de clients.

La solution imaginée est simple : chaque client de l'hôtel changera encore une fois de chambre, il occupera désormais la chambre dont le numéro correspond au double de celui de sa chambre actuelle : ainsi le client de la chambre numéro 1 occupera la chambre numéro 2, le client de la chambre numéro 2 occupera la chambre numéro 4, et ainsi de suite à l'infini. Seront ainsi libérées les chambres à numéro impair (1, 3, 5, etc.) lesquelles, sont, comme on sait, en nombre infini : l'infinité des nouveaux arrivants y logera donc sans difficulté...

Les mathématiques de l'infini ont cela de commun avec le cinéma burlesque ou le dessin animé : ce qui paraît impossible est réel.

Le paradoxe du barbier : à nous la couper !

Il existe à Séville un barbier différent des autres : il ne rase que ceux qui ne se rasent pas eux-mêmes et il est le seul à le faire. Aussi tous ceux qui ne se rasent pas eux-mêmes doivent-ils aller chez ce barbier unique. Maintenant, la question qui embrouille est la suivante : ce barbier peut-il se raser lui-même ?

La première réponse est catégoriquement non : le barbier de Séville ne peut se raser lui-même pour la bonne raison qu'il ne rase que ceux qui ne se rasent pas eux-mêmes. En se rasant, il échapperait à la catégorie de ceux qu'il doit raser.

Seulement, si notre barbier ne se rase pas, il entre alors dans la catégorie de ceux qu'il doit raser. Conclusion : le barbier ne peut se raser lui-même dans la mesure où il se raserait lui-même et il devrait se raser lui-même dans la mesure inverse où il ne se raserait pas lui-même. (Aucune aire de repos n'est prévue pour les lecteurs qui n'auraient rien compris.)

Anecdote

Il existe des variantes de cette histoire pénible. D'après le droit coutumier, le veilleur d'un village doit réveiller les habitants qui ne se réveillent pas eux-mêmes et il est le seul à avoir ce droit. De plus, il n'est pas permis au veilleur de réveiller les villageois capables de se réveiller eux-mêmes. Le problème est de savoir ce que peut faire le veilleur car qu'il ne se réveille pas ou bien se réveille seul, il est dans une situation impossible. En effet, s'il ne se réveille pas, le veilleur est obligé de se réveiller puisqu'il est par convention astreint à réveiller ceux qui ne se réveillent pas eux-mêmes, mais, s'il se réveille, alors, en vertu de cette même convention, il n'en a pas le droit puisqu'il ne peut réveiller que ceux qui ne se réveillent pas eux-mêmes. Vraie histoire à dormir debout !

D'où vient l'embrouille ? Un paradoxe provient toujours de la rencontre entre deux énoncés ou deux événements qui sont issus de deux mondes différents et n'auraient jamais dû se rencontrer. Bertrand Russell, le philosophe logicien anglais qui a imaginé l'histoire du barbier, a pointé par celle-ci une difficulté de la théorie des ensembles et donc montré par là son caractère incomplet.

S'il existe un ensemble de tous les ensembles, cet ensemble devra englober les ensembles qui se comprennent eux-mêmes et les ensembles qui ne se comprennent pas eux-mêmes, c'est-à-dire ceux qui se comprennent à titre d'éléments (par exemple un catalogue de livres qui se mentionne lui-même comme livre) et ceux qui ne se comprennent pas à titre d'éléments (par exemple, un catalogue de livres qui ne se mentionne pas lui-même comme livre).

Mais quel peut être le statut logique de l'ensemble de tous les ensembles qui ne se comprennent pas eux-mêmes : cet ensemble se comprend-il lui-même ou non ? S'il se comprend lui-même, il ne le devrait pas parce qu'il ne comprend que les ensembles qui ne se comprennent pas eux-mêmes, et s'il ne se comprend pas lui-même, alors il devrait se comprendre lui-même car il ferait partie de la bonne catégorie. Le paradoxe du barbier et celui du veilleur de nuit transposent cette double impossibilité.

Un peu de technique

Il n'est pas impossible que Bertrand Russell ait avec humour songé au rasoir d'Occam en imaginant son étrange barbier. La solution qu'il donne du paradoxe coupe court à cette difficulté. Elle consiste à dire que les expressions comme « ensemble de tous les ensembles », « ensemble des ensembles qui ne se comprennent pas eux-mêmes » n'ont en fait pas de sens. On ne peut, d'un même objet logique, faire à la fois un ensemble et un élément : c'est ce que l'on appelle la théorie des types.

Revenons à notre barbier : il n'existe pas davantage que le chat du Chester imaginé par Lewis Carroll dans *Alice au pays des Merveilles*, il ne fait partie d'aucun monde possible. Ou alors nous dirons qu'il n'existe que comme personnage du paradoxe de Russell. L'existence, en effet, est plutôt bonne fille, elle accueille l'imaginaire mais il convient, pour le reconnaître, de dépasser la sphère de la seule logique.

Le paradoxe de l'autoréférence : c'est celui qui dit qui n'y est pas

On se souvient de l'insupportable menteur qui ne ment pas dans la mesure où il ment et qui ment dans la mesure où il ne ment pas. Le paradoxe de Grelling est comme le menteur un paradoxe de l'autoréférence issu du fait qu'un énoncé, parce que situé sur deux plans, se contredit lui-même.

Grelling divise les adjectifs en autologiques et en hétérologiques. Les adjectifs autologiques possèdent eux-mêmes la propriété qu'ils décrivent. Ainsi, « bref » est bref, « pentasyllabique » a cinq syllabes. En revanche, « long » n'est pas long, « bisyllabique » n'a pas deux syllabes. Ils sont hétérologiques.

Maintenant, on se pose la question de savoir si « hétérologique » est autologique ou hétérologique. Si « hétérologique » est hétérologique, alors il est autologique puisqu'il possède la propriété qu'il décrit, mais si « hétérologique » est autologique, alors il est hétérologique puisqu'il ne possède pas la propriété qu'il décrit. « Hétérologique » est autologique dans la mesure où il est hétérologique et hétérologique dans la mesure où il est autologique.

Essayons donc, après cela, de dormir tranquille !

Le paradoxe des jumeaux de Langevin

Comment fausser compagnie à celui qui a toujours fêté son anniversaire le même jour que soi ? Le physicien Paul Langevin a été l'un des premiers à faire connaître en France la théorie de la relativité. Parmi les résultats les plus ébouriffants de celle-ci, il y a l'idée que le temps dépend de la vitesse. En physique classique, cette proposition n'a rigoureusement aucun sens : la vitesse est un rapport de temps et d'espace, le temps et l'espace sont considérés comme des absolus, seule leur mesure peut être dite relative. La théorie d'Einstein bouleverse cela : lorsqu'un référentiel (une planète, par exemple) est animé d'un mouvement très rapide (d'une vitesse proche de celle de la lumière) par rapport à un autre référentiel, le temps pour ce premier référentiel ralentit par rapport au second.

Anecdote

Langevin a imaginé l'histoire suivante. L'un de deux jumeaux s'embarque à bord d'un vaisseau spatial et voyage à une vitesse relativiste (proche de celle de la lumière). Il emporte avec lui une horloge qui lui permet de compter en jours terrestres la durée de son voyage. Après un an de voyage, il revient sur Terre. Son frère, pourtant né le même jour que lui, est mort très âgé, depuis longtemps. Le temps du vaisseau aura ralenti par rapport à celui de la Terre. Une équation simple permet de rendre compte mathématiquement de cette merveille $t = \frac{t'}{\sqrt{1-\frac{v^2}{c^2}}}$ dans laquelle t représente le temps de la terre, t' celui du vaisseau, v la vitesse du vaisseau et c celle de la lumière.

Imaginons t' égal à un an et v égal aux 9/10 de la vitesse de la lumière. Nous aurons : $t = \frac{1}{\sqrt{1-\frac{(0,9)^2}{1^2}}}$, soit 2,3. Il se sera écoulé 2,3 ans sur Terre pendant que le vaisseau aura voyagé durant un an seulement. L'équation nous montre que lorsque v (la vitesse du vaisseau) tend vers c (la vitesse de la lumière, qui est un absolu) $\frac{1}{\sqrt{1-\frac{v^2}{c^2}}}$ tend vers l'infini. Avec une vitesse égale à 99 % de la vitesse de la lumière, une année de voyage correspondra à sept années terrestres, avec une vitesse égale à 999 pour 1000 de la vitesse de la lumière, une année de voyage correspondra plus de vingt-deux années terrestres, etc.

Cela dit, cette expérience ne sera jamais réalisée pour des raisons qui tiennent à la physique – la masse augmentant avec la vitesse (relation prévue par la théorie), il faudrait une énergie colossale pour accélérer un vaisseau jusqu'à le faire mouvoir à une vitesse proche de celle de la lumière. Bien évidemment, aucun corps d'astronaute ne pourrait supporter un tel traitement. Les jumeaux de Langevin sont une belle illustration de ce que l'on appelle une expérience de pensée : une expérience que l'on peut imaginer mais que l'on ne peut pas réaliser concrètement.

Le saviez-vous ?

Par ailleurs, le raccourcissement du temps avec la vitesse se vérifie même sur un banal voyage en avion. Seulement, la vitesse de l'avion est tellement petite par rapport à celle de la lumière (des centaines de milliers de fois inférieure) que le raccourcissement de la durée sur un trajet Paris-New York ne dépasse pas une fraction infinitésimale de seconde. Ce n'est donc pas de ce côté qu'il faudra chercher le secret de l'éternelle jeunesse...

Le paradoxe de la loterie ou comment mettre de son côté toutes les chances de perdre

Le paradoxe tient dans le contraste existant entre la probabilité presque nulle qu'a chaque ticket (sur un grand nombre) de gagner et la certitude que l'un de ces tickets sera gagnant. Il est d'ailleurs à noter que les joueurs de jeux de hasard (qui ne croient pratiquement jamais au hasard) exagèrent considérablement leurs chances de gain et donc annulent implicitement ce paradoxe. C'est sur cette illusion que la publicité joue pour attirer les alouettes dans son miroir (« 100 % des gagnants ont joué »). Qui, parmi les joueurs de loto, sait qu'il a beaucoup plus de risques de mourir écrasé par une voiture que de chances de gagner le gros lot du loto (une chance sur 15 millions environ) ?

L'ignorance des probabilités dans le grand public est liée à son refus de considérer le hasard comme un fait objectif. En fait, les gens ne croient pas au hasard et c'est pourquoi ils ne jouent pratiquement jamais *au hasard* aux jeux de hasard. Qui, parmi eux, aurait le culot de cocher les six premières cases (1, 2, 3, 4, 5, 6) sur une grille de loto ? Cette combinaison a pourtant rigoureusement autant de chances de sortir que n'importe quelle autre ! La superstition est une réaction magique face aux risques et au hasard.

Anecdote

On raconte l'étrange histoire suivante. Il y a une cinquantaine d'années, à l'époque où il y avait eu une série de détournements d'avion par des terroristes, un homme fut pris au contrôle de l'aéroport avec une bombe dans son sac de voyage. Soupçonné de vouloir préparer un attentat, il fut arrêté. Mais lors de l'interrogatoire, la police eut la stupéfaction d'apprendre que le suspect n'avait en fait rien à voir avec le terrorisme.

Il en concevait, à l'inverse, une telle frayeur qu'il s'était fait le raisonnement suivant : la probabilité pour que je me retrouve avec des terroristes dans un avion est certes faible (des milliers d'avions circulent chaque jour) mais elle existe et avec la chance que je me connais, je risque de tomber sur celui-là. La probabilité pour qu'il y ait deux bombes dans l'avion est encore beaucoup plus faible – s'il y a une chance sur six de sortir le six aux dés, il y a une chance sur 36 (6 x 6) de sortir un double 6. Donc il n'y a qu'un risque sur plusieurs millions pour que dans le même avion il y ait deux bombes. Notre homme avait donc emporté avec lui une bombe, comme si celle-ci annulait l'éventuelle bombe des terroristes !

Le paradoxe de la violation de loi interne

L'expression la plus célèbre de ce paradoxe est le slogan le plus célèbre de mai 1968 : « Il est interdit d'interdire. » Voilà une loi (« il est interdit ») que le contenu (« interdire ») contredit. Ce type de paradoxe est dit sui-falsificateur car, s'il est interdit d'interdire, il devrait logiquement être interdit de dire qu'il est interdit d'interdire.

Autre exemple : « Toutes les généralités sont fausses. » Or, cet énoncé se présente lui-même comme une généralité. Donc, en tant que généralité, la proposition « toutes les généralités sont fausses » est fausse. Dernier exemple : « Je vous ordonne de désobéir ! » Par là, on demande à l'autre d'obéir à une injonction, qui est de désobéir. Mais s'il obéit, il désobéit à l'ordre de désobéir, mais s'il désobéit à cet ordre, alors il lui obéit car l'ordre lui dit de désobéir...

Comment rendre fou

Des psychologues américains de l'école de Palo Alto (Californie) ont étudié l'impact de troubles subis par les enfants dans leur milieu familial lorsqu'ils sont placés devant cette double contrainte (*double bind* en anglais). « Sois libre » est aussi autocontradictoire que « désobéis-moi », car inciter un enfant à être libre, c'est l'enchaîner dans le temps même où l'on prétend le délivrer de ses liens. Par-delà le jeu logique, le paradoxe de la violation de loi interne pourrait être bien plus commun qu'on ne pense. Ces appels répétés à la liberté et à la responsabilité dans les sociétés démocratiques contemporaines mettent les individus dans une situation impossible : un pouvoir plein de sollicitation et de sollicitude prie, abjure les hommes d'être libres et responsables, mais cette sollicitude, cette sollicitation rendent justement problématiques cette liberté et cette responsabilité.

Partie 5
Annexes

Dans cette partie...

Une bibliographie sélective vous fournira les indications les plus précieuses pour aborder les grands philosophes, car les montagnes les plus rudes ont toujours une voie d'accès relativement facile. Découvrez enfin les quelques grands sites philosophiques proposés sur Internet : la philosophie honnête et au net grâce au Net !

Annexe A
Pour aller plus loin

La philosophie a la réputation d'être accessible aux seuls philosophes. C'est vrai de nombreux livres de philosophie, mais pas de tous. Même parmi les grands classiques, il y a des livres que tout le monde peut lire et comprendre avec un minimum d'effort d'attention.

Voici une liste de quelques grandes œuvres parmi les plus fondamentales et d'un abord aisé, dont un débutant pourra prendre connaissance. Sauf mention contraire, les ouvrages cités ont été publiés dans la collection de poche Garnier-Flammarion, qui a publié la plupart des grands classiques de la philosophie.

Les présocratiques

Les Présocratiques (Jean-Paul Dumont, « Folio », Gallimard) est un ensemble de fragments, parfois très courts (une ligne), d'une rare densité de pensée et d'une grande force poétique. La plupart des grandes idées de la philosophie occidentale y trouvent leur source. Profitez de cette exceptionnelle opportunité : en quelques heures, vous pourrez lire les œuvres complètes d'une dizaine de philosophes !

Platon

Les ouvrages de ce philosophe écrivain sont pour la plupart particulièrement agréables à lire. On peut commencer par les trois textes qui racontent le procès et la mort de Socrate : *L'Apologie de Socrate*, *Criton*, *Phédon*. Parmi les autres œuvres, on lira avec plaisir *Le Banquet*, *Phèdre* ou encore *Critias* qui décrit l'Atlantide. Le livre VII de *La République* contient le célèbre mythe de la caverne.

Aristote

La Poétique (Livre de Poche) est un ouvrage fondamental d'esthétique. *La Politique* et *L'Éthique à Nicomaque* sont aisément accessibles. *La Métaphysique* (Vrin, en deux volumes) est un ouvrage assez ardu mais libre à vous d'en lire un chapitre au hasard.

Les philosophes hellénistiques

Les paroles des cyniques ont été réunies sous le titre *Les Cyniques* (Livre de Poche).

Les textes des Épicuriens sont d'un abord assez aisé. Épicure : ses *Lettres* (à Hérodote et à Ménécée) sont des petits textes classiques très connus, ne présentant aucune difficulté particulière de compréhension. Lucrèce : *De la nature* est un des plus beaux textes de la littérature universelle, la meilleure introduction à la philosophie épicurienne en même temps qu'un grand poème.

La littérature stoïcienne peut également être abordée par n'importe quel débutant. Épictète : ses *Entretiens* et son *Manuel*, qui en présente le résumé (« Tel », Gallimard), sont des textes centrés sur l'éthique et ne présentent guère de problèmes d'interprétation. Marc Aurèle : *Pensées pour moi-même*, un grand classique de la pensée stoïcienne écrit par un empereur philosophe.

La fin de l'Antiquité et le début du Moyen Âge

Le petit livre écrit par Jacques Lacarrière, *Les Gnostiques* (Gallimard), constitue la meilleure introduction à la pensée de ces originaux.

Les *Confessions* de saint Augustin : le premier grand texte de la pensée et des expériences intimes. Splendide.

Le Moyen Âge chrétien

La *Consolation de la philosophie* de Boèce (Payot) est un beau et profond livre, qui se lit comme un poème. Du côté des grands scolastiques, osez ouvrir l'un des quatre gros volumes de la *Somme théologique* de Thomas d'Aquin. Reportez-vous à la table des matières et choisissez l'article qui vous intéresse. Vous trouverez des choses passionnantes à la portée de n'importe quelle masse de matière grise.

La philosophie arabe

Le *Traité décisif* d'Averroès ne présente pas de difficulté particulière.

La philosophie juive médiévale

Le *Guide des égarés* de Maïmonide (Verdier) est un ouvrage qui ne doit pas vous impressionner par sa grosseur (vous pouvez lire le chapitre qui vous attire le plus). Des extraits du Zohar, le livre de la Kabbale, sont disponibles (Seuil).

Machiavel

Le Prince. Un grand classique de la littérature politique. Lecture très abordable.

Thomas More

L'Utopie se lit comme un récit d'aventures (c'en est d'ailleurs un).

Annexe B
Liens utiles

Au sujet de l'Internet, on hésite entre deux images : celle de la forêt où l'on se perd et celle de l'océan où l'on se noie. Cependant, il ne faut pas négliger cette source d'information qui se veut l'héritière (il n'y a qu'à constater l'utilisation des mêmes mots) des forums et agoras où, dans l'Antiquité, on discutait des problèmes de la cité.

Les sites consacrés à la philosophie sont très nombreux et ils sont presque tous bons. Il suffit de taper au hasard « philosophie » dans un moteur de recherche, ou un mot dont on voudrait connaître le sens, ou encore le nom d'un philosophe, pour se voir proposer toute une gamme de produits de bonne qualité.

Une difficulté attend celui qui voudrait donner des conseils utiles et des adresses de références définitives : la durée de vie éphémère de la plupart de ces sites. Hasardons-nous néanmoins à fournir quelques pistes encore tracées en cette année 2020.

» **Evene (www.evene.fr) : Une extraordinaire banque de citations. L'inconvénient tient à ce que la boutade d'un médiocre (mais célèbre) animateur de télévision peut se retrouver sur le même plan que la pensée autrement profonde de Kierkegaard et de Nietzsche. Mais les Nuls sauront faire la différence.**

» **Philagora (www.philagora.net) : On y trouve de tout, à l'image de la philosophie elle-même, depuis les fiches de préparation pour le baccalauréat jusqu'au corrigé des sujets les plus pointus, en passant par les forums de discussion. Il est impossible de n'y comprendre rien.**

» **Webphilo** (www.webphilo.com) : Pourquoi ne pas retourner sur les bancs du lycée ? Des sujets de dissertation expliqués, des extraits de textes et même des œuvres entières de philosophes classiques, des citations élucidées. Pour commencer, et même pour continuer, un guide très efficace.

» **Wikipedia** (www.wikipedia.org) : La très célèbre encyclopédie en ligne rédigée par les internautes eux-mêmes. Les articles pour la plupart sont bien faits, complets et faciles d'accès. Désormais, tous les grands philosophes et toutes les grandes notions ont leur article. Il suffit de taper un nom ou un mot dans la fenêtre prévue à cet effet, et le tour de la question est réalisé.

Index

A

B

C

D

E

F

G

H

I

J

K

L

M

N

O

P

Q

R

S

T

V

W

X

Z